工程项目成本管理

主　编　邱国林　刘颖春
副主编　安玉华　孙　娜
主　审　于立君

内 容 提 要

本书为普通高等教育“十二五”规划教材。本书总结了目前工程项目成本管理的最新成果，注重理论与实践相结合，编写时力求做到通俗易懂，使学生能够学以致用。

本书全面、系统地介绍了工程项目成本管理的基本原理、基本方法及其在工程实践活动中的应用。主要内容包括工程项目成本管理概论、工程项目成本预测、工程项目成本计划、工程项目成本控制、工程项目成本核算、工程项目成本分析、工程项目成本考核、工程项目责任成本管理、工程项目融资成本管理、工程项目采购成本管理、工程项目质量成本管理等。

本书可作为高等院校工程管理、工程造价等相关专业教材，也可作为培训机构的培训教材，还可供相关专业研究生、工程技术人员、工程管理人员和经济管理人员参考。

图书在版编目（CIP）数据

工程项目成本管理/邱国林，刘颖春主编．—北京：中国电力出版社，2011.6（2019.10 重印）

普通高等教育“十二五”规划教材

ISBN 978-7-5123-1745-1

Ⅰ.①工…　Ⅱ.①邱…　②刘…　Ⅲ.①基本建设项目－成本管理－高等学校－教材　Ⅳ.①F284

中国版本图书馆 CIP 数据核字（2011）第 100761 号

中国电力出版社出版、发行

（北京市东城区北京站西街 19 号　100005　http：//www.cepp.sgcc.com.cn）

北京雁林吉兆印刷有限公司印刷

各地新华书店经售

*

2011 年 6 月第一版　　2019 年 10 月北京第六次印刷

787 毫米× 92 毫米　16 开本　13.5 印张　326 千字

定价 **25.00** 元

前　言

为贯彻落实教育部《关于进一步加强高等学校本科教学工作的若干意见》和《教育部关于以就业为导向深化高等职业教育改革的若干意见》的精神，加强教材建设，确保教材质量，中国电力教育协会组织制订了普通高等教育“十一五”教材规划。该规划强调适应不同层次、不同类型院校，满足学科发展和人才培养的需求，坚持专业基础课教材与教学急需的专业教材并重、新编与修订相结合。本书为新编教材。

本书编写的目的是为高等院校工程管理专业及相关专业本科生提供一本“工程项目成本管理”课程的教材，使学生掌握工程项目成本管理的基本原理、基本知识和常用方法，培养学生运用工程项目成本管理的基本理论分析问题、解决问题的能力以及从事各类工程项目成本管理工作的能力。

本教材在编写过程中，注重体现最新的研究成果以及学科建设的发展方向，注重理论和实践相结合，注重深入浅出、通俗易懂。本教材在结构安排上，以工程项目成本管理环节为框架，从工程项目成本管理的基本概念和基本问题出发，全面系统阐述了工程项目成本管理的基本原理和技术方法。同时，根据现代工程项目管理发展情况，增加了工程项目责任成本管理、工程项目融资成本管理、工程项目采购成本管理、工程项目质量成本管理等多个专题。

本书由吉林建筑工程学院邱国林教授、刘颖春副教授担任主编，由吉林建筑工程学院安玉华、吉林建筑工程学院城建学院孙娜担任副主编。刘颖春编写第1章、第5章，安玉华编写第2章、第3章，孙娜编写第4章，邱国林编写第6章，吉林建筑工程学院邱国林、尹丽编写第7章，吉林建筑工程学院束慧敏编写第8章，吉林建筑工程学院唐慧哲编写第9章、第10章，吉林建筑工程学院宫立鸣、王晓晶编写第11章。全书由长春工程学院于立君教授主审。

本书在编写过程中，参阅了有关专家、学者的研究成果，在此致以诚挚的谢意。由于编者水平有限，本书难免存在不当乃至错误之处，敬请读者批评指正。

编　者

2011年6月

目录

第1章　工程项目成本管理概论

学　习　目　标

（1）了解建筑业企业推行项目管理体制改革各阶段内容与特点；

（2）熟悉成本的概念与分类，项目的概念、分类与特征；

（3）掌握工程项目概念与特征、工程项目成本概念与作用、影响工程项目成本的因素、工程项目成本管理的作用、工程项目成本管理原则与步骤。

1.1　工程项目成本管理的基本概念

1.1.1　项目与工程项目

一、项目

（一）项目的定义

"项目"一词在社会经济和文化生活的各个方面都被广泛的应用，定义很多，目前还没有一个公认的统一定义。

（1）中国工业科技管理大连培训中心对项目的定义。项目是要在一定时间、在预算规定范围内，达到预定质量水平的一项一次性任务。

（2）德国国家标准 DLN 69901 对项目的定义。项目是指在总体上符合以下条件的唯一性任务：具有一定的目标；具有时间、财务、人力和其他限制条件；具有专门的组织。

（3）美国 PMBOK（Project Management Body Of Knowledge）对项目的定义。项目是为创造独特产品、服务或结果而进行的一次性努力。

综上所述，项目可定义为：项目是作为管理对象，在一定约束条件下（时间、资源、质量标准）完成的，具有明确目标的一次性任务。

（二）项目的特征

（1）项目的特定性。项目的特定性又称单件性或一次性，是项目的最主要的特征。每个项目都有自己特定的目标、内容和过程，因此只能对其进行单件处置，而不能批量生产。只有认识到了这一点，才能在实践中根据具体项目的特殊情况和要求进行有针对性的管理。

（2）项目目标的明确性。项目的目标包括成果性目标和约束性目标。成果性目标是指项目的功能性要求，如一所学校可容纳的学生人数、医院的床位数、停车场的车位数等；约束性目标是指项目的约束条件，如工期、质量、成本等，任何项目都有自己的约束条件，项目只有满足约束条件才能成功，约束条件是项目成果性目标实现的前提。

（3）项目具有特定的生命周期。项目的一次性决定了每个项目都具有自己的生命周期，任何项目都有其产生时间、发展时间和结束时间。项目的生命周期包括概念阶段、设计阶段、实施阶段和终止阶段。在不同的阶段都有特定的任务、程序和工作内容。如工程项目的生命周期包括项目决策阶段、项目设计阶段、项目实施阶段、项目的竣工验收阶段、项目的保修阶段。

（4）项目作为管理对象的整体性。项目是一个由资源、技术、时间、空间和信息等各种要素组成的有机整体。因此，必须按项目的整体需要配置生产要素，以整体利益的提高为标准，做到数量、质量和结构的整体优化。

（5）项目的不可逆性。项目按照一定的程序进行，其过程不可逆转必须一次成功，失败了便不可挽回，因而项目的风险很大，与批量生产的一般产品有着本质的区别。

二、项目的分类

为了对项目的特性有更为深入的了解和认识，可以根据工作需要对项目按不同的标志分类。

（1）按项目的最终成果或专业特征为标志进行划分，可以分为：①新产品或新服务的开发项目；②技术改造与技术革新项目；③组织结构、人员配备或组织管理模式的变革项目；④科学技术研究与开发项目；⑤信息系统的集成或应用软件开发项目；⑥建筑物、设施或民宅的建设项目；⑦政府或社会团体组织和推行的新行动；⑧大型体育比赛项目或文艺演出项目；⑨开展一项新经营活动的项目；⑩各种服务作业项目。对每类项目还可以进一步分类，例如，建设项目既可以按专业分为建筑工程、公路工程、桥梁工程、港口工程、水利工程项目等，又可以按管理者的不同划分为建设项目、施工项目等。

（2）按项目的规模和统属关系为标志进行划分，可以分为大项目、项目和子项目。大项目是由一系列项目构成的一个集合，而项目是大项目的一个子集。同时，任何一个项目又可以进一步划分为多个可管理的部分，即子项目。子项目多数是可以分包出去，由其他的企业或本企业的其他职能部门完成的一个项目的子集。一个项目可以组合分解成各种不同层次的子项目。

（3）项目可以根据需要分为业务项目和自我开发项目；企业项目、政府项目和非盈利机构的项目；盈利性项目和非盈利性项目等。

三、工程项目

工程项目是指投资建设领域中的项目，即为某种特定目的而进行投资建设并含有一定建筑或建筑安装工程的项目，是具有独立存在意义的一个完整工程，它是由许多单位工程组成的综合体。例如，建设一定生产能力的流水线；建设一定制造能力的工厂或车间；建设一定长度和等级的公路；建设一定规模的医院、文化娱乐设施；建设一定规模的住宅小区等。

工程项目具有一般项目的典型特征，与一般项目比较还有下述特点：

（一）不确定因素多

工程项目建设过程中涉及面广，不确定性因素较多。随着工程技术复杂化程度的增加和项目规模的日益增大，工程项目中的不确定性因素日益增加，因而复杂程度较高。

（二）整体性强

一个工程项目往往由多个单项工程和单位工程组成，是一个完整的固定事物体系，不仅土建工程的艺术风格、建筑功能、结构构造、装饰作法等方面堪称是一种复杂的产品，而且工艺设备、采暖通风、供水供电、卫生设备等各类设施错综复杂，彼此之间紧密相关，必须结合到一起才能发挥工程项目的整体功能。

（三）建设周期长

工程项目的庞大性决定了项目建设的周期长。工程项目在建造过程中，要投入大量劳动力、材料、机械等，生产周期较长，少则几个月，多则几年，甚至更长。

（四）不可逆转性

工程项目实施完成后，很难推倒重来，否则将会造成大量的损失，因此工程建设具有不可逆转性。

（五）工程的固定性

工程项目在建造过程中通过基础直接与大地相连，因此，都必须固定在一定的地点，都必须受项目所在地的资源、气候、地质等条件制约，受到当地政府以及社会文化的干预和影响。工程项目既受其所处环境的影响，同时也会对环境造成不同程度的影响。

（六）生产要素的流动性

由于工程项目体形庞大，而且是固定的，决定了生产要素的流动性。工程项目施工过程中，生产者和生产设备要随着工程项目施工部位的改变而在不同的空间流动。

1.1.2　成本与工程项目成本

一、成本概念与分类

成本一般是指为了进行某项生产经营活动所发生的全部费用。基于成本管理的不同需要，一般将成本进行如下分类：

（一）按照成本控制的不同标准划分

（1）目标成本。目标成本是指在生产经营活动中某一时期内要求实现的成本目标。确定目标成本，可以控制活劳动消耗和物质消耗，降低成本，实现组织的目标利润，因此目标成本应该在目标利润的基础上进行预算，以确保目标利润的实现。

（2）计划成本。计划成本是指根据计划期内的各项平均消耗定额确定的成本，反映计划期内应该达到的成本水平，是计划期内在成本方面努力的目标。

（3）标准成本。标准成本是指在正常的生产经营条件下，以标准消耗量和标准价格计算的单位成本。标准成本制订以后，在实施过程中一般不作调整和改动，实际费用与标准成本之间的偏差，可通过差异计算来反映。

（4）定额成本。定额成本是指根据一定时期的执行定额计算成本，将实际成本和定额成本对比，可以发现差异并分析产生差异的原因，以便采取措施，改进经营管理。

（二）按照计入产品成本的方法划分

（1）直接成本。直接成本又称为直接费用，是指可以直接确认归属于哪种产品的成本，如单位产品（工程）的材料消耗、工时消耗、机械使用台班（或台时）等。

（2）间接成本。间接成本是指不可以直接确认归属于哪种产品的成本，如管理费用、贷款利息等，一般是采用分配的方法来计入成本。

（三）按照成本习性划分

（1）变动成本。变动成本是指在一定时期和一定业务量范围内其成本总额随着业务量的变动而成正比例变动的成本。如直接材料、直接人工等都属于变动成本。但是单位变动成本在一定时期和一定业务量范围内却是不变的。

（2）固定成本。固定成本是指其总额在一定时期和一定业务量范围内不随业务量变动而发生任何变动的成本。属于固定成本的主要有按直线法计提的折旧费、保险费、管理人员工资、办公费等。但是单位固定成本将随产量的增加而逐渐变小。

（3）混合成本。有些成本虽然也随业务量的变动而变动，但不成同比例变动，这类成本称为混合成本。混合成本按其与业务量的关系又可分为半变动成本和半固定成本。半变动成本通常有一个初始量，类似于固定成本，在这个初始量的基础上随产量的增长而增长，又类似于变动成本；半固定成本随产量的变化而呈阶梯型增长，产量在一定限度内，这种成本不变，当产量增长到一定限度后，这种成本就跳跃到一个新水平。

二、工程项目成本概念及内容构成

广义的工程项目成本，是指项目从设计到完成全过程中所耗用的各种费用的总和。根据项目的一次性的特点，可以将整个寿命周期的项目成本看成是各阶段的成本之和。广义的工程项目成本包括内容如下：

（1）工程项目的决策成本。决策是项目形成的第一个阶段，为了作出科学的决策，要花费人力、物力、财力进行实际市场调查，掌握第一手资料，进行可行性研究，完成这些工作所耗用的资金，称为项目的决策成本。

（2）工程项目的招标成本。在项目的第二阶段，需要对项目进行招标，不管是自行招标还是委托招标都不可避免会有一笔招标费用的开支，这构成了项目的招标成本。

（3）工程项目的勘察设计成本。在项目的第三阶段，需要根据可行性研究报告进行勘察，根据勘察资料和可行性研究报告进行设计，这些工作耗用的费用总和构成项目的勘察设计成本。

（4）工程项目的实施成本。在项目的第四阶段，根据制订的项目计划实施，在实施过程中，为完成项目的各个组成部分所耗用的各项费用总和称为项目的实施成本。实施成本包括实施过程中所耗费的生产资料转移的价值和活劳动耗费所创造的价值中以工资和附加费的形式分配给劳动者的个人消费金，具体包括人工费、材料费、机械使用费、措施费和施工管理费等。其中前四项称为“直接费用或直接成本”，施工管理费称为“间接费用或间接成本”。实施成本是工程项目总成本的主要组成部分。在正确的项目决策和项目设计情况下，在建设工程项目总成本中，项目实施成本一般占总成本的90%左右。因此，项目成本管理在很大程度上是对项目实施成本的管理。

本书站在项目的第四阶段，主要研究工程项目实施成本的管理，即研究对象主要是狭义的工程项目成本管理。具体地说，狭义的工程项目成本是指建筑企业在进行建筑安装工程项目的管理与施工生产过程中所消耗的劳动对象、劳动手段价值和支付给劳动者劳动报酬价值的货币表现。即工程项目管理与施工过程中所耗费的资金总和。工程项目成本从其经济本质来说是工程项目价值的重要组成部分，它属于工程项目施工中发生的物化劳动耗费和活劳动耗费中必要劳动耗费的价值总和。工程项目成本范畴的存在不仅是商品生产所决定的，也是社会主义市场经济管理的客观要求。工程项目成本在社会主义经济管理中的重要作用主要表现在如下几个方面：

（一）工程项目成本是反映和监督劳动耗费的重要手段

在商品生产中，以尽可能少的物化劳动和活劳动消耗生产出更多的符合社会各方面需要的建筑安装工程（或产品），是企业生存和发展的客观需要，正确计算建筑安装工程管理与施工过程中的劳动耗费、控制和监督劳动消耗、降低工程项目成本、提高经济效益是社会主义市场经济管理的基本任务。由于工程管理与施工中的劳动耗费必须通过货币形式进行间接计算，因此计算工程项目成本就是以货币形式综合反映物化劳动和活劳动消耗的一个重要手段。工程项目成本是反映建筑企业生产经营效果的一个重要的综合指标。通过工程项目成本的计算，可以加强成本管理，促使企业不断降低工程项目成本，提高经济效益。

（二）工程项目成本是反映生产耗费价值补偿的尺度

为了保证建筑安装工程管理与施工生产和再生产的不断进行，生产过程中的耗费必须及时地补偿，这种补偿不仅要进行实物形式的补偿，而且还要进行价值形式的补偿，而补偿的价值就是工程项目成本。即施工企业所取得的工程价款结算收入首先应按工程项目成本的数额收回所耗费的资金，用于重新购置建筑安装材料等物资、支付工资及其他费用，以保证再生产的进行和资金的继续循环和周转。假如工程价款收入不足以弥补已支付的构成工程项目成本的费用，则企业将无法继续维持简单再生产的进行。因此，施工企业经营收入的最基本要求就是要能够补偿工程项目成本的费用支出。

（三）工程项目成本是确定施工企业盈亏临界点的依据

由于建筑安装工程的结算价格主要是由工程项目成本和利润两部分组成的，因此，在工程结算价格不变的情况下，利润或亏损的界限就取决于工程项目成本的高低。如果企业的工程结算收入与补偿生产耗费的数额相等，既无利润，也无亏损，这时企业只能维持简单的再生产；如果企业工程价款收入不足以补偿生产耗费的数额，则成本大于收入，就会出现亏损，这时企业将面临破产清算的危险，无法继续维持简单再生产的进行；如果企业的工程价款收入超过用于补偿生产耗费的数额，则收入大于成本，就会实现盈利，这时企业不仅可以有扩大再生产的资金积累，而且也会对国家经济建设作出一定的贡献。可见，工程项目成本越低，企业实现的利润越多；相反，工程项目成本越高，企业实现的利润越少，乃至于会造成亏损。因此要正确计算企业盈亏，首先就必须正确计算工程项目成本，确定用于补偿生产耗费的数额。在这里工程项目成本不仅是确定补偿生产耗费的尺度，而且也是确定企业盈亏临界点的依据。利用成本指标，加强成本管理，不断降低工程项目成本，是企业获取盈利的有效途径。

（四）工程项目成本是确定建筑安装工程价格的重要依据

在社会主义市场经济中，商品的价值是通过其价格来实现的。建筑安装工程这一商品的价格应当大体上符合其价值。由于建筑安装工程项目成本是工程价格的主要组成部分，因此在确定建筑安装工程价格时，首先必须确定工程项目成本的份额，考虑建筑安装工程的社会成本或部门平均成本，以便较确切地反映成本部分的社会必要劳动量。在采用成本利润率来确定工程价格中的利润数额时，工程预算成本又是计算和确定计划利润的依据。因此，工程项目成本是确定建筑安装工程价格的重要依据之一。总之，工程项目成本是施工企业经营管理中，确定经营目标、进行经营决策和预测的重要依据。

三、工程项目成本的影响因素

影响工程项目成本的因素很多，主要有：

(1) 项目范围。项目范围规定了完成项目所需要完成的工作内容，这些工作要消耗相应的资源，项目范围越大，需要做的工作越多，消耗的资源越多，项目的成本越高。

(2) 项目质量。项目成本的多少与质量的高低密切相关，质量方面的成本可以分为质量故障成本和质量保证成本。其中，质量故障成本是指由于项目的质量低下而引起故障，造成的损失或者为了恢复功能而引起的花费。可见，项目质量越低，则故障成本越高，反之，则故障成本越低。质量保证成本是指为保证和提高质量而采取相关的保证措施而耗用的开支，如购置设备、改善检测手段等。项目质量越高、越可靠，则需要这方面的支出就越大，也就是项目质量保证成本越高，反之，质量保证成本就越低。

(3) 项目工期。在一般情况下，每个项目都有一个最佳的进度工期。若由于各种原因，需要缩短工期，则需要采用一些赶工措施，如加班、加大资源的投放强度、高价进料、高价雇佣劳动力和租用设备等，这势必会增加项目的成本，即进度安排时间少于必要工期时成本会明显增加。反之，当进度安排时间长于最佳安排时间时，由于计时固定成本随着时间的增加而增加，项目的成本也要增加。最佳工期是最低成本下持续工作的时间，在计算最低成本时，一定要确定出实际的持续时间分布状态和接近可以实现的最低成本。项目最佳工期如不限定，成本会随着工期变动而增加。

(4) 资源价格。在项目范围确定情况下，资源数量可以确定，单位资源价格越高，项目成本也越高。

(5) 管理水平。在项目进行过程中，较高的管理水平可以减少失误，降低项目成本。

除此之外，在项目实施过程中还存在扰民、人员伤亡、政府部门罚款等不可预见的因素，也会导致项目成本增加，因此在项目实施过程中要注意相关因素的控制与管理，力求将项目成本降到最低。

1.1.3 工程项目成本管理的含义与作用

工程项目成本管理是根据开发商或投资商的总体目标和工程项目的具体要求，在工程项目建设过程中，对有关活动进行有效的组织、实施、控制、跟踪、分析和考核等管理活动，以达到强化经营管理、完善成本管理制度、提高成本核算水平、降低开发建设和经营管理成本、实现目标利润、创造良好经济效益的目的的过程。工程项目成本管理是对项目全过程中发生的资本消耗进行全员、全过程的科学管理。

具体来说，工程项目成本管理项目具有保证、促进、监督、协调四大作用：

(1) 保证作用。保证项目最终目标的实现，这也是项目实施的意义所在。项目成本管理可以对其发生的各种成本进行监督、调控、及时纠错，将实际成本耗费限制在预定的目标范围之内，确保物质消耗与劳动消耗均达到最小，保证项目目标的实现。

(2) 促进作用。在项目成本管理过程中，通过运用科学的方法，可以发现项目的薄弱环节，寻找可能降低成本的途径，促进项目组织改善经营管理方式，提高项目的竞争力。

(3) 监督作用。项目成本管理在一定意义上是一个全方位的系统管理过程。整个项目的一切耗费均应该置于项目主管人员的监控下，通过成本信息反馈，可以掌握整个过程中的成本状况，并及时采取措施，减少浪费，节约成本。

(4) 协调作用。项目成本的高低及其管理的好坏，直接决定项目的利益和各方面的利害冲突及协调。反之，项目内部人员之间的协调又直接影响项目成本管理工作的进行。二者之间相互影响，和谐统一。可以通过项目成本管理，协调项目组织各系统之间的利益，使之协调一致，达到效率最大化。

1.2 工程项目成本管理的原则

工程项目成本管理是企业成本管理的基础和核心，当前，在进行工程项目成本管理时必须遵循以下基本原则。

（一）追求全生命周期成本最低原则

工程项目成本管理的效果直接影响到工程项目的绩效。工程项目成本管理的根本目的在于通过成本管理的各种手段，促进不断降低工程项目成本，以达到可能实现最低的目标成本的要求。但是，在进行成本管理时不能片面要求项目形成阶段成本之和最低，而是要使项目全生命周期成本最低，即考虑项目从启动到项目产品的寿命期结束的整个周期的成本最低，在保证工程项目质量的前提下，正当谋取效益，不得偷工减料、高估冒算。

（二）实行全面成本管理原则

长期以来，在施工项目成本管理中，存在“三重三轻”问题，即重实际成本的计算和分析，轻全过程的成本管理和对其影响因素的控制；重施工成本的计算分析，轻采购成本、工艺成本和质量成本；重财会人员的管理，轻群众性的日常管理。因此，为了确保不断降低施工项目成本，达到成本最低化目的，必须实行全面成本管理。全面成本管理是全企业、全员、全过程的管理，也称“三全”管理。“三全”一个也不少，才能使工程项目成本自始至终至于有效控制之下。

（三）落实成本责任制原则

为了实行全面成本管理，必须对施工项目成本进行层层分解，以分级、分工、分人的成本责任制作保证。施工项目经理部应对企业下达的成本指标负责，班组和个人对项目经理部的成本目标负责，以做到层层保证，定期考核评定。成本责任制的关键是划清责任，并要与奖惩制度挂钩，使各部门、各班组和个人都来关心施工项目成本。

（四）强调目标管理原则

成本管理是目标管理的一项重要内容，必须以目标成本为依据，对工程项目的各项成本开支进行严格的控制、监督和指导，力求做到以最少的成本开支获得最佳的经济效益。但值得注意的是，目标成本只是个总的奋斗目标，不便于进行日常成本管理。因此，目标成本制定出后，要把目标成本层层分解为各个责任中心的责任成本，并形成责任预算，落实到各有关成本中心，分级归口管理，形成一个多层次的成本管理网络，由各级管理人员根据责任预算进行管理，包括限制、指导、监督和调节。

（五）推进成本管理有效化原则

成本管理有效化主要有两层意思：①促使施工项目经理部以最少的投入，获得最大的产出；②以最少的人力和财力完成较多的管理工作，提高工作效率。

提高成本管理有效性：①可以采用行政方法，通过行政隶属关系下达指标，制定实施措施，定期检查监督；②采用经济方法，利用经济杠杆、经济手段实行管理；③用法制方法，根据国家的政策方针和规定，制定具体的规章制度，使人人照章办事，用法律手段进行成本管理。

（六）实现成本管理科学化原则

成本管理是企业管理学中一个重要内容，企业管理要实行科学化，必须把有关自然科学和社会科学中的理论、技术和方法运用于成本管理。在施工项目成本管理中，可以运用预测与决策方法、目标管理方法、量本利分析方法和价值工程方法等。

1.3 工程项目成本管理的步骤

工程项目的成本管理不单纯只是某一方面的工作，而是贯穿在项目实施的全过程中。在承揽项目之后，根据项目的特点及组织设计，编制人工、材料等的资源需求计划，并对成本进行预测，在此基础上编制项目成本预算计划，根据成本计划及预算，对实施过程中的成本进行控制。具体的操作过程包括成本预测、成本计划、成本控制、成本核算、成本分析、成本考核和编制成本报告报表与成本资料等各项活动。

1.3.1 成本预测

项目成本预测是通过成本信息和施工项目的具体情况，并运用一定的专门方法，对未来的成本水平及其可能发展趋势作出科学的估计，其实质就是在施工以前对成本进行核算。通过成本预测，可以使项目经理部在满足建设单位和企业要求的前提下，选择成本低、效益好的最佳成本方案，并能够在工程项目成本形成过程中，针对薄弱环节，加强成本控制，克服盲目性，提高预见性。因此，工程项目成本预测是工程项目成本决策与计划的依据。

1.3.2 成本计划

项目成本计划是项目经理部对项目施工成本进行计划管理的工具。它是以货币形式编制项目在计划期内的生产费用、成本水平、成本降低率以及为降低成本所采取的主要措施和规划的书面方案，它是开展成本管理责任制、成本控制的基础。企业的项目成本计划应以工程承包范围、发包方的项目建设纲要、功能描述书等文件为依据进行编制和确定。根据 GB/T 50326—2006《建设工程项目管理规范》，工程全过程总承包项目计划成本应包括勘察、设计、采购、施工的全部成本；设计—采购—施工总承包项目和设计—施工总承包项目的计划成本应包括相关阶段的成本；施工总承包项目计划成本应按招标文件的工程量清单确定；其他承包方式的项目计划成本，可参照以上类型进行调整组合。

1.3.3 成本控制

成本控制是指在项目成本形成过程中（即施工过程中）运用一定的技术和管理手段对生产经营所消耗的人力、物资和费用进行组织、监督、调节和限制，及时纠正将要发生和已经发生的偏差，把各项施工费用、控制在计划成本的范围内，以保证成本目标实现的一个系统过程。企业应树立市场导向生产的经营理念，把项目成本控制列为工程总承包项目管理的目标，适应市场需求环境的变化。企业的项目成本控制，应贯穿在项目从招投标阶段开始直到项目竣工验收的全过程，是企业全面成本管理的重要环节。承包企业应正确处理好项目造价、成本和经营利润的关系，全面实施项目成本控制和成本核算，通过精心设计、精心施工和科学管理，在合同规定的工期内提供符合规定质量标准的工程，获取预期的项目经营效益。

1.3.4　成本核算

成本核算是成本管理的基础工作。搞好成本核算工作，是实现企业成本管理目标的重要手段，对最大限度地挖掘降低成本、费用的潜力发挥着关键作用。施工企业工程项目成本核算，就是将工程施工过程中发生的各项生产费用，通过“工程施工”、“制造费用”等科目进行归集汇总，然后再直接或分配计入各成本核算对象，计算出工程项目的实际成本。项目管理组织应根据财务制度和会计制度的有关规定，在企业的职能部门的指导下，建立项目成本核算制，明确项目成本核算的原则、范围、程序、方法、内容、责任及要求，并设置核算台账，记录原始数据。

1.3.5　成本分析

成本分析是在成本形成过程中，对项目成本进行的对比评价和剖析总结工作，它贯穿于工程项目成本管理的全过程。成本分析应依据会计核算、统计核算和业务核算的资料进行。宜采用比较法、因素分析法、差额分析法和比率法等基本方法；也可采用分部分项成本分析、年季月度成本分析、竣工成本分析等综合成本分析方法。

1.3.6　成本考核

成本考核是指项目经理部在施工过程中和工程项目竣工时对工程预算成本、计划成本及有关指标的完成情况进行考核、评比，通过考核，使工程成本得到更加有效的控制，更好地完成成本降低任务。组织应建立和健全项目成本考核制度，对考核的目的、时间、范围、对象、方式、依据、指标、组织领导、评价与奖惩原则等作出规定。通过成本考核，做到有奖有惩，赏罚分明，才能有效地调动企业的每一个职工在各自的岗位上努力完成目标成本的积极性，为降低工程项目成本和增加企业的积累作出自己的贡献。

工程项目成本管理各环节之间是相辅相成的。成本预测是成本计划编制的前提，成本控制是对成本计划的实施进行监督，保证目标成本的实现，而成本核算又是成本计划是否实现的最后检验，并为下一个项目的成本预测提供基础资料，在核算资料的基础上，通过成本分析，可以对成本执行情况做出比较正确的评价，成本考核是实现目标成本的保证和重要手段。

小　　结

(1) 项目是指在一定的资源约束条件下，按照一定的程序，为完成某个独特的产品或服务而有组织完成的具有明确目标的一次性任务。一般而言，项目具有如下基本特征：项目活动的一次性和独特性、项目目标的明确性和多重性、项目资源的稀缺性和约束性、项目组织的临时性和开放性、项目过程的整体性和渐进性、项目实现的创新性和不确定性、项目干系人需求的多元性和复杂性、项目开发与实施的阶段性和周期性。

(2) 为了对项目的特性有更为深入的了解和认识，可以根据工作需要对项目按不同的标志分类。其中工程项目是指投资建设领域中的项目，即为某种特定目的而进行投资建设并含有一定建筑或建筑安装工程的项目，是具有独立存在意义的一个完整工程，它是由许多单位工程组成的综合体。工程项目具有一般项目的典型特征，与一般项目比较还有下述特点：不确定因素多、整体性强、建设周期长、不可逆转性、工程的固定性、生产要素的流动性。

（3）成本一般是指为了进行某项生产经营活动所发生的全部费用。按照成本控制的不同标准分为目标成本、计划成本、标准成本、定额成本；按照计入产品成本的方法分为直接成本、间接成本；按照成本习性划分为变动成本、固定成本、混合成本。

广义的工程项目成本，是指项目从设计到完成全过程中所耗用的各种费用的总和。包括工程项目的决策成本、工程项目的招标费用、工程项目的勘察设计成本、工程项目的实施成本。本书主要研究狭义的工程项目成本管理。具体地说，狭义的工程项目成本是指建筑业企业在进行建筑安装工程项目的管理与施工生产过程中所消耗的劳动对象、劳动手段价值和支付给劳动者劳动报酬价值的货币表现，即工程项目管理与施工过程中所耗费的资金总和。工程项目成本是反映和监督劳动耗费的重要手段；工程项目成本是反映生产耗费价值补偿的尺度；工程项目成本是确定施工企业盈亏临界点的依据；工程项目成本是确定建筑安装工程价格的重要依据。影响工程项目成本的因素有项目范围、项目质量、项目工期、资源价格、管理水平。工程项目成本管理具有保证、促进、监督、协调四大作用。

（4）建筑业企业推行项目管理体制改革到目前为止共经历了四个阶段：探索研究阶段、项目法施工的试点推广阶段、全面推广和深化完善项目管理阶段、项目管理理论提升和实践运作规范阶段。

“项目施工成本核算”是适应项目法施工管理模式下的施工企业进行成本管理体制改革的一种模式。企业的项目成本管理体系应包括两个不同层次的管理职能：企业管理层应是项目成本管理决策与计划中心，确定项目投标报价和合同价格，确定项目成本目标和成本计划，通过项目管理目标责任书确定项目管理层的成本目标；项目管理层应是项目生产成本的控制中心，负责执行企业对项目提出的成本管理目标，在企业授权范围内实施可控责任成本的控制。

（5）进行工程项目成本管理应遵循追求全生命周期成本最低原则、实行全面成本管理原则、落实成本责任制原则、强调目标管理原则、遵循例外管理原则、推进成本管理有效化原则、实现成本管理科学化原则。

（6）工程项目成本管理具体的操作过程包括：成本预测、成本计划、成本控制、成本核算、成本分析、成本考核和编制成本报告报表与成本资料等各项活动。

思 考 题

1. 什么是项目？项目具有哪些基本特征？
2. 什么是工程项目？工程项目具有哪些基本特征？
3. 什么是成本？成本如何分类？
4. 什么是工程项目成本？工程项目成本的作用是什么？
5. 影响工程项目成本的因素有哪些？工程项目成本管理有哪些作用？
6. 进行工程项目成本管理时必须遵循哪些原则？
7. 工程项目成本管理具体的操作过程是怎样的？

第2章 工程项目成本预测

学习目标

(1) 熟悉工程项目成本预测相关概念;
(2) 了解工程项目成本预测程序;
(3) 掌握工程项目成本预测的方法。

2.1 工程项目成本预测概述

2.1.1 工程项目成本预测的基本概念

预测就是对事物的未来进行科学的推测，探索事物未来的发展趋势，使人们产生有目的的所为。预测提供的信息不可能完全准确，必然带有一定的近似性，但它可使事物发展的不确定性趋于最小。预测是把过去和将来视为一个整体，通过对过去资料的科学分析，找出事物的内部规律，从而推测出事物的未来发展趋势。

工程项目成本预测就是根据成本信息和施工项目的具体情况，运用一定的专门方法，对未来的成本水平及其可能发展趋势作出科学的估计，是在工程施工以前对成本进行的估算。工程项目成本预测实际是通过取得的历史数据资料，采用经验总结、统计分析及数学模型的方法进行判断和推测。通过施工项目成本预测，可以为建筑施工企业制订经营策略和项目管理部编制成本计划等提供依据。通过成本预测，可以在满足项目业主和本企业要求的前提下，选择成本低、效益好的最佳成本方案，并能够在工程项目成本形成过程中，针对薄弱环节，加强成本控制，克服盲目性，提高预见性。因此，施工成本预测是施工项目成本决策与计划的依据。施工成本预测，通常是对施工项目计划工期内影响其成本变化的各个因素进行分析，比照近期已完工施工项目或将完工施工项目的成本（单位成本），预测这些因素对工程成本中有关项目的影响程度，预测出工程的单位成本或总成本。

2.1.2 工程项目成本预测的作用

（一）投标决策的依据

建筑施工企业在选择投标项目过程中，往往需要根据项目是否盈利、利润大小等因素确定是否对工程投标。这样在投标决策时就要估计项目施工成本的情况，通过与施工图预算的比较，才能分析出项目是否盈利、利润大小等。

（二）编制成本计划的基础

计划是管理的关键的第一步。因此，编制可靠的计划具有十分重要的意义。但要编制出正确可靠的施工项目计划，必须遵循客观经济规律，从实际出发，对施工项目未来实施作出科学的预测。在编制成本计划之前，要在搜集、整理和分析有关工程项目成本、市场行情和施工消耗等资料基础上，对施工项目进展过程中的物价变动等情况和施工项目成本作出符合实际的预测。这样才能保证工程项目成本计划不脱离实际，切实起到控制工程项目成本的作用。

（三）成本管理的重要环节

成本预测是在分析项目施工进程中各种经济与技术要素对成本升降影响的基础上，推算其成本水平变化的趋势及其规律性，预测施工项目的实际成本。它是预测和分析的有机结合，是事后反馈与事前控制的结合。通过成本预测，有利于及时发现问题，找出工程项目成本管理中的薄弱环节，采取措施，控制成本。协调涉及整个项目的成本预测如图 2-1 所示。

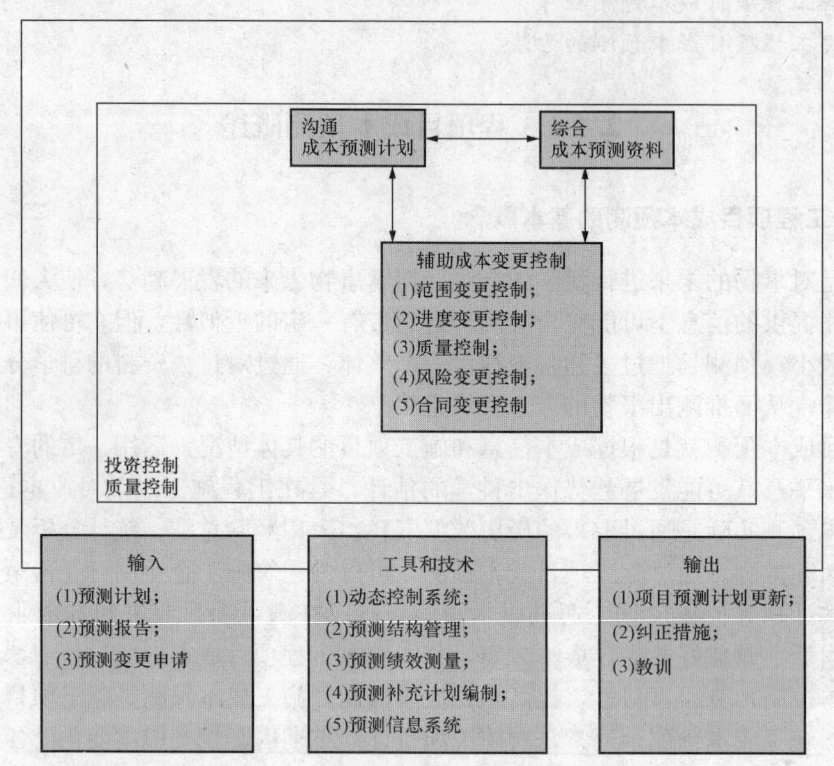

图 2-1 协调涉及整个项目的成本预测

2.1.3 工程项目成本预测的过程

科学准确的预测必须遵循合理的预测程序。

（一）制订预测计划

制订预测计划是预测工作顺利进行的保证。预测计划的内容主要包括：组织领导及工作布置，配合的部门，时间进度，搜集材料范围等。如果在拟测过程中发现新情况或发现计划有缺陷，则可修订预测计划，以保证预测工作顺利进行，并获得较好的预测质量。

（二）搜集和整理预测资料

根据预测计划，搜集预测资料是进行预测的重要条件。预测资料一般有纵向和横向的两个方面数据。纵向资料是施工单位各类材料消耗及价格的历史数据，据以分析其发展趋势。横向资料是指同类施工项目的成本资料，据以分析所预测项目与同类项目的差异，并作出估计。

预测资料的准确性和可靠性决定了预测工作的质量，因此对搜集的资料进行细致的检查和整理是很有必要的。如各项指标的口径、单位、价格等是否一致，核算、汇集的时间资料是否完整，如有残缺，应采用估算、换算、查阅等方法进行补充，有没有可比性或重复的资料，要去伪存真，进行筛选，以保证预测资料的完整性、连续性和真实性。

（三）选择预测方法

预测方法一般分为定性与定量两类。定性方法有专家会议法、主观概率法和德尔菲法等，主要是根据各方面的信息、情报或意见，进行推断预测；定量方法主要有移动平均法、指数平滑法和回归分析法等。预测方法将在下一节详细论述，并附有案例。

（四）成本初步预测

成本初步预测主要是根据定性预测的方法及一些横向成本资料的定量预测，对工程项目成本进行初步估计。这一步的结果往往比较粗糙，需要结合现在的成本水平进行修正，才能保证预测成本结果的质量。

（五）影响成本水平的因素预测

影响工程成本水平的因素主要有物价变化、劳动生产率、物料消耗指标、项目管理办公费用开支等。可根据近期内其他工程实施情况、本企业职工及当地分包企业情况，市场行情等，推测未来哪些因素会对本施工项目的成本水平产生影响。

（六）成本预测

根据初步的成本预测以及对成本水平变化因素预测结果，确定该施工项目的成本情况，包括人工费、材料费、机械使用费和措施费等。

（七）分析预测误差

成本预测是对施工项目实施之前的成本预计和推断，这往往与实施过程中及其后的实际成本有出入，而产生预测误差。预测误差大小，反映预测的准确程度。如果误差较大，就应分析产生误差的原因，并积累经验。

2.1.4　工程项目成本预测的内容

（1）直接工程费用的预测，包括人工费、材料费、机械使用费的预测。人工费的预测，首先分析工程项目采用的人工费单价，再分析工人的工资水平及社会劳务的市场行情，根据工期及准备投入的人员数量分析该项工程合同价中的人工费；材料费的预测，对材料费进行逐项分析，重新核定材料的供应地点、购买价、运输方式及装卸费，并对比定额中规定的材料规格和实际采用的材料规格的不同；机械使用费的预测，投标施工组织设计文件中的机械设备的型号、数量一般是采用定额中的施工方法套算出来的，与工地实际施工有一定差异，工作效率也有不同，因此应测算实际将要发生的机械使用费。

（2）施工方案变化引起费用变化的预测。施工项目中标后，必须结合施工现场的实际情况制订技术先进、经济合理的实施性施工组织设计，结合项目的实际情况，比较实际施工组织所采用的施工方法与标书编制中的不同，或与定额中施工方法的不同，据实作出正确的预测。

（3）辅助工程费用的预测。辅助工程量是指工程量清单或设计图纸没有给定而又是施工中不可缺少的，例如混凝土拌和站等，需根据实际施工组织做好具体实施的预测。

（4）现场临时设施成本的预测。根据施工组织设计拟订的现场实际情况，确定临时设施的面积、生活用水用电设施的数量，进而初步估算出临时设施成本。

（5）现场管理费用的预测。现场管理人员的工资、办公费、交通费、文明设施费、检验试验费等因无定额可循，可根据以往工程施工中的历史数据预测。

（6）风险成本预测。风险成本准确预测的关键是要熟悉工程施工方案，了解工程特点，掌握特殊的施工方法。

2.1.5 工程项目成本预测的数学模型

工程项目成本预测的数学模型有以下三种：

（1）时间关系模型。时间关系模型是预测对象与演变过程之间的时间关系数学模型，即 $y=f(t)$，简称为 y-t 型，这是定时预测技术，用于研究预测对象的发展过程及其趋势，是用于研究内因的，或者说是一种笼统的轨迹研究，以平滑预测为代表。

（2）因果关系模型。因果关系模型是预测对象与影响因素之间的因果关系数学模型，即 $y=f(x)$，简称为 y-x 型。该模型分析的是影响因素对预测对象的因果演变过程，是用于研究外因的，或者说是一种分解的因素研究，以回归预测模型为代表。

（3）结构关系模型。结构关系模型是预测对象与预测对象之间的比例关系数学模型，在预测对象 y 之间互为函数，简称为 y-y 型，如投入产出模型。回归分析也可用作结构关系模型，是一种结构分析，是从整体上来研究合理的布局。结构关系也是一种因果关系，当结构关系与时间因素相结合时，将构成动态结构关系模型。

2.1.6 工程项目成本预测的方法

成本预测的方法很多，它随预测内容对象和预测期限的不同而各有所异，但总体来看基本方法包括定量预测方法和定性预测方法两大类。实际应用中，定量预测方法和定性预测方法并非相互排斥，而是相互补充，二者可以结合应用，即在定量分析的基础上，考虑定性预测的结果，综合确定预测值，从而使最终的预测结果更加接近实际情况。成本预测的具体方法下面会详细介绍。

2.2 定性预测方法

定性预测是根据已掌握的信息资料和直观材料，依靠具有丰富经验和分析能力的内行和专家，运用主观经验，对施工项目的材料消耗、市场行情及成本等，作出性质上和程度上的推断和估计，然后把各方面的意见进行综合，作为预测成本变化的主要依据。定性预测在工程实践中被广泛使用。特别适合于对预测对象资料（包括历史的和现实的）掌握不充分，或影响因素复杂，难以用数字描述，或影响因素难以进行数量分析等情况。定性预测偏重于对市场行情的发展方向和施工中各种影响工程项目成本因素的分析，充分利用专家的经验和发挥专家的主观能动性，比较灵活，而且简便易行，可以较快地提出预测结果。但进行定性预测时，也要尽可能地搜集数据，运用数学方法，其结果通常也是从数量上测算。定性预测方法主要有经验判断法，包括专家会议法、专家调查法（德尔菲法）、主观概率法等。

2.2.1　专家会议法

专家会议法是目前国内普遍采用的一种定性预测方法，它的优点是：简便易行，信息量大，考虑的因素比较全面，参加会议的专家可以相互启发。例如，对材料价格市场行情预测，可请材料设备采购人员、计划人员、经营人员等；对工料消耗分析，可请技术人员、施工管理人员、材料管理人员、劳资人员等；估计工程成本，可请预算人员、经营人员、施工管理人员等。这种方式的不足之处在于：参加会议的人数总是有限的，因此代表性不够充分；会上容易受权威人士或大多数人意见的影响，而忽视少数人的正确意见，即所谓的"从众现象"—个人由于真实的或臆想的躯体心理压力，在认知或行动上不由自主地趋向于和多数人一致的现象。

使用该方法，预测值经常出现较大的差异，在这种情况下一般可采用加权平均值作为预测值。

【例 2-1】 B建筑公司承建位于某市的商住楼的主体结构工程（框剪结构）的施工（以下简称H工程），建筑面积10 000m²，20层，工期为2005年1月～2006年2月。该公司在施工之前将进行H工程的成本预测工作。该公司召开由本公司9位专家组成的预测会议，各位专家的预测意见分别为：685、700、715、680、695、710、705、690、685（单位：元/m²）。试采用专家会议法预测成本。

解　由于预测值相差较大，经过反复讨论，意见集中为685（4人）、700（3人）、710（2人），B建筑公司采用加权平均法确定单位成本预测值（Y）为

$$Y = (685 \times 4 + 700 \times 3 + 710 \times 2)/9 = 696(\text{元}/\text{m}^2)$$

2.2.2　德尔菲法（Delphi法）

德尔菲法也称为专家调查法，是一种国际上常用且被公认为可靠的技术测定方法，多用于技术预测领域。它的实质是利用专家的知识和经验，对那些带有很大模糊性、较复杂且无法直接进行定量分析的问题，通过多次填写征询意见表的调查形式取得测定结论的方法。由于该方法具有匿名性、反馈性、统计性等特点，调查过程中通过对专家意见的统计、分析，充分发挥信息反馈和信息控制的作用，使专家通过比较分析，修改意见，从而使分散的评价逐渐接近，最后集中在比较一致的预测结果上。采用德尔菲法要比一个专家的判断预测或一组专家开会讨论得出的预测方案准确一些，一般用于较长期的预测。德尔菲法的方法和程序如下：

（1）组织领导。开展德尔菲法预测，需要成立一个预测领导小组。领导小组负责草拟主题，编制预测时间一览表，选择专家，以及对预测结果进行分析、整理、归纳和处理。

（2）选择专家。选择专家是关键。专家一般指掌握某一特定领域知识和技能的人。专家人数不宜过多，一般以10～20人为宜。该方法以信函方式与专家直接联系，专家之间没有任何联系。可避免当面讨论时容易产生相互干扰等弊病，或者当面表达意见而受到约束。

（3）预测内容。根据预测任务，制订专家应答的问题提纲，说明做出定量估计、进行预测的依据及其对判断的影响程度。

（4）预测程序。

1）提出要求，明确预测目标，用书面通知被选定的专家或专门人员。要求每位专家说明有什么特别资料可用来分析这些问题以及这些资料的使用方法。同时，请专家提供有关资

料，并请专家提出进一步需要哪些资料。

2）专家接到通知后，根据自己的知识和经验，对所预测事件的未来发展趋势提出自己的观点，并说明其依据和理由，以书面答复主持预测的单位。

3）预测领导小组，根据专家定性预测的意见，加以归纳整理，对不同的预测值分别说明预测值的依据和理由（根据专家意见，但不注明哪个专家意见），然后再寄给各位专家，要求专家修改自己原先的预测，以及提出还有什么要求。

4）专家接到第二次信函后，就各种预测的意见及其依据和理由进行分析，再次进行预测，提出自己修改的意见及其依据和理由。如此反复征询、归纳、修改，直到意见基本一致为止。修改的次数，根据需要决定。

【例 2-2】 A 建筑工程公司成立预测领导小组，采用 Delphi 法对 2008～2009 两年内建筑材料市场价格的年平均增长率作出预测。

解 (1) 成立领导小组。

(2) 选择专家，12 人。

(3) 预测内容：今后两年建材价格的年平均增长率，并向专家提供有关资料，如近 5 年的建材市价、物价指数、建材供求情况等。

(4) 预测程序，四轮函询。经过四轮函询，整理归纳，意见集中在：1%（3 人）、1.5%（2 人）、2%（4 人）、2.5%（2 人）、3%（1 人）。

采用加权平均值，即

$$r=(1\%\times3+1.5\%\times2+2\%\times42.5\%\times2+3\%\times1)/12$$
$$=1.83\%$$

2.2.3 主观概率法

由于缺乏历史经验，又未能进行精确分析，不得不根据自己的主观想象来估计某一事件的可能性，这种根据"个人臆测"估计的概率称为主观概率。主观概率法是与专家会议法或德尔菲法相结合的预测方法，即在采用专家会议法或德尔菲法时，允许专家提出几个预测值，并给出每个预测值的主观概率，之后计算各位专家预测值的期望值，最后求出所有期望值的平均值作为预测结果。主观概率法计算公式如下

$$E_i=\sum F_{ij}P_{ij}$$
$$E=E_i/n$$
$$i=1,2,\cdots,n;\quad j=1,2,\cdots,m$$

式中 F_{ij}——第 i 位专家作出的第 j 个预测值；

P_{ij}——第 i 位专家对其第 j 个预测值给出的主观概率；

E_i——第 i 位专家预测值的期望值；

E——预测结果，即所有专家期望值的平均值；

n——专家人数；

m——允许每位专家作出的预测值的个数。

【例 2-3】 在［例 2-2］中，若进一步要求专家对意见集中的三个预测值评定主观概率，然后按主观概率法预测单位成本。各位专家的预测值见表 2-1，请用主观概率法计算并填充数据。

表 2-1 [例 2-3] 专家的预测值

序号	$A=685$	$B=700$	$C=710$	合计	期望值
1	0.8	0.15	0.05		
2	0.85	0.1	0.05		
3	0.7	0.2	0.1		
4	0.25	0.75	0		
5	0.05	0.8	0.15		
6	0.1	0.7	0.2		
7	0.05	0.05	0.9		
8	0.1	0.2	0.7		
9	0.7	0.15	0.15		

解 首先计算各位专家预测值的期望值

$$E_1 = \sum F_{1j}P_{1j} = 685 \times 0.8 + 700 \times 0.15 + 710 \times 0.05 = 688.50$$

$$E_2 = \sum F_{2j}P_{2j} = 685 \times 0.85 + 700 \times 0.1 + 71 \times 0.05 = 687.75$$

…

以此类推，具体结果见表 2-2。

表 2-2 计 算 结 果

序号	$A=685$	$B=700$	$C=710$	合计	期望值
1	0.8	0.15	0.05	1	688.50
2	0.85	0.1	0.05	1	687.75
3	0.7	0.2	0.1	1	690.50
4	0.25	0.75	0	1	696.25
5	0.05	0.8	0.15	1	700.75
6	0.1	0.7	0.2	1	700.50
7	0.05	0.05	0.9	1	708.25
8	0.1	0.2	0.7	1	705.50
9	0.7	0.15	0.15	1	691.00

最后，以各位专家预测值的期望值的平均值作为预测结果 E，计算如下

$$\begin{aligned} E = &(688.50 + 687.75 + 690.50 + 696.25 + 700.75 + 700.50 \\ &+ 708.25 + 705.50 + 691.00)/9 \\ = &696.56(\text{元}/\text{m}^2) \end{aligned}$$

2.3 定量预测方法

定量预测也称统计预测，它是根据已掌握的比较完备的历史统计数据，运用一定的数学方法进行科学的加工整理，借以揭示有关变量之间的规律性联系，用于预测和推测未来发展变化情况的预测方法。定量预测基本上可以分为两类：①时间序列预测法，它是以一个指标本身的历史数据的变化趋势，去寻找市场的演变规律，作为预测的依据，即把未来作为过去

历史的延伸；②回归预测法，它是从一个指标与其他指标的历史和现实变化的相互关系中，探索它们之间的规律性联系，作为预测未来的依据。

定量预测的优点是：偏重于数量方面的分析，重视预测对象的变化程度，能作出变化程度在数量上的准确描述；它主要把历史统计数据和客观实际资料作为预测的依据，运用数学方法进行处理分析，受主观因素的影响较少；它可以利用现代的计算方法，来进行大量的计算工作和数据处理，求出适应工程进展的最佳数据曲线。定量预测的缺点是：比较机械，不易灵活掌握，对信息资料质量要求较高。

进行定量预测，通常需要积累和掌握历史统计数据。如果把某种统计指标的数值，按时间先后顺序排列起来，以便于研究其发展变化的水平和速度，也叫动态数列。这种预测，就是对时间序列进行加工整理和分析，利用数列所反映出来的客观变动过程、发展趋势和发展速度，进行外推和延伸，借以预测今后可能达到的水平。

时间序列中每一时期的数值，都是很多不同因素同时发生作用后的综合反映。总的来说，这些因素可分为三大类：

其一，长期趋势。这是时间序列变量在较长时间内的总势态，即在长时间内连续不断地增长或下降的变动势态。它反映预测对象在长时期内的变动趋势，这种变动趋势，可能表现为向上发展，如劳动生产率提高，也可能表现为向下发展，如物料消耗的降低，也可能表现为向上发展转为向下发展，如物价变化。长期趋势往往是工程项目成本在数量上的反映，因此，它是进行分析和预测的重点。

其二，季节变动。这是指一再发生于每年特定时期内的周期波动。即这种变动上次出现后，每隔一年又再次出现。所以简单地说，每年重复出现的循环变动，就称为季节变动。

其三，不规则变动，又称为随机变动，其变化无规则可循。这种变动都是由偶然事件引起的，如自然灾害、政治运动、政策改变等影响经济活动的变动。不规则变动幅度往往较大，而且无法预测。

2.3.1 时间序列法

所谓时间序列，就是将各种社会、经济、自然现象的数量指标按照时间顺序排列起来的统计数据。所谓时间序列分析法，就是揭示时间序列自身的变化规律和相互联系的数学方法。简便易行，但准确性差，只能在社会经济稳定发展的条件下才有一定的实用价值。包括移动平均法和指数平滑法等。

（一）移动平均法

利用过去实际发生的数据，在时间上逐点后移，分段平均，作为对下一期的预测值。该法一般适用于短期预测。包括一次移动平均法、二次移动平均法、加权移动平均法、趋势修正移动平均法，这里主要介绍一次移动平均法和加权移动平均法。

(1) 一次移动平均法。计算公式如下

$$M_t = (X_{t-1} + X_{t-2} + \cdots + X_{t-N})/N$$

式中 t——期数；

N——分段数据点数；

X_{t-N}——第 $t-N$ 期的实际值；

M_t——第 t 期的一次移动平均预测值。

一次移动平均法的递推公式如下

$$M_t = M_{t-1} + (X_{t-1} - X_{t-(N+1)})/N$$

【例 2-4】 A 建筑工程公司过去 19 个月的实际产值见表 2-3。分别取 $N=5$，$N=10$，用一次移动平均法预测第 20 个月的产值。

表 2-3　A 建筑工程公司过去 19 个月的实际产值

月数	产值 X_i(万元)	M_t $N=5$	M_t $N=10$	月数	产值 X_i (万元)	M_t $N=5$	M_t $N=10$
1	20			11	26		
2	15			12	37		
3	30			13	29		
4	22			14	32		
5	15			15	34		
6	21			16	31		
7	30			17	32		
8	13			18	33		
9	27			19	42		
10	10			20			

解　当 $N=5$ 时，第 6 个月的预测值为

$$M_6 = (20 + 15 + 30 + 22 + 15)/5 = 20.4(\text{万元})$$

$$M_7 = M_6 + (X_6 - X_{7-(5+1)})/5$$

$$= 20.4 + (21 - 20)/5 = 20.6(\text{万元})$$

同理可求得 M_8，…，M_{20}。将计算结果填入表中，见表 2-4。

表 2-4　A 建筑工程公司第 6 个月开始的预测值

月数	产值 X_i (万元)	M_t $N=5$	M_t $N=10$	月数	产值 X_i (万元)	M_t $N=5$	M_t $N=10$
1	20	—	—	11	26	20.2	20.3
2	15	—	—	12	37	21.2	20.9
3	30	—	—	13	29	22.6	23.1
4	22	—	—	14	32	25.8	23
5	15	—	—	15	34	26.8	24
6	21	20.4	—	16	31	31.6	25.9
7	30	20.6	—	17	32	32.6	26.9
8	13	23.6	—	18	33	31.6	27.1
9	27	20.2	—	19	42	32.4	29.1
10	10	21.2	—	20		34.4	30.6

根据表 2-4 中实际值与预测值的对比分析：

1）N 取值大，反应慢，对新数据缺乏适应性；N 取值小，反应灵敏，易把偶然因素当成趋势。

2）数据点数多，N 取大些；数据点数少，N 取小些。

3）凭积累的经验确定 N 的取值，时间序列若有周期性波动，取此周期为 N。

（2）加权移动平均法。在计算移动平均值时，对于时间序列赋予不同的权重，越是近期发生的数据对预测值的影响越大，故而权重越大。加权移动平均法计算公式如下

$$M_t=(\alpha_1X_{t-1}+\alpha_2X_{t-2}+\cdots+\alpha_NX_{t-N})/N$$

式中 α_i——加权系数，$\alpha_1>\alpha_2>\cdots>\alpha_N$，$\sum\alpha_i/N=1$。

【例 2-5】 对［例 2-4］，取 $N=5$（见表 2-5），采用加权移动平均法预测第 20 个月的产值。权重分别为 1.6、1.3、1.0、0.7、0.4。

表 2-5　［例 2-5］表

月数	产值 X_i（万元）	M_t $N=5$	月数	产值 X_i（万元）	M_t $N=5$
1	20		11	26	
2	15		12	37	
3	30		13	29	
4	22		14	32	
5	15		15	34	
6	21		16	31	
7	30		17	32	
8	13		18	33	
9	27		19	42	
10	10		20		

解　第 6 个月的预测值为

$$M_6=(1.6\times15+1.3\times22+1.0\times30+0.7\times15+0.4\times20)/5$$
$$=20.22\text{（万元）}$$

同理可计算出第 7～20 个月的预测值，见表 2-6。可见，第 20 个月的预测产值为 35.48 万元。

表 2-6　第 7～20 个月的预测值

月数	产值 X_i（万元）	M_t $N=5$	月数	产值 X_i（万元）	M_t $N=5$
1	20	—	11	26	18.70
2	15	—	12	37	20.54
3	30	—	13	29	25.42
4	22	—	14	32	27.66
5	15	—	15	34	29.62
6	21	20.22	16	31	32.26
7	30	20.42	17	32	32.18
8	13	23.54	18	33	31.90
9	27	20.02	19	42	32.40
10	10	22.16	20		35.48

（二）指数平滑法

指数平滑法能较多地反映最新观察值的信息，同时也能反映大量历史资料的信息，计算量较少，需要储存的历史数据也不多，计算公式如下

$$F_{t+1}=\alpha X_t+(1-\alpha)F_t$$

式中　α——平滑系数，$0\leqslant\alpha\leqslant1$；

X_t——t 时期的实际发生值；

F_t——t 时期的预测值，也是 $t-1$ 时期的指数平滑值。

【例 2-6】 对［例 2-5］，采用一次指数平滑法预测第 20 个月的产值。分别取 $\alpha=0.1$，$\alpha=0.9$ 计算。

解　在计算式中 X_1、X_2、…、X_{19} 分别代表 1、2、…、19 月的实际产值，$S_0=X_1=20$。

$$F_2=\alpha X_1+(1-\alpha)S_0=0.1\times20+(1-0.1)\times20=20$$

$$F_3=\alpha X_2+(1-\alpha)S_1=0.1\times15+(1-0.1)\times20=19.5$$

…

$$F_{20}=\alpha X_{19}+(1-\alpha)S_{18}=0.1\times42+(1-0.1)\times26.7\approx28.2$$

…

具体计算结果见表 2-7。

表 2-7　　［例 2-6］表

月数	产值 X_i（万元）	$\alpha=0.1$	$\alpha=0.9$	月数	产值 X_i（万元）	$\alpha=0.1$	$\alpha=0.9$
1	20			11	26	20	11.6
2	15	20	20	12	37	20.6	24.6
3	30	19.5	15.5	13	29	22.2	35.8
4	22	20.6	28.6	14	32	22.9	29.7
5	15	20.7	22.7	15	34	23.8	31.8
6	21	20.1	15.8	16	31	24.8	33.8
7	30	20.2	20.5	17	32	25.4	31.3
8	13	21.2	29.1	18	33	26.1	31.9
9	27	20.4	14.6	19	42	26.7	32.9
10	10	21.1	25.8	20		28.2	41.1

2.3.2　回归分析法

回归分析法包括一元线性、多元线性与非线性回归法。回归预测技术在经济管理中的用法有时间序列分析和因果关系分析。预测人员必须判断其预测变量中有无确实的因果关系，必须掌握预测对象与影响因素之间的因果关系，因为影响因素的增加或减少，会伴随着相应曲线的按比例变化，而且，这种关系只能在因果关系继续其作用的时期内有效。采用回归法的规定之一，就是数据点的多少决定着预测的可靠程度。而所需数据点的实际数量，又取决于数据的性质以及当时的经济情况。一般来说，历史数据观察点至少要在 20 个以上为好。

本书仅介绍一元线性回归法。一元线性回归预测法只对具有线性关系的两个变量成立。以 x 表示自变量，以 y 表示因变量，则一元线性回归法的基本公式可表达为

$$y = a + bx$$

$$b = \frac{\sum_{i=1}^{n} x_i y_i - n\overline{x}\overline{y}}{\sum_{i=1}^{n} x_i^2 - n\overline{x}^2}$$

$$a = \overline{y} - b\overline{x}$$

式中 a、b——回归系数，为待识别参数。

x_i——自变量的历史数据；

y_i——相应的因变量的历史数据。

求得 a、b 后，一元线性回归方程式也就确定了。即可根据因变量 x 的取值来确定因变量 y 的预测值。

【例 2-7】 某建筑公司收集了 2006～2010 年长春市某种钢材的市价，见表 2-8，现预测 2011 年该种钢材的销售价格。

表 2-8　2006～2010 年长春市某种钢材的市价

年度	2006	2007	2008	2009	2010
价格（元/t）	1380	1390	1420	1430	1450

解　预测方程为 $y=a+bx$

根据已知数据计算结果见表 2-9。

表 2-9　计算结果

年　度	x_i	y_i	$x_i y_i$	X_i^2
2006	1	1380	1380	1
2007	2	1390	2780	4
2008	3	1420	4260	9
2009	4	1430	5720	16
2010	5	1450	7250	25
Σ	15	7070	21 390	55

$$b = \frac{\sum_{i=1}^{n} x_i y_i - n\overline{x}\overline{y}}{\sum_{i=1}^{n} x_i^2 - n\overline{x}^2} = \frac{21\,390 - 5 \times \frac{15}{5} \times \frac{7070}{5}}{55 - 5 \times 3^2} = 18$$

$$a = \overline{y} - b\overline{x} = 1414 - 18 \times 3 = 1360$$

则预测方程为　　$y=1360+18x$

根据预测方程，2011 年，即 $x=6$ 时，该种钢材的预测价格为 $y=1360+18\times6=1468$（元/t）。

2.3.3 高低点法

以统计资料中完成业务量（产量或产值）最高和最低两个时期的成本数据，通过计算总成本中的固定成本、变动成本和变动成本率来预测成本。

计算公式为

$$b=(Y_1-Y_2)/(X_1-X_2)$$

$$a=Y_1-bX_1=Y_2-bX_2$$

式中 Y_1——最高点总成本；

Y_2——最低点总成本；

X_1——最高点产值；

X_2——最低点产值。

$$总成本 = 固定成本 + 变动成本$$

$$Y=a+bX$$

【例 2-8】 某项目要根据本企业同类项目施工产值和历史成本（见表 2-10）作出项目的成本预测。已知该项目的合同价为 1950 万元。

表 2-10 **［例 2-8］表**

期　数	1	2	3	4	5
施工产值	1700	1720	1750	1820	2000
总成本（万元）	1650	1670	1700	1750	1850

解

$$b=(1850-1650)/(2000-1700)=0.6667$$

$$a=1850-0.667\times2000=516.6$$

$$Y=516.6+0.667X$$

该项目的预测成本为

$$Y=516.6+0.667\times1950=1816.67(万元)$$

2.4 量、本、利分析方法

2.4.1 量、本、利分析方法基本原理

量、本、利分析方法通过揭示产量，成本，利润之间的内在联系来确定企业的保本点和保利点，以此来挖掘企业的内在潜力，寻求扩大生产、降低成本、增加盈利、提高效益的新途径。它既是一种重要的预测方法，也是一种科学的决策方法。但是，量、本、利分析方法也有其局限性，它必须在价格、销量无显著变化的基本假定下进行，否则，这种方法将无从解释和应用。在市场经济条件下，由于企业的生产经营是在风险和不确定情况下进行的，商品的销量往往是不确定的随机变量，在这种情况下，量、本、利分析的基本假定得不到满足，所以，无法进行简单的量、本、利分析。下面将以数理统计为工具，在需求符合正态分布条件下探讨量、本、利分析方法。

2.4.2　量、本、利分析法的因素特征

(1) 量。工程项目成本管理中，量、本、利分析的量不是一般意义上单件工业产品的生产数量或销售数量，而是指一个施工项目的建筑面积或建筑体积（以 S 表示）。对于特定的施工项目，由于建筑产品具有“期货交易”特征，所以其生产量即是销售量，且固定不变。

(2) 成本。量、本、利分析是在成本划分为固定成本和变动成本的基础上发展起来的，所以进行量、本、利分析首先应从成本性态入手，即把成本按其与产销量的关系分解为固定成本和变动成本。在施工项目管理中，就是把成本按是否随工程规模大小而变化划分为固定成本（C_f）的关系和变动成本（C_v，这里指单位面积变动成本）。问题是确定 C_f 和 C_v，往往很困难，这是由于变动成本变化幅度较大，而且历史资料的计算口径不同。一个简便而适用的方法，是建立以 S 为自变量，C_t（总成本）为因变量的回归方程（$C_t=C_f+C_vS$），通过历史工程成本数据资料（以计算期价格指数为基础）用最小二乘法计算回归系数。

(3) 价格。不同的工程项目其单位平方价格是不相同的，但在相同的施工期间内，同结构类型的项目的单位平方价格则是基本接近的。因此，工程项目成本管理量、本、利分析中可以按工程结构类型建立相应的盈亏分析图和量、本、利分析模型。某种结构类型项目的单方价格可按实际历史数据资料计算并按物价上涨指数修正，或者和计算成本一样建立回归方程求解。量、本、利分析法的方法特征，与一般量、本、利分析方法不同的是：施工企业在建立了自己的各种结构类型工程的量、本、利盈亏分析图之后，对于特定的施工项目来说，其量（建筑面积）是固定不变的，从成本预测和定价方面考虑，变化的是成本（包括固定成本和变动成本）以及投标价。其作用在于为项目投标报价决策和制订项目施工成本计划提供依据。

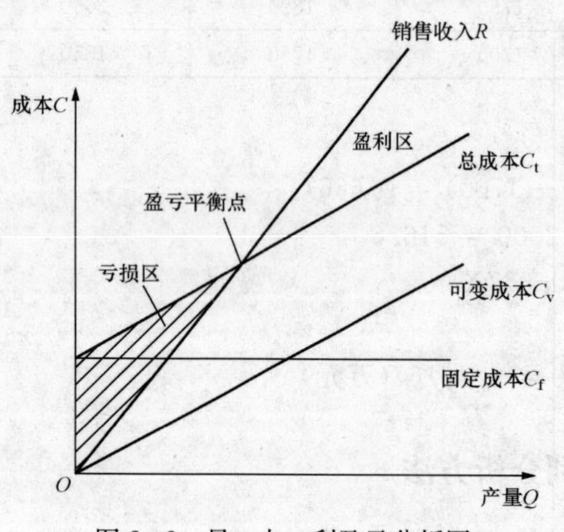

图 2-2　量、本、利盈亏分析图

2.4.3　量、本、利盈亏分析图

假设项目的建设面积（或体积）为 S，合同单位平方造价为 P，施工项目的固定成本为 C_f，单位平方变动成本 C_v，项目合同总价为 Y 元，项目总成本为元 C_t，则量、本、利盈亏分析如图 2-2 所示。施工企业利润计算公式如下

施工企业利润＝合同价－产品成本

＝建筑面积(或体积)×单方造价－(固定成本＋变动成本)

＝建筑面积(或体积)×单方造价－固定成本－单位变动成本×建筑面积(或体积)

$=SP-C_f-C_vS$

当利润为零时，确定：

保本规模为　$S_0=C_f/(P-C_v)$

保本合同价为　$Y_0=P\times C_f/(P-C_v)$

【例 2-9】　A 公司施工的砖混结构工程的量、本、利分析模型为 $C_1=138\ 266$ 元，$C_2=$

211元/m²，当年砖混结构工程的单方造价为410元/m²。据此建立A公司的量、本、利分析图，计算保本规模。若承建施工项目K（建筑面积1000m²），通过模型分析估算总成本及可达到的利润。

解　项目保本规模为

$$S_0 = C_f/(P - C_v)$$
$$= 138\ 266/(410 - 211) = 695(m^2)$$

项目保本合同价为

$$Y_0 = P \times C_f/(P - C_v)$$
$$= 410 \times 138\ 266/(410 - 211) = 284\ 870(元)$$

总成本为　$C_t = C_f + C_v S = 138\ 266 + 211 \times 1000 = 349\ 266$（元）

可达到投标总价为　$Y = SP = 410 \times 1000 = 410\ 000$（元）

可达到利润为　$TP = Y - C_t = 410\ 000 - 349\ 266 = 60\ 734$（（元）

2.5　定性、定量预测在施工企业的应用

定量预测和定性预测两类预测方法，只是提供预测的手段，而不是目的，目的是要科学地认识施工项目的成本变化，预测拟投标或准备或正在施工的项目成本，为项目的决策和经营管理提供准确而及时的依据。因此，本节中将综合采用上述方法，预测影响工程项目成本变化的因素及其结果。

工程项目成本预测方法可以归纳为两类：①近似预测法，即以过去的类似工程作为参照，预测目前工程项目成本，这类的方法主要有时间序列法和指数回归法；②详细预测法，即以近期内的类似工程成本为基数，通过结构与建筑差异调整，以及人工费、材料费等直接费和间接费的修正来测算目前施工项目的成本。

2.5.1　近似预测法

(1) 一元线性回归法。一元线性回归法在第3节中已叙述。该方法适用于物价波动不大时期内的成本预测，对于价格波动较大的，要进行价格口径换算。

(2) 时间序列分析预测。一个施工企业一般在同一年度内会有多个同类型的项目竣工，各个施工项目的单方成本也不可能一致，故需要计算各年度的同类施工项目的单位平方成本。另外，许多项目是跨年度施工的，如果以一年为一个预测期，其成本实际上不仅仅反映了本年度的成本水平。针对这些问题，可采取下述的方法计算：

1) 通常以一年为一个预测周期；

2) 跨年度的工程，其实际成本作为竣工年份的成本资料；

3) 同年度有多个同类工程竣工，以其平均值作为该年度的成本实际值。

【例2-10】　2008年内竣工的砖混结构工程有四个项目，其单方成本分别是253、269、274和259，求2008年度的砖混结构工程的单方成本。

解　2008年度的砖混结构工程的单方成本为

$$(253 + 269 + 274 + 259)/4 = 264(元/m^2)$$

在计算以前各年度的同类工程各年度平均单方成本之后，就可以采用时间序列分析方法

中任一种方法预测下一年的同类工程单方成本。具体的计算方法在前面已专门介绍。在这里，建议采用指数平滑法计算，因为指数平滑法预测值的结果比其他方法更接近于实际值，且适用于中短期预测。

2.5.2 详细预测法

（一）预测工程单位成本或总成本

预测工程单位成本或总成本的方法，通常是对施工项目计划工期内影响其成本变化的各个因素进行分析，比照近期已完工施工项目或将完工施工项目的成本（单位面积成本或单位体积成本），预测这些因素对工程成本中有关项目（成本项目）的影响程度。然后用比重法进行计算，预测出工程的单位成本或总成本。

（1）要计算近期已完的或将近完工的类似施工项目（以下称为参照工程）的成本，包括各成本项目的数额；

（2）要分析影响成本的因素，并分析预测各因素对成本有关项目的影响程度；

（3）再按比重法计算，预测出目前施工项目（以下称为对象工程）的成本。下面将以[例 2-1] 中 B 建筑公司预测 H 工程的成本为例说明以上预测过程。

1）最近期类似施工项目的成本调查或计算。

2）经调查，B 建筑公司在该地区的最近期类似项目是外形仿古建筑内部框剪结构的某饭店工程（以下简称 F 工程），其主体结构工程施工成本为 450 元/m^2。

3）结构和建筑上的差异修正。

由于建筑产品的特殊性，每项工程无论结构和建筑设计上都有所区别，这就是说利用近期类似工程成本作为本工程的初始预测成本必须对其进行必要的修正。即应考虑两个方面：①对象工程与参照工程结构上的差异；②对象工程与参照工程建筑上的差异。

【例 2-11】 分析 [例 2-1] 中 H 工程和上述 F 工程之间的建筑和结构上的差异，并进行修正。

解 H 工程和 F 工程之间的主要差异之处在于：（1）F 工程采用的是木窗（980 元/10m^2），而 H 工程是铝合金窗（6490 元/10m^2）；（2）F 工程屋顶是仿古歇山式屋顶（投影面积成本为 600 元/m^2），而 H 工程是钢筋混凝土屋顶（成本为 78 元/m^2）。H 工程铝合金窗总面积为 1200m^2，屋顶面积为 400m^2。

H 工程单方成本修正值＝450＋[120×(6490－980)＋400×(78－600)]/10 000＝495.24（元/m^2）

H 工程总成本修正值＝450×10 000＋[120×(6490－980)＋400×(78－600)]＝4 952 400(元)

即，H 工程主体结构部分的总成本为 4 952 400 元，单位面积成本为 495.24 元/m^2。

（二）预测影响工程成本的因素

上述过程所预测出来的单位成本或总成本几乎不可能与工程实际成本完全一致，因为工程施工过程中受到众多因素的干扰，必须分析对象工程成本的影响因素，并在下步中确定影响程度，对第二步中估计出的成本加以修正，使其与实际成本更加接近，在工程施工管理中发挥作用。

在工程施工过程中，影响工程成本的主要因素可以概括为以下几方面：

（1）材料消耗定额增加或降低，这里材料包括燃料、动力等。由于采用新材料或代用材料，引起材料消耗的降低或者采用新工艺、新技术或新设备，降低了必要的工艺性损耗，以及对象工程与类似工程材料级别不同时，消耗定额和单价之差引起的综合影响等。

(2) 物价上涨或下降。工程成本的变化最重要的一个影响因素是因为物价的变化。有些工程成本超支的主要原因就是由于物价大幅度上涨，实行固定总价合同的工程往往会因此而亏本。

(3) 劳动力工资的增长。劳动力工资（包括奖金、附加工资等）的增长不可避免地使工程成本增加，包括由于工期紧而增加的加班工资等。

(4) 劳动生产率的变化。工人素质的增强或者采用新的工艺，会提高劳动生产率，节省施工总工时数，从而降低人工费用；另一方面，可能由于工程所在地地理和气候环境的影响，或施工班组工人素质与类似工程相比较低，使劳动生产率下降，从而增加了施工总工时数和人工费用。

(5) 措施费的变化。措施费包括施工过程中发生的材料二次搬运费、临时设施费等，这些费用对于不同的工程，其发生的实际费用是不同的。在预测成本时，要根据对象工程与基于计算的参照工程之间在措施费上的差别进行修正。

(6) 间接费用的变化。间接费用是项目管理人员及企业各职能部门在该施工项目上发生的全部费用。这部分费用和措施费一样，不同工程之间也会有所不同。如工程规模不同，施工项目上管理人员人数也不同，其管理人员工资、奖金，以及职工福利费等也都有差别。

以上这些因素对于具体的工程来说，不一定都可能发生，不同的工程情况也不会相同。例如，一个时期内材料价格上涨，而另一个时期材料价格则会下降。分别于这两个不同期的工程，成本因材料价格的变化就会向相反方面进行。

小　　结

工程项目成本预测是成本事前的预测分析，通对项目施工进行事前控制的重要手段。具体指通过取得的数据资料，运用统计分析数学模型的方法，借助计算机对成本作出科学的估计。可以在满足项目业主和本企业要求的前提下，选择成本低、效益好的最佳成本方案，并能够在工程项目成本形成过程中，针对薄弱环节，加强成本控制，克服盲目性，提高预见性。因此，施工成本预测是工程项目成本决策与计划的依据。施工成本预测，通常是对施工项目计划工期内影响其成本变化的各个因素进行分析，比照近期已完工施工项目或将完工施工项目的成本（单位成本），预测这些因素对工程成本中有关项目的影响程度，预测出工程的单位成本或总成本。

思　考　题

1. 工程项目成本预测作用有哪些？
2. 工程项目成本预测程序是什么？
3. 工程项目成本预测定量预测方法有哪些？
4. 工程项目预测影响工程成本的因素有哪些？
5. 某公司收集了2006～2010年长春市某种板材的市价，见表2-11，现预测2011年该板材的销售价格。

表 2-11 2006～2010 年长春市某种板材的市价

年度	2006	2007	2008	2009	2010
价格（元/t）	1400	1420	1450	1480	1500

6. B公司施工的砖混结构工程的量本利分析模型：$C_f=147\ 268$ 元，$C_v=214$ 元/m²，当年砖混结构工程的单方造价为 530 元/m²。据此建立该公司的量、本、利分析图，计算保本规模。若承建施工项目 K（建筑面积 1000m²），通过模型分析估算总成本及可达到的利润。

第3章　工程项目成本计划

学习目标

(1) 熟悉工程项目成本计划相关概念；
(2) 了解工程项目成本计划编制；
(3) 掌握工程项目成本计划内容。

3.1　工程项目成本计划概述

3.1.1　工程项目成本计划的概念及分类

工程项目成本计划是以货币形式编制工程项目在计划期内的生产费用、成本水平、成本降低率以及为降低成本所采取的主要措施和规划的书面方案，它是建立工程项目成本管理责任制、开展成本控制和核算的基础，是工程项目降低成本的指导文件，是设立目标成本的依据。可以说，计划成本是目标成本的一种形式。

对于一个工程项目而言，其成本计划是一个不断深化的过程。在这一过程的不同阶段形成深度和作用不同的成本计划，按其作用可分为三类：

(一) 竞争性成本计划

竞争性成本计划是工程项目投标及签订合同阶段的估算成本计划。这类成本计划以招标文件中的合同条件、投标者须知、技术规程、设计图纸和工程量清单等为依据，以有关价格条件说明为基础，结合调研和现场考察获得的情况，根据本企业的工料消耗标准、水平、价格资料和费用指标，对本企业完成招标工程所需要支出的全部费用的估算。在投标报价过程中，虽然也着力考虑降低成本的途径和措施，但总体上较为粗略。

(二) 指导性成本计划

指导性成本计划是选派项目经理阶段的预算成本计划，是项目经理的责任成本目标。它是以合同标书为依据，按照企业的预算定额标准制订的设计预算成本计划，且一般情况下只确定责任总成本指标。

(三) 实施性成本计划

实施性成本计划是项目施工准备阶段的施工预算成本计划，它以项目实施方案为依据，以落实项目经理责任目标为出发点，采用企业的施工定额通过施工预算的编制而形成的实施性施工成本计划。

施工预算和施工图预算虽然仅一字之差，但区别较大，如下：

(1) 编制的依据不同。施工预算的编制以施工定额为主要依据，施工图预算的编制以预算定额为主要依据，而施工定额比预算定额划分得更详细、更具体，并对其中所包括的内容，如质量要求、施工方法以及所需劳动工日、材料品种、规格型号等均有较详细的规定或要求。

（2）适用的范围不同。施工预算是施工企业内部管理用的一种文件，与建设单位无直接关系，而施工图预算既适用于建设单位，又适用于施工单位。

（3）发挥的作用不同。施工预算是施工企业组织生产、编制施工计划、准备现场材料、签发任务书、考核工效、进行经济核算的依据，也是施工企业改善经营管理、降低生产成本和推行内部经营承包责任制的重要手段，而施工图预算则是投标报价的主要依据。

以上三类成本计划互相衔接和不断深化，构成了整个工程施工成本的计划过程。其中，竞争性成本计划带有成本战略的性质，是项目投标阶段商务标书的基础，而有竞争力的商务标书又是以其先进合理的技术标书为支撑的。因此，它奠定了工程项目成本的基本框架和水平。指导性成本计划和实施性成本计划，都是战略性成本计划的进一步展开和深化，是对战略性成本计划的战术安排。此外，根据项目管理的需要，成本计划又可按施工成本组成、按项目组成、按工程进度分别编制施工成本计划。

3.1.2 工程项目成本计划的意义和作用

（一）工程项目成本计划的意义

工程项目成本计划是工程项目成本管理的一个重要环节，是实现降低工程项目成本任务的指导性文件。从某种意义上来说，编制工程项目成本计划也是工程项目成本预测的继续。如果对承包项目所编制的成本计划达不到目标成本要求时，就必须组织工程项目管理班子的有关人员重新研究寻找降低成本的途径，再进行重新编制，从第一次所编的成本计划到改变成第二次或第三次等的成本计划直至最终定案，实际上意味着进行了一次次的成本预测，同时编制成本计划的过程也是一次动员施工项目经理部全体职工，挖掘降低成本潜力的过程，也是检验施工技术质量管理、工期管理、物资消耗和劳动力消耗管理等效果的全过程。

各个工程项目成本计划汇总到企业，就形成事先规划企业生产技术经营活动预期经济效果的综合性计划，这是建立企业成本管理责任制、开展经济核算和控制生产费用的基础。从更大的方面来看，成本计划还是整个国民经济计划的有机组成部分，对综合平衡有着重要作用。

（二）工程项目成本计划的作用

工程项目成本计划是工程项目成本管理过程中的重要一环，正确编制工程项目成本计划的作用在于以下几方面：

（1）正确编制工程项目成本计划是对生产耗费进行控制、分析和考核的重要依据。成本计划既体现了社会主义市场经济体制下对成本核算单位降低成本的客观要求，又反映了核算单位降低产品成本的目标。成本计划可作为对生产耗费进行事前预算、事中检查控制和事后考核评价的重要依据。许多施工单位仅单纯重视项目成本管理的事中控制及事后考核，却忽视甚至省略了至关重要的事前计划，使得成本管理从一开始就缺乏目标，对于控制考核，也无从对比，产生很大的盲目性。工程项目成本计划一经确定，就应层层落实到部门、班组，并应经常将实际生产耗费与成本计划指标进行对比分析，揭露执行过程中存在的问题，及时采取措施，改进和完善成本管理工作，以保证工程项目成本计划各项指标得以实现。

（2）正确编制工程项目成本计划是编制核算单位其他有关生产经营计划的基础。每个工程项目都有着自己的项目计划，这是一个完整的体系。在这个体系中，成本计划与其他各方面的计划有着密切的联系。它们既相互独立，又起着相互依存和相互制约的作用。如编制项目流动资金计划、企业利润计划等都需要成本计划的资料，同时，成本计划也需要以施工方案、物资与价格计划等为基础。因此，正确编制工程项目成本计划，是综合平衡项目生产经营的重要保证。

(3) 正确编制工程项目成本计划是国家编制国民经济计划的一项重要依据。成本计划是国民经济计划的重要组成部分。建筑施工企业根据国家或上级主管部门下达的降低成本指标编制的成本计划，经过逐级汇总，为编制各部门和地区的生产成本计划提供依据，国家计划部门还可以据以进行国民经济综合平衡和有计划地管理项目成本，有计划地确定国民收入和纯收入，确定积累及其增长速度，正确安排积累和消费的比例，使国民经济有计划、按比例的发展。

(4) 正确编制工程项目成本计划可以动员全体职工深入开展增产节约、降低产品成本的活动。成本计划是全体职工共同奋斗的目标。为了保证成本计划的实现，企业必须加强成本管理责任制，把成本计划的各项指标进行分解，落实到各部门、班组乃至个人，实行归口管理并做到责、权、利相结合，检查评比和奖励惩罚有理有据，使开展增产节约、降低产品成本、执行和完成各项成本计划指标成为上下一致，左右协调，人人自觉努力完成的共同行动。

3.2　工程项目成本计划内容

3.2.1　工程项目成本计划的组成

工程项目的成本计划一般由工程项目降低直接成本计划和间接成本计划组成。

(一) 工程项目降低直接成本计划

施工项目降低直接成本计划主要反映工程成本的预算价值、计划降低额和计划降低率。一般包括以下几方面的内容。

(1) 总则。包括工程项目的概述，项目管理机构及层次介绍，有关工程的进度计划、外部环境特点，合同中有关经济问题的责任，成本计划编制中依据其他文件及其他规格也均应作适当的介绍。

(2) 目标及核算原则，包括工程项目降低成本计划及计划利润总额、投资和外汇总节约额（如有的话）、主要材料和能源节约额、货款和流动资金节约额等。核算原则系指参与项目的各单位在成本、利润结算中采用何种核算方式，如承包方式、费用分配方式、会计核算原则（权责发生制与收付实现制）、结算款所用币种币制等，如有不同，应予以说明。

(3) 降低成本计划总表或总控制方案、项目主要部分的分部成本计划，如施工部分，编写工程项目施工成本计划，按直接费、间接费、计划利润的合同中标数、计划支出数、计划降低额分别填入。如有多家单位参与施工时，要分单位编制后再汇总。

(4) 对工程项目成本计划中计划支出数估算过程的说明，要对材料、人工、机械费、运费等主要支出项目加以分解。以材料费为例，应说明钢材、木材、水泥、砂石、加工订货制品等主要材料和加工预制品的计划用量、价格，模板摊销列入成本的幅度，脚手架等租赁用品计划付多少款，材料采购发生的成本差异是否列入成本等，以便在实际施工中加以控制与考核。

(5) 计划降低成本的来源分析，应反映项目管理过程计划采取的增产节约、增收节支和各项措施及预期效果。以施工部分为例，应反映技术组织措施的主要项目及预期经济效果。可依据技术、劳资、机械、材料、能源、运输等各部门提出的节约措施，加以整理、计算。

(二) 间接成本计划

间接成本计划主要反映施工现场管理费用的计划数、预算收入数及降低额。间接成本计划应根据工程项目的核算期，以项目总收入费的管理费为基础，制订各部门费用的收支计划，汇总后作为工程项目的管理费用的计划。在间接成本计划中，收入应与取费口径一致，支出应与会计核算中管理费用的二级科目一致。间接成本的计划的收支总额，应与项目成本计划中管理费一栏的数额相符。各部门应按照节约开支、压缩费用的原则，制订"管理费用归口包干指标落实办法"，以保证该计划的实施。

3.2.2 工程项目成本计划表

在编制了成本计划以后还需要通过各种成本计划表的形式将成本降低任务落实到整个项目的施工全过程，并且在项目实施过程中实现对成本的控制。成本计划表通常由项目成本计划任务表、技术组织措施表和降低成本计划表三个表组成，间接成本计划可用施工现场管理费计划表来控制。

(一) 项目成本计划任务表

项目成本计划任务表见表 3-1，它主要是反映工程项目预算成本、计划成本、成本降低额、成本降低率的文件。成本降低额能否实现主要取决于企业采取的技术组织措施。因此，计划成本降低额这一栏要根据技术组织措施表和降低成本计划表来填写。

表 3-1 项目成本计划任务表

工程名称： 单位：

项目经理： 日期：

项目	预算成本	计划成本	计划成本降低额	计划成本降低率
1. 直接成本 人工费 材料费 机械使用费 措施费				
2. 间接成本				
施工管理费				
合计				

(二) 技术组织措施表

技术组织措施表见表 3-2，它是预测项目计划期内施工工程成本各项直接费用计划降低额的依据，是提出各项节约措施和确定各项措施的经济效益的文件。由项目经理部有关人员分别就应采取的技术组织措施预测它的经济效益，最后汇总编制而成的。编制技术组织措施表的目的，是为了在不断采用新工艺、新技术的基础上提高施工技术水平，改善施工工艺过程，推广工业化和机械化施工方法，以及通过采纳合理化建议达到降低成本的目的。

表3-2　技术组织措施表

工程名称：　　单位：

项目经理：　　日期：

措施项目	措施内容	涉及对象			降低成本来源		成本降低额				
		实物名称	单位	数量	预算收入	计划开支	人工费	材料费	机械费	措施费	合计

（三）降低成本计划表

降低成本计划表见表3-3，它是根据企业下达给该项目的降低成本任务和该项目经理部自己确定的降低成本指标而制订出项目成本降低计划，是编制成本计划任务表的重要依据，是由项目经理部有关业务和技术人员编制的。降低成本计划表的根据是项目的总包和分包的分工，项目中的各有关部门提供降低成本资料及技术组织措施计划。在编制降低成本计划表时还应参照企业内外以往同类项目成本计划的实际执行情况。

表3-3　降低成本计划表

工程名称：　　单位：

项目经理：　　日期：

分项工程名称	成本降低额					
	直接成本					间接成本
	人工费	材料费	机械费	措施费	合计	

（四）施工现场管理费计划表

施工现场管理费计划表见表3-4，是项目经理部为组织和管理项目施工的费用计划表，具体确定施工现场管理费的预算收入、计划支出和计划降低额。特别注意，这里所说的管理费是施工现场项目经理部所发生的费用，不包括企业本部所发生的管理费用。

表3-4　施工现场管理费计划表

工程名称：　　单位：

项目经理：　　日期：

项　目	预算收入	计划数	计划降低额	计划降低率
管理人员工资				
管理人员奖金				
工资附加费				
固定资产折旧、修理费				
办公费				
低值易耗品摊销				
差旅交通费				
劳动保护费				
取暖费、水电费				
……				
合计				

3.2.3 工程项目成本计划的分析内容

一、分析施工进度成本

为了便于在分部分项工程的施工中同时进行进度与成本的控制，掌握进度与成本的变化过程，可以按照横道图和网络图的特点分别进行处理分析。

（一）横道图进度计划与施工成本的同步分析

从横道图可以掌握以下信息：

(1) 每道工序的进度与成本的同步关系，即施工到什么阶段，就将发生多少成本；

(2) 每道工序的计划施工时间与实际施工时间（从开始到结束）之比（提前或拖期），以及对后道工序的影响；

(3) 每道工序的计划成本与实际成本之比（节约或超支），以及对完成某一时期责任成本的影响；

(4) 每道工序施工进度的提前或拖期对成本的影响程度；

(5) 整个施工阶段的进度和成本情况。

通过进度与成本同步跟踪的横道图，要求实现：

(1) 以计划进度控制实际进度；

(2) 以计划成本控制实际成本；

(3) 随着每道工序进度的提前或拖期，对每个分项工程的成本实行动态控制，以保证项目成本目标的实现。

【例3-1】 施工单位做钢筋混凝土浇筑。该钢筋混凝土工程由3个施工过程组成，每个施工过程分为4个工作段，进行流水施工，其流水节拍（天）见表3-5。

表3-5 各施工段流水节拍

施工过程	工作段			
	①	②	③	④
Ⅰ绑扎钢筋	2	3	2	1
Ⅱ支模版	3	2	4	2
Ⅲ浇筑混凝土	3	4	2	2

问题：(1) 试确定流水步距、工期，并绘出其横道图。

(2) 塔吊租赁为560元/天，由于业主改变施工方案导致浇筑工程停工三天，问工期如何变化？施工单位塔吊成本如何变化？

解 (1) 确定流水步距、工期，并绘出其横道图（“累加数列错位相减取最大差法”确定流水步距）。

1) 求各施工过程流水节拍的累加数列：

阶段过程Ⅰ为2，5，7，8；

阶段过程Ⅱ为3，5，9，11；

阶段过程Ⅲ为3，7，9，11。

2）错位相减求得差数列

Ⅰ与Ⅱ　2，5，7，　8
—）　3，5，　9，　11
2，2，2，−1，−11

Ⅱ与Ⅲ　3，5，9，11
—）　3，7，9，　11
3，2，2，　2，−11

3）在差数列中取最大值求得流水步距：

阶段过程Ⅰ与Ⅱ之间的流水步距为 $K_{1,2}=\max(2,2,2,-1,-11)=2$(天)。

阶段过程Ⅱ与Ⅲ之间的流水步距为 $K_{2,3}=\max(3,2,2,2,-11)=3$(天)。

4）计算流水工期为 $T=\sum K_{i,j}+T_n=(2+3)+(3+4+2+2)=16$(天)。

5）绘横道图，如图3-1所示。

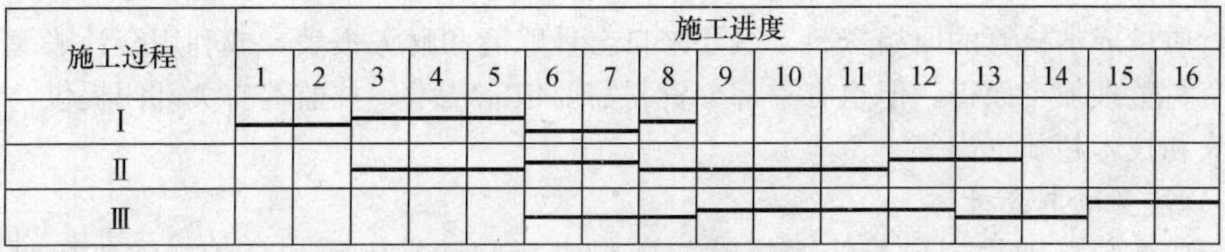

施工过程	施工进度															
	1	2	3	4	5	6	7	8	9	10	11	12	13	14	15	16
Ⅰ																
Ⅱ																
Ⅲ																

图3-1　流水施工横道图

(2）工期、塔吊成本变化。

1）工期延长3天，$T=19$ 天。

2）塔吊成本增加，$C=3\times560=1680$（元）。

因此，施工单位因业主原因导致进度延后及成本增加，应该向业主进行索赔。

（二）网络图计划的进度与成本的同步控制

网络图计划的进度与成本的同步控制，与横道图进度计划有异曲同工之处。所不同的是，网络计划在施工进度的安排上更具逻辑性，而且可在破网后随时进行优化和调整，因而对每道工序的成本控制也更为有效。

网络图的表示方法为：代号为工序施工起止的节点（是指双代号网络图），箭杆表示工序施工的过程，箭杆的下方为工序的计划施工时间，箭杆上方的数字为工序的计划成本（以千元为单位）；实际施工的时间和成本，则在箭杆附近的方格中按实填写。这样，就能从网络图中看到每道工序的计划进度与实际进度、计划成本与实际成本的对比情况，同时也可清楚地看出今后控制进度、控制成本的方向。

二、分析施工质量成本

质量成本是指项目为保证和提高产品质量而支出的一切费用，以及未达到质量标准而产生的一切损失费用之和。质量成本包括两个主要方面：控制成本和故障成本。控制成本包括预防成本和鉴定成本，属于质量保证费用，与质量水平成正比关系，即工程质量越高，鉴定成本和预防成本就越大；故障成本包括内部故障成本和外部故障成本，属于损失性费用，与质量水平成反比关系，即工程质量越高，故障成本就越低。

研究施工质量成本，首先要从质量成本核算开始，然后是质量成本分析和质量成本控制。

（一）质量成本核算

质量成本核算即将施工过程中发生的质量成本费用，按照预防成本、鉴定成本、内部故障成本和外部故障成本的明细科目归集，然后计算各个时期各项质量成本的发生情况。质量成本核算的明细科目，可根据实际支付的具体内容来确定。

（1）预防成本下设置：质量管理工作费、质量情报费、质量培训费、质量技术宣传费、质量管理活动费等子目。

（2）鉴定成本下设置：材料检验试验费、工序监测和计量服务费、质量评审活动费等子目。

（3）内部故障成本下设置：返工损失、返修损失、停工损失、质量过剩损失、技术超前支出和事故分析处理等子目。

（4）外部故障成本下设置：保修费、赔偿费、诉讼费和因违反环境保护法而发生的罚款等。

进行质量成本核算的原始资料，主要来自会计账簿和财务报表，或利用会计账簿和财务报表的资料整理加工而得。但也有一部分资料需要依靠技术、技监等有关部门提供，如质量过剩损失和技术超前支出等。

（二）质量成本分析

质量成本分析即根据质量成本核算的资料进行归纳、比较和分析，共包括四个分析内容：

（1）质量成本总额的构成内容分析；

（2）质量成本总额的构成比例分析；

（3）质量成本各要素之间的比例关系分析；

（4）质量成本占预算成本的比例分析。

上述分析内容，可在一张质量成本分析表中反映出来。

（三）质量成本控制

根据以上分析资料，对影响质量成本较大的关键因素，采取有效措施，进行质量成本控制。

三、风险分析

在编制工程项目成本计划时，不可避免地会考虑一定的风险因素。因为，目前我国是以社会主义市场经济为经济体制改革的目标，市场调节成为配置社会资源的主要方式，通过价格杠杆和竞争机制，使有限的资源配置到效益好的方面和企业去，这就必将促进企业间的竞争、加大风险。在成本计划编制中可能存在着以下几方面的因素导致成本支出加大，甚至形成亏损：

（1）由于技术上、工艺上的变更，造成施工方案的变化。

（2）交通、能源、环保方面的要求带来的变化。

（3）原材料价格变化、通货膨胀带来的连锁反应。

（4）工资及福利方面的变化。

（5）气候带来的自然灾害。

3.3 工程项目目标成本计划的编制

3.3.1 目标成本管理

目标成本管理是企业目标管理的重要组成部分，推行目标成本管理可以促使企业加强成本核算，人人关心成本，更好地贯彻经济责任制，对于激励全体职工努力做好工作，促进成本进一步降低有重要意义。同时目标成本也是进行有效成本比较分析的一种尺度，查明产生成本差异的原因，有利于实行例外管理原则，将成本管理的重点放在重大脱离目标成本的事项上。目标成本管理的实施也能促使企业上下各级部门和领导与职工之间的协调一致，相互配合，围绕一个共同的目标而努力，目标成本保证体系如图3-2所示。

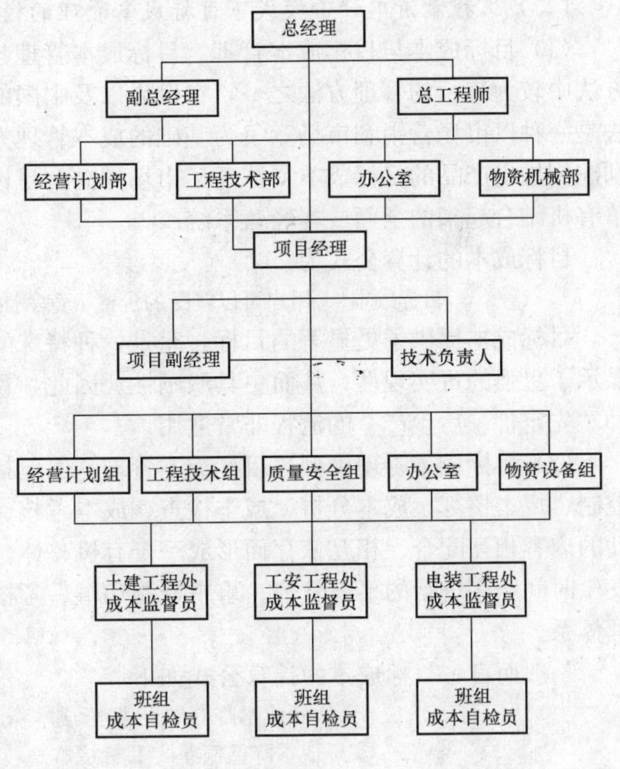

图3-2 目标成本保证体系

3.3.2 工程量清单计价模式下的建筑企业目标成本

工程量清单计价模式与以往基本建设概预算管理体制下的定额计价模式相比，是一种适应目前中国建筑市场要求的计价模式，是国际惯例的通用做法。在这种新的计价模式下，承包商面临加强成本管理，制订适合本企业使用的目标成本管理系统的迫切要求。由于在工程量清单计价方式下，承包合同价格事先确定，使得承包商工程成本管理重点是在既定收入的前提下，控制成本支出，将工程量清单计价形式带来的风险，通过加强成本的目标控制，发挥战略成本管理的优势，最终将风险降低到最低点，得到收益最大化。

（一）工程量清单计价方式下，承包商加强成本管理的原因分析

与传统的定额计价方式不同，工程量清单计价方式摒弃了计划经济体制下国家定价的做法，将定价的权利完全交给承包单位，采用市场定价的方式。

实行工程量清单计价方式后，为了对内外环境的变化作出快速反应，承包商需要在较短的时间内对招标文件进行分析，根据招标单位提供的工程量清单作出报价，中标之后，招标单位和承包商经过协商签订合同价格，此合同价格即是客户所能接受认可的价格，承包商通过成本管理，实现成本的最小化，收益最大化，并且达到此目标的前提是提供合格的、令客户满意的建筑产品，在各种约束下，运用目标成本的管理方法，实现企业的最终目标。

推行工程量清单计价模式后，由于分部分项工程量清单提供的主要是实物工程量，不限制具体的施工工艺和方法，投标人需主动结合工程实际和自身情况，选择合理经济的施工工艺和方法并在此基础上进行报价，充分竞争；当参与投标的施工企业资质、实力基本相当的情况下，合理低价投标的投标人会首先成为中标候选人。因此，投标人的投标工作的风险和中标难度都有所增加，从而导致建筑施工企业在市场竞争中生存的难度相应加大。

合理的低价中标，使得中标单位在工程建设的过程中，更要将成本管理置于工程项目管理工作的首位，以中标的合同价格取一定的利润率作为成本管理的上限，通过成本的预测、计划、控制、审核等工作不断循环，及时发现成本管理中的问题，既要做到合理控制成本的发生，又能满足建设单位的要求。

（二）工程量清单计价模式下目标成本管理的模型

（1）目标成本与目标成本管理。目标成本管理起源于日本，现在已经成为现代成本管理方法中较为流行的管理方法之一，在世界以及中国的许多行业中被广泛应用。目标成本管理法是一种以市场营销和市场竞争为基础的成本管理方法。它以具有竞争性的市场价格和目标利润倒推出产品的目标成本，体现了市场导向。目标成本管理法是将企业经营战略与市场竞争有机结合起来的全面成本经营系统。

目标成本的计算公式为

目标成本 = 用户可以接受的价格 / 竞争性市场价格 − 目标利润 − 税金

目标成本提供了更显著的目标，它是一种特殊的成本水平。由于这种目标非常明确，它显示了更强的可实现性，从而更具激励性。因此，目标成本法的管理模式对建筑安装产品这种“先定价、后生产”的流程非常适用。

（2）目标成本管理模型。目标成本管理一般包括成本预测、成本决策、成本计划、成本控制、成本核算、成本分析、成本检查、成本考核、成本奖惩激励等内容。这些成本管理活动的内容相互配合、相互依存而形成一个有机整体。目标成本管理是企业对预定成本标准按发生时间顺序进行的事前管理、事中控制和事后考核所组成的紧密衔接、周而复始的成本管理体系。

一般而言，目标成本的计算公式如下

实际成本降低率 = 实际成本降低额差 / 目标成本

实际成本降低额差 = 目标成本 − 实际成本

= 实际成本降低额 − 目标成本降低额

实际成本降低额 = 合同价成本 − 实际成本

目标成本降低额 = 合同价成本 − 目标成本

合同价成本 = 合同价 − 税金 − 合同利润

目标成本 = 预计结算收入 − 税金 − 目标利润

实际成本 = 实际结算收入 − 税金 − 实际利润

通过以上目标成本管理指标进行成本的预决策，然后制订成本计划。针对工程量清单计价模式下的分部分项工程，措施项目内容和其他项目内容，结合降低成本的要求以及相关的招投标资料，以货币形式规定计划期内产品的生产耗费和各分项的成本水平，作为成本管理的目标。

（3）建立工程量清单计价模式下的目标成本管理系统在清单环境下，一旦合同价款确定，工程造价就基本确定了，承包商只有在项目成本控制上下工夫，最大限度地把成本控制在清单范围内。如果施工成本过高，必然是以降低企业经济效益为代价。因此建立目标成本管理控制系统，是清单计价模式中控制成本的有效方法。

目标成本管理控制系统是指运用一系列的概念与方法，以降低项目成本和提高项目效益为目标，从项目整体出发，将各部门各环节严密组织起来，针对不同的分工，进行成本责任划分，确立其责权利，建立一套全面的目标成本指标体系，形成一个完整的目标成本管理控制系统。

3.3.3 目标成本管理控制系统

要将成本控制在事前阶段的成本预定的目标之内，需要建立组织系统、信息系统、控制系统三个目标成本管理控制系统：

（1）建立组织系统，项目部树立全员成本意识，建立以项目经理为核心的成本管理体系对成本管理体系中的每个部门、每个人的工作职责和范围进行明确的规定，同时赋予相应的权利并制订相应的奖惩措施，做到责权利分明。

（2）建立信息系统，使用专业成本管理软件，采用信息化管理。使各种成本数据能够及时汇总统计，便于项目部进行对比分析，同时可以实现各业务部门间的信息共享。对每个分部分项工程消耗的各种资源（人工费、材料费、机械使用费等）进行汇总统计，并把统计结果上报企业。企业要及时组织人员对工程数据进行分析、总结，作为清单组价和下个类似工程施工的限额参考依据。

(3) 建立管理系统，进行过程控制和目标控制，首先，劳务、材料、机械等实行招标制度，本着公平竞争的原则进行招标，通过招标选择合适的劳务队伍和供应商。其次，加强技术人员材料使用计划（特别是主材使用计划）的准确性，并追踪计划的执行情况，出现偏差及时查找原因并进行目标修正。定期召开成本分析会，进行账目核实，即把财务账目与现场实际消耗进行对比分析。

目标成本的考核阶段包括目标成本的分析和考核。成本分析及成本考核是成本管理的重要环节，项目部通过对目标和实耗资源数据的不断对比分析，及时发现施工过程中的问题，并分析原因，上报企业，确保项目成本处于受控状态，真正实现项目成本从事后反映向事前和事中控制的转变，企业适时地进行成本核查，并根据各项目反馈的问题，不断调整，逐渐形成一套完善的企业内部目标成本体系；效益评估和考核可以帮助企业完善目标成本管理过程中的问题，积累经验数据，激励成本责任人贯彻目标成本的热情和水平。

在工程量清单计价模式下，推行目标成本管理对项目成本的过程控制起指导作用，使项目成本管理真正做到了项目成本事前规划有目标，过程控制有依据，成本分析有标准；而且成本责任区域明晰后，便于落实分项成本的责任人和考核责任人的工作绩效。最重要的是，面对压价让利白热化的市场环境，推行目标成本管理，有利于增强全体管理人员的成本意识，有利于把握项目投入产出的全局，有利于从机制上保证项目成本在过程中受控，有利于提高建筑企业的市场竞争能力，这对于建筑企业今后的生存和发展具有重大意义。

3.3.4 目标成本管理途径——成本预算

预算管理是保证企业生产经营目标顺利实现，并对企业内部实施控制和监督的重要手段。成本预算管理是施工企业在项目实施中有效控制成本、实现目标成本和目标利润的重要途径，项目管理已逐渐地从传统的事后监督模式，向事前预测、事中控制、事后分析考评的动态管理模式转变。有效的成本预算管理便于项目分析，发现问题，研究可行性对策，规避市场风险，从而确保企业目标利润的顺利实现。成本预算管理是指工程项目从参与投标、签订合同开始，直至项目竣工决算的全过程，运用成本预测、成本控制和成本分析，实现项目利润目标和成本目标。成本预算管理采取由下而上、逐级编报、逐级审批、层层落实、滚动管理的办法，在项目管理中的运用流程如下。

(1) 填报成本预算。施工企业承揽的所有工程项目在实施前，应由施工单位根据工程量清单编制成本预算书。成本预算的编制依据包括招标文件、设计图纸、投标文件、施工合同、当地材料价格信息及现场勘察情况。工程项目分包有清包工和包工包料两种，填报单位应根据分包方式进行编制，成本预算费用项目应与财务报账项目基本一致，一方面满足财务核算和税务检查的需要；另一方面便于实际成本与预算成本的比较分析。

(2) 审核成本预算。施工企业应成立专门的预算科或经营科，负责对各项目的成本预算进行审核。审核的内容包括人工费单价、材料单价、机械台班单价等是否符合市场价，本项目发生的期间费用或现场管理费是否科学合理等。

(3) 上报成本预算。预算科或经营科对成本预算认真审核完毕后，提出书面审核意见，并上报有关主管部门批复。

(4) 批复成本预算。主管部门根据预算科或经营科提出的审核意见，结合实际作出增减预算或同意预算的批示。

(5) 成本预算执行。项目承揽单位根据主管部门的批示，重新修订成本预算，成本预算一经确定，即成为工程项目内部组织生产经营活动的重要依据，不得随意更改。工程项目部是成本预算的直接执行单位。成本预算只有与财务核算、项目实施相结合，才能达到预期效果。由财务人员兼职执行这项工作比较合适，执行人员结合工程进度、工程计量资料和财务核算情况，定期编制详细的成本分析表。与成本预算对比分析，对工程后期成本、利润情况进行预测，并反馈企业有关职能部门。成本预算执行中出现的重大偏差，要及时报告项目经理，项目部班子应认真查找原因，如果人为因素造成的成本溢涨，立刻纠正严控成本，并追究责任人责任。因客观原因造成的成本偏差，应及时向企业职能部门说明原因，提出修订成本预算申请，经有关部门审核批复后，按新的预算成本执行。

3.4 工程项目成本计划的编制

3.4.1 工程项目成本计划编制的原则

为了使成本计划能够发挥它积极的作用，在编制成本计划时应掌握以下一些原则：

(1) 从实际情况出发的原则。编制成本计划必须根据国家的方针政策，从企业的实际情况出发，充分挖掘企业内部潜力，使降低成本指标既积极可靠，又切实可行。工程项目管理部门降低成本的潜力在于正确选择施工方案，合理组织施工，提高劳动生产率，改善材料供应，降低材料消耗，提高机械利用率，节约施工管理费用等。但要注意，不能为降低成本而偷工减料，忽视质量，不顾机械的维护修理而拼机械，片面增加劳动强度，加班加点，或减掉合理的劳保费用，忽视安全工作。

（2）与其他计划结合的原则。编制成本计划，必须与工程项目的其他各项计划如施工方案、生产进度、财务计划、材料供应及耗费计划等密切结合，保持平衡。即成本计划一方面要根据施工项目的生产、技术组织措施、劳动工资、材料供应等计划来编制，另一方面又影响着其他各种计划指标，在编制其他计划指标时，应考虑适应降低成本的要求，与本计划密切配合，而不能单纯考虑每一种计划本身的需要。

（3）采用先进的技术经济定额的原则。编制成本计划，必须以各种先进的技术经济定额为依据，并针对工程的具体特点，采取切实可行的技术组织措施作保证。只有这样，才能使编出的成本计划具有科学根据，又有实现的可能，也只有这样，才能使编出的成本计划起到促进和激励的作用。

（4）统一领导、分级管理的原则。编制成本计划，应实行统一领导、分级管理的原则，采取走群众路线的工作方法，应在项目经理的领导下，以财务和计划部门为中心，发动全体职工共同进行，总结降低成本的经验，找出降低成本的正确途径，使成本计划的制订和执行具有广泛的群众基础。

编制成本计划，应留有充分余地，保持计划的一定弹性。在计划期内，项目经理部的内部或外部的技术经济状况和供产销条件，很可能发生一些在编制计划时所未预料的变化，尤其是材料供应、市场价格千变万化，给计划拟订带来很大困难。因而在编制计划时应充分考虑到制计划时应充分考虑到这些情况，使计划保持一定的应变适应能力。

3.4.2　工程项目成本计划的编制依据

工程项目成本计划是工程项目成本控制的一个重要环节，是实现降低施工成本任务的指导性文件。如果针对工程项目所编制的成本计划达不到目标成本要求时，就必须组织工程项目管理班子的有关人员重新研究寻找降低成本的途径，重新进行编制。同时，编制成本计划的过程也是动员全体工程项目管理人员的过程，是挖掘降低成本潜力的过程，是检验施工技术质量管理、工期管理、物资消耗和劳动力消耗管理等是否落实的过程。

编制工程成本计划，需要广泛收集相关资料并进行整理，以作为工程项目成本计划编制的依据。在此基础上，根据有关设计文件、工程承包合同、施工组织设计、工程项目成本预测资料等，按照工程项目应投入的生产要素，结合各种因素的变化和拟采取的各种措施，估算施工项目生产费用支出的总水平，进而提出施工项目的成本计划控制指标，确定目标总成本。目标成本确定后，应将总目标分解落实到各个机构、班组，及便于进行子项目或工序的控制。最后，通过综合平衡，编制完成工程项目成本计划。

工程项目成本计划的编制依据包括：

（1）投标报价文件；

（2）企业定额、施工预算；

（3）施工组织设计或施工方案；

（4）人工、材料、机械台班的市场价；

（5）企业颁布的材料指导价、企业内部机械台班价格、劳动力内部挂牌价格；

（6）周转设备内部租赁价格、摊销损耗标准；

(7) 已签订的工程合同、分包合同（或估价书）；

(8) 结构件外加工计划和合同；

(9) 有关财务成本核算制度和财务历史资料；

(10) 施工成本预测资料；

(11) 拟采取的降低施工成本的措施；

(12) 其他相关资料。

3.4.3 工程项目成本计划的编制方法

工程项目成本计划的编制以成本预测为基础，关键是确定目标成本。计划的制订，需结合施工组织设计的编制过程，通过不断地优化施工技术方案和合理配置生产要素，进行工料机消耗的分析，制订一系列节约成本和挖潜措施，确定工程项目成本计划。一般情况下，工程项目成本计划总额应控制在目标成本的范围内，并使成本计划建立在切实可行的基础上。

工程项目总成本目标确定之后，还需通过编制详细的实施性施工成本计划把目标成本层层分解，落实到施工过程的每个环节，有效地进行成本控制。工程项目成本计划的编制方式有：按工程项目成本组成编制工程项目成本计划；按工程项目组成编制工程项目成本计划；按工程进度编制工程项目成本计划。

（一）按工程项目成本组成编制工程项目成本计划的方法

目前我国的建筑安装工程费由直接费、间接费、利润和税金组成，工程项目成本可以按成本组成分解为人工费、材料费、施工机械使用费、措施费和间接费，编制按工程项目成本组成分解的工程项目成本计划。

（二）按工程项目组成编制工程项目成本计划的方法

大中型工程项目通常是由若干单项工程构成的，而每个单项工程包括了多个单位工程，每个单位工程又是由若干个分部分项工程所构成。因此，首先要把工程项目总施工成本分解到单项工程和单位工程中，再进一步分解到分部工程和分项工程中，如图3-3所示。

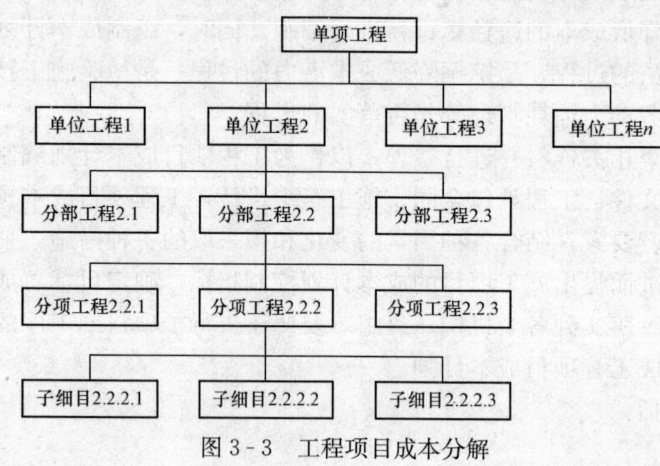

图3-3 工程项目成本分解

在完成工程项目成本目标分解之后，接下来就要具体地分配成本，编制分项工程的成本支出计划。从而得到详细的成本计划表，见表3-6。

表3-6 成本计划表

分项工程编码	工程内容	计量单位	工程数量	计划综合单价	本分项总计
(1)	(2)	(3)	(4)	(5)	(6)

在完成工程项目成本目标分解之后，接下来就要具体地分配成本，编制分项工程的成本支出计划，从而得到详细的成本计划表。在编制成本支出计划时，要在项目总的方面考虑总的预备费，也要在主要的分项工程中安排适当的不可预见费，避免在具体编制成本计划时，可能发现个别单位工程或工程量表中某项内容的工程量计算有较大出入，使原来的成本预算失实，并在项目实施过程中对其尽可能地采取一些措施。

（三）按工程进度编制工程项目成本计划的方法

编制按工程进度的工程项目成本计划，通常可利用控制项目进度的网络图进一步扩充而得。即在建立网络图时，一方面确定完成各项工作所需花费的时间；另一方面同时确定完成这一工作的合适的工程项目成本支出计划。

通过对工程项目成本目标按时间进行分解，在网络计划基础上，可获得项目进度计划的横道图。并在此基础上编制成本计划。其表示方式有两种：一种是在时标网络图上按月编制的成本计划，如图3-4所示；另一种是利用时间－成本曲线（S形曲线）表示，如图3-5所示。

（1）确定工程项目进度计划，编制进度计划的横道图；

（2）根据每单位时间内完成的实物工程量或投入的人力、物力和财力，计算单位时间（月或旬）的成本，在时标网络图上按时间编制成本支出计划，如图3-4所示；

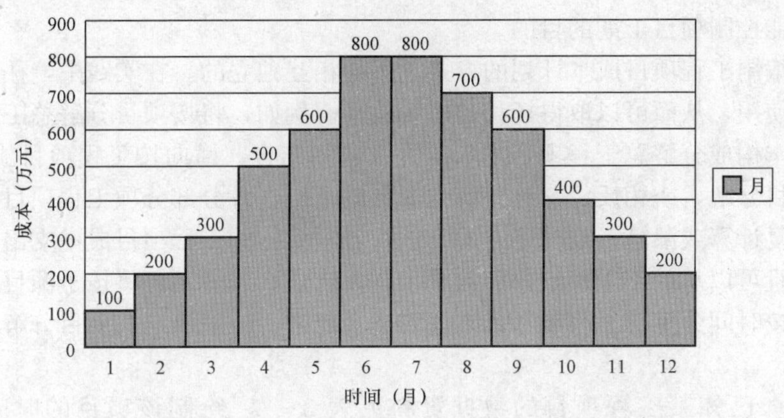

图3-4　时标网络图上按月编制的成本计划

（3）计算规定时间计划累计支出的成本额，其计算方法为各单位时间计划完成的成本额累加求和，如下

$$Q_t = \sum_{n=1}^{t} q_n$$

式中　Q_t——某时间 t 计划累计支出成本额；

q_n——单位时间 n 的计划支出成本额；

t——某规定计划时刻。

（4）按各规定时间的 Q_t 值，绘制S形曲线，如图3-5所示。

每一条S形曲线都对应某一特定的工程进度计划。因为在进度计划的非关键线路中存在许多有时差的工序或工作，因而S形曲线（成本计划值曲线）必然包络在由全部工作都按最早开始时间开始和全部工作都按最迟必须开始时间开始的曲线所组成的“香蕉图”内。项目

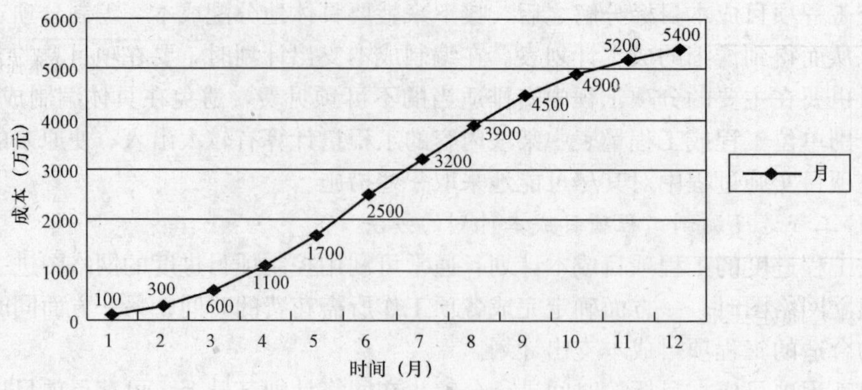

图 3-5 时间成本累计曲线（S形曲线图）

经理可根据编制的成本支出计划来合理安排资金，同时项目经理也可以根据筹措的资金来调整S形曲线，即通过调整非关键线路上的工序项目的最早或最迟开工时间，力争将实际的成本支出控制在计划的范围内。

一般而言，所有工作都按最迟开始时间开始，对节约资金贷款利息是有利的；但同时，也降低了项目按期竣工的保证率，因此项目经理必须合理地确定成本支出计划，达到既节约成本支出，又能控制项目工期的目的。

以上三种编制工程项目成本计划的方式并不是相互独立的。在实践中，往往是将这几种方式结合起来使用，从而可以取得扬长避短的效果。例如，将按项目分解总工程项目成本与按工程项目成本构成分解总工程项目成本两种方式相结合，横向按工程项目成本构成分解，纵向按工程项目分解，或相反。这种分解方式有助于检查各分部分项工程项目成本构成是否完整，有无重复计算或漏算；同时还有助于检查各项具体的工程项目成本支出的对象是否明确或落实，并且可以从数字上校核分解的结果有无错误。或者还可将按子项目分解总工程项目成本计划与按时间分解总工程项目成本计划结合起来，一般纵向按项目分解，横向按时间分解。

【例 3-2】 已知某工程项目的数据资料见表 3-7，绘制该项目的时间—成本累计曲线。

表 3-7　　某工程项目的数据资料

编码	项目名称	最早开始时间	工期（月）	成本强度（万元/月）
11	场地平整	1	1	20
12	基础施工	2	3	15
13	主体工程施工	4	5	30
14	砌筑工程施工	8	3	20
15	屋面工程施工	10	2	30
16	楼地面施工	11	2	20
17	室内设施安装	11	1	30

续表

编码	项目名称	最早开始时间	工期（月）	成本强度（万元/月）
18	室内装修	12	1	20
19	室外装修	12	1	10
20	其他工程		1	10

解　(1) 确定工程项目进度计划，编制进度计划的横道图，如图 3-6 所示。

编码	项目名称	工期（月）	成本强度（万元/月）	工程进度（月）											
				1	2	3	4	5	6	7	8	9	10	11	12
11	场地平整	1	20	━											
12	基础施工	3	15		━	━	━								
13	主体工程施工	5	30				━	━	━	━	━				
14	砌筑工程施工	3	20								━	━	━		
15	屋面工程施工	2	30										━	━	
16	楼地面施工	2	20											━	━
17	室内设施安装	1	30											━	
18	室内装修	1	20												━
19	室外装修	1	10												━
20	其他工程	1	10												

图 3-6　进度计划的横道图

(2) 在横道图上按时间编制成本计划如图 3-7 所示。

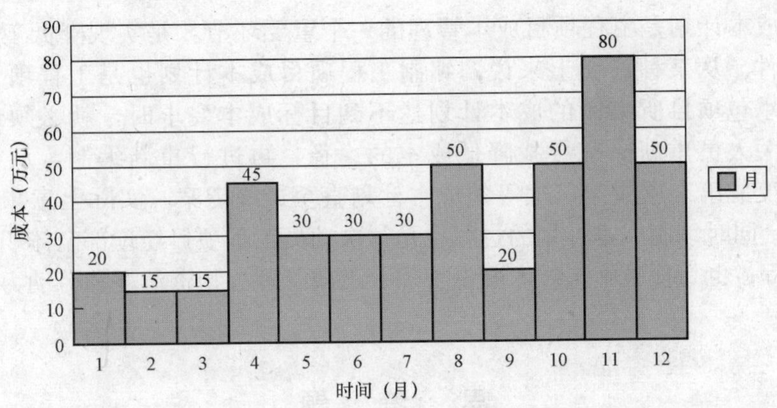

图 3-7　横道图上按月编制的成本计划

(3) 计算规定时间 t 计划累计支出的成本额；根据公式

$$Q_t = \sum_{n=1}^{t} q_n$$

可得如下结果

$$Q_1 = 20, Q_2 = 35, Q_3 = 50, \cdots, Q_{11} = 385, Q_{12} = 435$$

（4）绘制S形曲线，如图3-8所示。

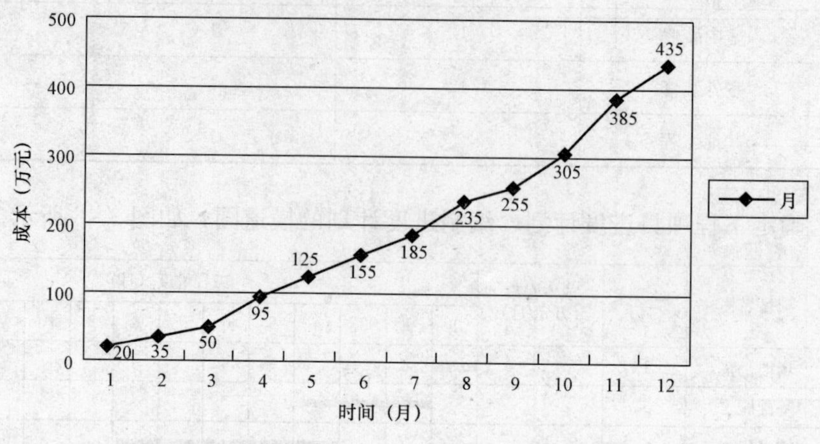

图3-8 时间成本累计曲线

小 结

成本计划是成本管理和成本会计的一项重要内容，是企业生产经营计划的重要组成部分。工程项目成本计划是在项目经理负责下，在成本预测的基础上进行的，它是以货币形式预先规定工程项目进行中的施工生产耗费的计划总水平，通过工程项目的成本计划可以确定对比项目总投资（或中标额）应实现的计划成本降低额与降低率，并且按成本管理层次、有关成本项目以及项目进展的逐阶段对成本计划加以分解；并制订各级成本实施方案。

工程项目成本计划是工程项目成本管理的一个重要环节，是实现降低工程项目成本任务的指导性文件。从某种意义上来说，编制工程项目成本计划也是工程项目成本预测的继续。如果对承包项目所编制的成本计划达不到目标成本要求时，就必须组织工程项目管理班子的有关人员重新研究寻找降低成本的途径，再进行重新编制，从第一次所编的成本计划到改变成第二次或第三次等的成本计划直至最终定案，实际上意味着进行了一次次的成本预测，同时编制成本计划的过程也是一次动员工程项目经理部全体职工，挖掘降低成本潜力的过程；也是检验施工技术质量管理、工期管理、物资消耗和劳动力消耗管理等效果的全过程。

思 考 题

1. 工程项目成本计划的作用是什么？
2. 工程项目成本计划原则是什么？
3. 工程项目成本计划编制的方法是什么？
4. 工程项目风险的成本计划需要考虑哪些因素？
5. 已知某工程项目的数据资料见表3-8，试绘制该项目的时间—成本累计曲线。

表 3-8　**某工程项目的数据资料**

编码	项目名称	最早开始时间	工期（月）	成本强度（万元/月）
11	场地平整	1	1	10
12	基础施工	2	3	17
13	主体工程施工	4	5	25
14	砌筑工程施工	8	3	18
15	屋面工程施工	10	2	35
16	楼地面施工	11	2	20
17	室内设施安装	11	1	35
18	室内装修	12	1	25
19	室外装修	12	1	15
20	其他工程		1	10

第4章 工程项目成本控制

学 习 目 标

(1) 熟悉工程项目成本控制相关概念;

(2) 了解工程项目成本控制原则;

(3) 掌握工程项目成本控制方法,掌握工程项目成本控制程序。

4.1 工程项目成本控制概述

4.1.1 工程项目成本控制的概念和含义

工程项目成本控制,是指在项目成本形成过程中(即施工过程中)运用一定的技术和管理手段对生产经营所消耗的人力、物资和费用进行组织、监督、调节和限制,及时纠正将要发生和已经发生的偏差,把各项施工费用控制在计划成本的范围内,以保证成本目标实现的一个系统过程。

由于项目管理具有一次性,管理对象仅仅是一个工程项目,且将随项目建设完成而结束其管理,项目完成后有无经济效益,成败在此一举,为确保项目经营的经济效益,成本控制不仅必要,而且必须做好。工程项目成本控制是施工企业成本控制的中心,是增加企业利润、扩大社会积累的主要途径。

工程项目成本控制还是工程项目工作质量的综合反映,工程项目成本降低,显示了施工过程中物化劳动和活劳动消耗的节约,从而反映了劳动生产率的提高、固定资产利用率的提高和材料消耗率的降低。

工程项目成本控制是推行项目经理承包责任制的动力,成本目标是项目经理项目承包责任制中经济承包目标的综合体现,项目经理要实现这一目标,就必须利用生产要素市场机制,管好项目、控制消耗,将质量、工期、成本三大目标结合起来综合控制。这样,不仅实现了成本控制,又带动了工程项目的全面管理。

4.1.2 工程项目成本控制原则

(一) 开源与节流相结合的原则

工程中每发生一笔金额较大的成本费用,应检查有否与之相对应的预算收入,是否支大于收。在成本核算中,必须进行实际成本和预算收入的对比分析,找出成本节超原因,纠正成本偏差,降低项目成本水平。

(二) 全面控制原则

所谓全面控制,包括两层含义,即项目成本控制是全员参与的控制;项目成本控制是全过程的控制。

项目成本形成过程涉及项目组织中各部门、单位、班组、甚至个人的工作业绩,也与每个职工的切身利益密切相关，因此，工程项目成本控制不仅需要项目经理和专业成本管理人员的努力，更需要所有项目建设者的群策群力，才能收到预期效果。为此，要建立包括各部门、单位的成本责任网络和班组经济核算体制，形成全员成本控制体系。

工程项目成本的形成过程，伴随着施工生产全过程，因此，为了对工程项目成本自始至终进行有效的控制，就必须随着项目施工进展的各个阶段连续进行成本控制，不能疏漏、间断和时松时紧。

（三）动态控制原则

在工程项目施工准备阶段，根据外部环境条件和项目要求所确定的成本目标、成本计划、成本控制方案，都是对未发生的事进行预测基础上所得到的，而具体施工过程中各种影响因素的变化，均可能使实际成本偏离计划，为此必须实行动态控制，根据实施状况，对出现的“例外”问题进行重点检查、深入分析，并采取相应措施，不断纠正成本形成过程中的偏差，保证最终实现成本目标。

（四）中间控制原则

成本控制是全过程控制，包括施工准备阶段的成本控制，现场施工阶段的成本控制及竣工阶段的成本控制，而在施工准备阶段仅仅是预测计划，竣工阶段成本显然已成定局，所发生的偏差已不可能纠正，因此整个控制工作的重心应放在中间阶段，即具体现场施工阶段。

（五）目标管理原则

成本目标管理是把计划的目标、任务、措施等加以分解，从纵、横向分别落实到执行计划的部门、单位，甚至个人，形成一个目标成本体系，实现纵向一级保一级，横向关联部门明确责任，加强协作，使项目进展中每个参与单位部门均承担各自成本控制的责任，并坚决执行。同时不断对目标执行结果进行检查、评价目标和修正目标，形成成本目标管理的计划（Plan）、实施（Do）、检查（Check）、处理（Action）循环（即 PDCA 循环）。

（六）节约原则

节约人力、物力、财力的消耗，是提高经济效益的核心，也是成本控制的最基本的原则。为此，要严格执行成本开支、范围、标准及财务制度，对各项成本费用的支出进行限制和监督；提高施工项目科学管理的水平，优化施工方案，提高生产效率，节约人、财、物的消耗；采取预防成本失控的措施，防止浪费的发生。

（七）责、权、利相结合的原则

在项目施工过程中，项目经理、工程技术人员、管理人员及各单位和生产班组都对成本控制负有一定责任，从而形成整个项目的成本控制责任网络。与此同时，各部门、单位、班组还应享有相应的成本控制的权力，即在规定范围内决定某些费用的使用，以行使对项目成本的实质性控制。最后项目经理还要定期检查和考评各层次成本控制的业绩，并与工资分配挂钩，实行奖罚。只有责、权、利相结合的成本控制，才是真正的工程项目成本控制。

4.1.3 工程项目成本控制的依据

工程项目成本控制的依据包括以下内容。

（一）工程承包合同

工程项目成本控制要以工程承包合同为依据，围绕降低工程成本这个目标，从预算收入和实际成本两方面，努力挖掘增收节支潜力，以求获得最大的经济效益。

(二) 工程项目成本计划

工程项目成本计划是根据施工项目的具体情况制订的施工成本控制方案，既包括预定的具体成本控制目标，又包括实现控制目标的措施和规划，是工程项目成本控制的指导文件。

(三) 进度报告

进度报告提供了每一时刻工程实际完成量，工程施工成本实际支付情况等重要信息。工程项目成本控制工作正是通过实际情况与施工成本计划相比较，找出二者之间的差别，分析偏差产生的原因，从而采取措施改进以后的工作。此外，进度报告还有助于管理者及时发现工程实施中存在的隐患，并在事态还未造成重大损失之前采取有效措施，尽量避免损失。

(四) 工程变更

在项目的实施过程中，由于各方面的原因，工程变更是很难避免的。工程变更一般包括设计变更、进度计划变更、施工条件变更、技术规范与标准变更、施工次序变更、工程数量变更等。一旦出现变更，工程量、工期、成本都必将发生变化，从而使得工程项目成本控制工作变得更加复杂和困难。因此，工程项目成本管理人员就应当通过对变更要求中各类数据的计算、分析，随时掌握变更情况，包括已发生工程量、将要发生工程量、工期是否拖延、支付情况等重要信息，判断变更以及变更可能带来的索赔额度等。

除了上述几种工程项目成本控制工作的主要依据以外，有关施工组织设计、分包合同等也都是施工成本控制的依据。

4.2 工程项目成本控制的步骤和方法

4.2.1 工程项目成本控制的步骤

在确定了工程项目成本计划之后，必须定期地进行工程项目成本计划值与实际值的比较，当实际值偏离计划值时，分析产生偏差的原因，采取适当的纠偏措施，以确保工程项目成本控制目标的实现。其步骤如下：

(一) 比较

按照某种确定的方式将工程项目成本计划值与实际值逐项进行比较，以发现工程项目成本是否已超支。

(二) 分析

在比较的基础上，对比较的结果进行分析，以确定偏差的严重性及偏差产生的原因。这一步是工程项目成本控制工作的核心，其主要目的在于找出产生偏差的原因，从而采取有针对性的措施，减少或避免相同原因的再次发生或减少由此造成的损失。

(三) 预测

在工程项目成本形成过程中，按照完成情况估计完成项目所需的总费用，克服盲目性，提高预见性。

(四) 纠偏

当工程项目的实际施工成本出现了偏差，应当根据工程的具体情况、偏差分析和预测的结果，采取适当的措施，以期达到使施工成本偏差尽可能小的目的。纠偏是工程项目成本控制中最具实质性的一步。只有通过纠偏，才能最终达到有效控制工程项目成本的目的。

对偏差原因进行分析的目的是为了有针对性地采取纠偏措施，从而实现成本的动态控制和主动控制。纠偏首先要确定纠偏的主要对象，偏差原因有些是无法避免和控制的，如客观原因，充其量只能对其中少数原因做到防患于未然，力求减少该原因所产生的经济损失。在确定了纠偏的主要对象之后，就需要采取有针对性的纠偏措施。纠偏可采用组织措施、经济措施、技术措施和合同措施等。

（五）检查

检查是指对工程的进展进行跟踪和检查，及时了解工程进展状况以及纠偏措施的执行情况和效果，为今后的工作积累经验。

4.2.2 工程项目成本的过程控制方法

施工阶段是控制建设工程项目成本发生的主要阶段，它通过确定成本目标并按计划成本进行施工、资源配置，对施工现场发生的各种成本费用进行有效控制。其具体的控制方法如下。

（一）人工费的控制

人工费的控制实行“量价分离”的方法，将作业用工及零星用工按定额工日的一定比例综合确定用工数量与单价，通过劳务合同进行控制。控制人工费，主要途径有：提高劳动生产率，改善劳动组织结构，减少窝工浪费；实行合理的奖惩制度和激励办法，提高员工的劳动积极性和工作效率；加强劳动纪律，加强技术教育和培训工作；压缩非生产用工和辅助用工，严格控制非生产人员比例等。

（二）材料费的控制

材料费的控制同样按照“量价分离”原则，控制材料用量和材料价格。

（1）材料用量的控制。在保证符合设计要求和质量标准的前提下，合理使用材料，通过定额管理、计量管理等手段有效控制材料物资的消耗，具体方法如下：

1）定额控制。对于有消耗定额的材料，以消耗定额为依据，实行限额发料制度。在规定限额内分期分批领用，超过限额领用的材料，必须先查明原因，经过一定审批手续方可领料。

2）指标控制。对于没有消耗定额的材料，则实行计划管理和按指标控制的办法。根据以往项目的实际耗用情况，结合具体工程项目的内容和要求，制订领用材料指标，据以控制发料。超过指标的材料，必须经过一定的审批手续方可领用。

3）计量控制。准确做好材料物资的收发计量检查和投料计量检查。

4）包干控制。在材料使用过程中，对部分小型及零星材料（如钢钉、钢丝等）根据工程量计算出所需材料量，将其折算成费用，由作业者包干控制。

（2）材料价格的控制。材料价格主要由材料采购部门控制。由于材料价格是由买价、运杂费、运输中的合理损耗等所组成，因此控制材料价格，主要是通过掌握市场信息，应用招标和询价等方式控制材料、设备的采购价格。

工程项目的材料物资，包括构成工程实体的主要材料和结构件，以及有助于工程实体形成的周转使用材料和低值易耗品。从价值角度看，材料物资的价值，约占建筑安装工程造价的60%～70%以上，其重要程度自然是不言而喻。由于材料物资的供应渠道和管理方式各不相同，所以控制的内容和所采取的控制方法也将有所不同。

（三）施工机械使用费的控制

合理选择施工机械设备、合理使用施工机械设备对成本控制具有十分重要的意义，尤其是高层建筑施工。据某些工程实例统计，高层建筑地面以上部分的总费用中，垂直运输机械费用约占6%～10%。由于不同的起重运输机械各有不同的用途和特点，因此在选择起重运输机械时，首先应根据工程特点和施工条件确定采取何种不同起重运输机械的组合方式。在确定采用何种组合方式时，首先应满足施工需要，同时还要考虑到费用的高低和综合经济效益。

施工机械使用费主要由台班数量和台班单价两方面决定，为有效控制施工机械使用费支出，主要从以下几个方面进行控制：

(1) 合理安排施工生产，加强设备租赁计划管理，减少因安排不当引起的设备闲置；

(2) 加强机械设备的调度工作，提高现场设备利用率；

(3) 加强现场设备的维修保养，避免因不正确使用造成机械设备的停置；

(4) 做好机上人员与辅助生产人员的协调与配合，提高施工机械台班产量。

（四）工程项目分包费用的控制

分包工程价格的高低，必然对项目经理部的工程项目成本产生一定的影响。因此，工程项目成本控制的重要工作之一是对分包价格的控制。项目经理部应在确定施工方案的初期就要确定需要分包的工程范围。决定分包范围的因素主要是工程项目的专业性和项目规模。对分包费用的控制，主要是要做好分包工程的询价、订立平等互利的分包合同、建立稳定的分包关系网络、加强施工验收和分包结算等工作。

4.3 挣 值 法

4.3.1 挣值法原理

挣值法（Earned Value Management，EVM）作为一项先进的项目管理技术，最初是美国国防部于1967年首次确立的。美国国防部1967年推出了“成本/工期控制系统规范(Cost/Schedule Control System Criteria-C/SCSC)”，从而成功地建立了项目成本和工期的集成管理方法，经过在政府性项目中的推行和应用，近30年来，这种方法在20世纪90年代中期开始使用并被称为挣值法。到目前为止国际上先进的施工企业已普遍采用挣值法进行工程项目的费用、进度综合分析控制。用挣值法进行费用、进度综合分析控制，基本参数有三项，即已完工作预算费用、计划工作预算费用和已完工作实际费用。

挣值法是用以分析目标实施与目标期望之间差异的一种方法。挣值法又称为赢得值法或偏差分析法。挣值法通过测量和计算已完成工作的预算费用与已完成工作的实际费用，将其与计划工作的预算费用相比较得到的项目的费用偏差和进度偏差，从而达到判断项目费用和进度计划执行状况的目的。挣值法主要涉及三个参数、四个指标。

（一）挣值法的三个基本参数

(1) 计划工作量的预算费用。计划工作量的预算费用（Budgeted cost for work scheduled，BCWS）是指项目实施过程中某阶段计划要求完成的工作量所需的预算工时和费用。BCWS主要反映计划应完成的工作量。BCWS的计算公式为

BCWS＝计划完成工作量×预算单价

（2）已完成工作量的实际费用。已完成工作量的实际费用（Actual Cost for Work Performed，ACWP），是指项目实施过程中某阶段实际完成的工作量所消耗的工时或费用，主要反映项目执行的实际消耗指标。ACWP 的计算公式为

ACWP＝已完成工作量×合同单价

（3）已完成工作量的预算费用。已完成工作量的预算费用（Budgeted Cost for Work Performed，BCWP）是指项目实施过程中某阶段实际完成工作量按预算计算出来的工时或费用，由于业主正是根据这个值为承包人完成的工作量支付相应的费用，也就是承包人获得（挣得）的金额，故称赢得值或挣值。BCWP 的计算公式为

BCWP＝已完成工作量×预算单价

（二）挣值法的四个评价指标

在挣值法的三个基本参数的基础上，可以确定挣值法的四个评价指标，它们也都是时间的函数。

（1）费用偏差（Cost Variance，CV）。费用偏差 CV 计算公式为

费用偏差 CV＝已完工作量的预算费用(BCWP)
－已完工作量的实际费用(ACWP)

当费用偏差 CV 为负值时，即表示项目运行超出预算费用；当费用偏差 CV 为正值时，表示项目运行节支，实际费用没有超出预算费用。

（2）进度偏差（Schedule Variance，SV）。进度偏差 SV 计算公式为

进度偏差 SV＝已完工作量的预算费用(BCWP)
－计划工作量的预算费用(BCWS)

当进度偏差 SV 为负值时，表示进度延误，即实际进度落后于计划进度；当进度偏差 SV 为正值时，表示进度提前，即实际进度快于计划进度。

（3）费用绩效指数（Cost Performance Index，CPI）。费用绩效指数（CPI）计算公式为

费用绩效指数 CPI＝已完工作量的预算费用(BCWP)/
已完工作量的实际费用(ACWP)

当费用绩效指数 CPI＜1 时，表示超支，即实际费用高于预算费用；当费用绩效指数 CPI＞1 时，表示节支，即实际费用低于预算费用。

（4）进度绩效指数（Schedule Performance Index，SPI）。进度绩效指数（SPI）计算公式为

进度绩效指数 SPI＝已完工作量的预算费用(BCWP)/
计划工作量的预算费用(BCWS)

当进度绩效指数 SPI＜1 时，表示进度延误，即实际进度比计划进度拖后；当进度绩效指数 SPI＞1 时，表示进度提前，即实际进度比计划进度快。

费用（进度）偏差反应的是绝对偏差，结果很直观，有助于费用管理人员了解项目费用出现偏差的绝对数额，并依此采取一定措施，制定或调整费用支出计划和资金筹措计划。但是费用（进度）偏差有其不容忽视的局限性。如同样是 10 万元的费用偏差，对于总费用 1000 万元的项目和总费用 1 亿元的项目而言，其严重性显然是不同的。因此，费用（进度）偏差只适合于对同一项目做偏差分析。费用（进度）绩效指数反应的是相对偏差，它不受项目层次的限制，也也不受项目实施时间的限制，因而在同一项目和不同项目比较中均可

采用。

【例 4-1】 某项目进展到 11 周时，对前 10 周的工作进行统计，情况见表 4-1。

问题：(1) 求出前 10 周的 BCWP 及 10 周末的 BCWP；

(2) 计算 10 周末的 ACWP 及 BCWS；

(3) 计算 10 周末的 CV、SV，并进行分析；

(4) 计算 10 周末的 CPI、SPI，并进行分析。

表 4-1 某项目 10 周末执行情况

工作	计划完成工作预算费用（万元）	已完工作量（%）	实际发生费用（万元）	挣值
A	400	100	400	
B	450	100	460	
C	700	80	700	
D	150	100	150	
E	500	100	520	
F	800	50	400	
G	1000	60	700	
H	300	100	300	
I	120	100	120	
J	1200	40	600	
合计				

解 (1) 计算前 10 周的 BCWP 及 10 周末的 BCWP，见表 4-2。

表 4-2 BCWP 计算表

工作	计划完成工作预算费用（万元）	已完工作量（%）	实际发生费用（万元）	挣值
A	400	100	400	400
B	450	100	460	450
C	700	80	700	560
D	150	100	150	150
E	500	100	520	500
F	800	50	400	400
G	1000	60	700	600
H	300	100	300	300
I	120	100	120	120
J	1200	40	600	480
合计				3960

(2) 计算 10 周末的 ACWP 及 BCWS，见表 4-3。

表4-3　**10周末ACWP及BCWS计算表**

工作	计划完成工作预算费用（万元）	已完工作量（%）	实际发生费用（万元）	挣值
A	400	100	400	400
B	450	100	460	450
C	700	80	700	560
D	150	100	150	150
E	500	100	520	500
F	800	50	400	400
G	1000	60	700	600
H	300	100	300	300
I	120	100	120	120
J	1200	40	600	480
合计	5620		4370	3960

（3）计算10周末的CV、SV，并进行分析。

$$CV = BCWP - ACWP = 3960 - 4370 = -410 < 0\text{，费用超支}$$

$$SV = BCWP - BCWS = 3960 - 5620 = -1660 < 0\text{，进度拖后}$$

BCWP＞ACWP＞BCWP，说明企业效率低，需增加高效人员的投入。

（4）计算10周末的CPI、SPI，并进行分析。

$$CPI = BCWP/ACWP = 3960/4370 = 0.906 < 1\text{，费用超支}$$

$$SPI = BCWP/BCWS = 3960/5620 = 0.704 < 0\text{，进度拖后}$$

说明实际发生的费用比已完工预算多，但工作进度还是拖后了，因此项目状况不好，需加快进度并控制费用。

4.3.2　挣值法分析的实际过程

挣值分析法通过三个基本参数的对比和两个偏差值指标及两个指数指标的计算分析，可以对工程项目的实际进展情况作出明确的测定和衡量，有利于对工程项目进行有效控制，也可以清楚地反映出项目工程管理和工程技术水平的高低。因此，使用挣值分析法进行成本、进度综合控制，必须定期监控以上参数。也就是说，在项目开始之前，必须为在整个项目工期内如何和何时使用资金作出预算和计划，项目开始后，必须监督项目实际成本和工作绩效以确保项目成本、进度都在控制范围之内。具体步骤如下：

（一）制订项目成本预算和计划

在对项目进行成本管理时，首先要对项目制订详细的成本预算，要把成本预算分解到每个分项工程上，要尽量分解到详细的实物工作量层次，为各个分项工程建立起一个总预算成本。制订项目成本预算的第二步是将每一总预算成本分配到各个分项工程的整个工期中去，每期的成本计划依据各个分项工程的各分项工作量进度计划来确定。当每一分项工程所需完成的工程量分配到工期的每个区间（这个区间可定义为工程管理和控制的报表时段），就能确定出工程在何时需用多少预算。这一数字通过截止到某期的过去每期预算成本累加，即得出累计计划预算成本BCWS，它反映了到某期为止按计划进度完成的工程预算值，将其作为项目成本、进度绩效的基准。

（二）收集项目实际成本

项目执行过程中，通常会通过合同委托各分项工程或工作包的工作给相关工程承包商。根据合同工程量及价格清单就会形成承付工程款。承包商在完成相应的分项工程或工作包的实物工程量以后，要按合同进度进行支付工程款。在项目每期对已发生成本进行汇总，即累计已完工程量与合同单价之积，就形成了累计实际成本 ACWP。

（三）计算项目已完成工作的预算费用 BCWP

如前所述，仅仅监控以上两个参数并不能准确地监控项目的实际状况，有时甚至会导致得出错误的结论和决策。因此，BCWP 值是整个项目期间必须确定的重要参数。对项目每期已完工程量与预算单价之积进行累计，即可确定 BCWP 值。费用（进度）偏差反映的是绝对偏差，结果很直观，有助于费用管理人员了解项目费用出现偏差的绝对数额，并依此采取一定措施，制订或调整费用支出计划和资金筹措计划。但是，绝对偏差有其不容忽视的局限性。如同样是 10 万元的费用偏差，对于总费用 1000 万元的项目和总费用 1 亿元的项目而言，其严重性显然是不同的。因此，费用（进度）偏差仅适合于对同一项目作偏差分析。费用（进度）绩效指数反映的是相对偏差，它不受项目层次的限制，也不受项目实施时间的限制，因而在同一项目和不同项目比较中均可采用。

在项目的费用、进度综合控制中引入挣值法，可以克服过去进度、费用分开控制的缺点，即当我们发现费用超支时，很难立即知道是由于费用超出预算，还是由于进度提前。相反，当发现费用低于预算时，也很难立即知道是由于费用节省，还是由于进度拖延。而引入挣值法即可定量地判断进度、费用的执行效果。

挣值法在实际运用过程中，最理想的状态是 ACWP、BCWS、BCWP 三条曲线靠得很近、平稳上升，表示项目按预定计划目标前进。如果三条曲线离散度不断增加，则预示可能发生关系到项目成败的重大问题。

经过对比分析，如果发现项目某一方面已经出现费用超支，或预计最终将会出现费用超支，则应将它提出并作进一步的原因分析。原因分析是费用责任分析和提出费用控制措施的基础，费用超支的原因是多方面的，例如：

（1）宏观因素。总工期拖延，物价上涨，工作量大幅度增加。

（2）微观因素。分项工作效率低，协调不好，局部返工。

（3）内部原因。管理失误，不协调，采购了劣质材料，工人培训不充分，材料消耗增加，事故、返工。

（4）外部原因。上级、业主的干扰，设计的修改，阴雨天气，其他风险等。

（5）另有技术、经济、管理、合同等方面的原因。

原因分析可以采用因果关系分析图进行定性分析，在此基础上又可利用因素差异分析法进行定量分析，以提出解决问题的建议。

4.4 偏差分析的表达方法

4.4.1 偏差分析的表达方法

偏差分析可以采用不同的表达方法，常用的有横道图法、表格法和曲线法。

（一）横道图法

用横道图法进行费用偏差分析，是用不同的横道标识已完工作量的预算费用（BCWP）、计划工作量的预算费用（BCWS）和已完工作量的实际费用（ACWP），横道的长度与其金额成正比例，如图4-1所示。

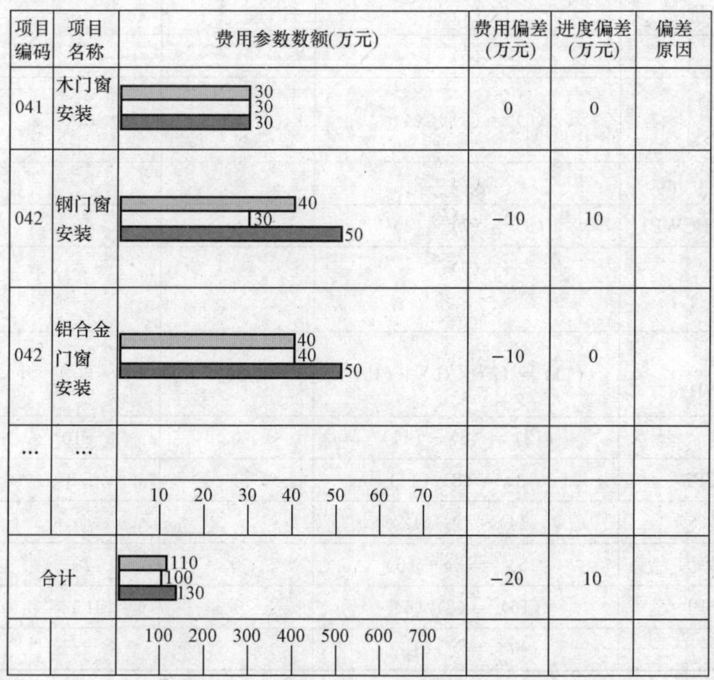

图4-1　费用偏差分析的横道图法

—已完工作实际费用；

—计划工作预算费用；

—已完工作预算费用

横道图法具有形象、直观、一目了然等优点，它能够准确表达出费用的绝对偏差，而且能一眼感受到偏差的严重性。但这种方法反映的信息量少，一般在项目的较高管理层应用。

（二）表格法

表格法是进行偏差分析最常用的一种方法。它将项目编号、名称、各费用参数以及费用偏差数综合归纳入一张表格中，并且直接在表格中进行比较。由于各偏差参数都在表中列出，使得费用管理者能够综合地了解并处理这些数据。

用表格法进行偏差分析具有如下优点：

（1）灵活、适用性强。可根据实际需要设计表格，进行增减项。

（2）信息量大。可以反映偏差分析所需的资料，从而有利于费用控制人员及时采取针对性措施，加强控制。

（3）表格处理可借助于计算机，从而节约大量数据处理所需的人力，并大大提高速度。

表4-4是用表格法进行偏差分析的例子。

表 4-4 **费用偏差分析表**

项目编码	(1)	041	042	043
项目名称	(2)	木门窗安装	钢门窗安装	铝合金门窗安装
单位	(3)			
预算（计划）单价	(4)			
计划工作量	(5)			
计划工作量的预算费用（BCWS）	(6)＝(5)×(4)	30	30	40
已完成工作量	(7)			
已完工作预算费用（BCWP）	(8)＝(7)×(4)	30	40	40
实际单价	(9)			
其他款项	(10)			
已完工作量的实际费用（ACWP）	(11)＝(7)×(9)＋(10)	30	50	50
费用局部偏差	(12)＝(8)－(11)	0	－10	10
费用绩效指数 CPI	(13)＝(8)/(11)	1	0.8	0.8
费用累计偏差	(14)＝∑(12)			
进度局部偏差	(15)＝(8)－(6)	0	10	0
进度绩效指数 SPI	(16)＝(8)/(6)	1	1.33	1
进度累计偏差	(17)＝∑(15)			

（三）曲线法

在项目实施过程中，挣值法的三个参数可以形成三条曲线，即计划工作量的预算费用（BCWS）、已完工作量的预算费用（BCWP）、已完工作量的实际费用（ACWP）曲线，如图 4-2 所示。

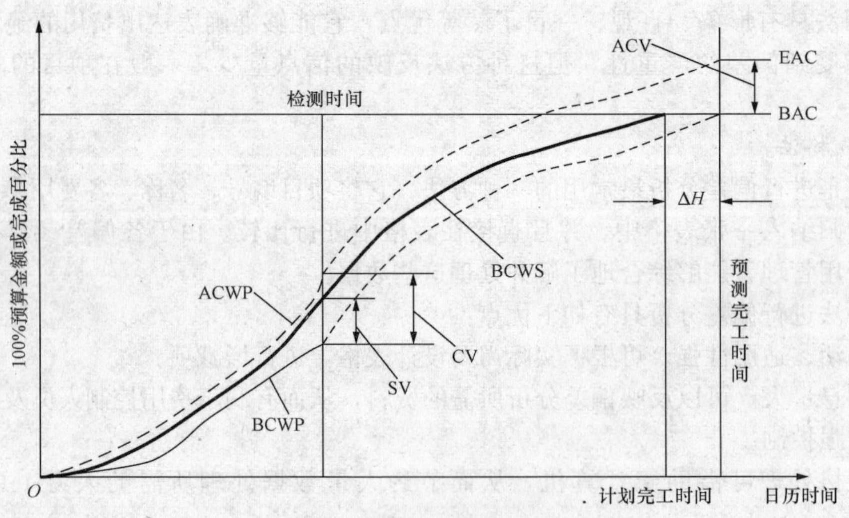

图 4-2 偏差分析曲线

在用曲线法进行施工成本偏差分析时，首先要确定施工成本计划值曲线。工程项目成本计划值曲线是与确定的进度计划联系在一起的。同时，也应考虑实际进度的影响，应当引入三条施工成本参数曲线，即已完工程实际施工成本曲线，已完工程计划成本施工曲线，拟完工程计划成本施工曲线。用曲线法进行偏差分析同样具有形象、直观的特点，但这种方法很难直接用于定量分析，只能对定量分析起一定的指导作用。

采用挣值法进行费用、进度综合控制，还可以根据当前的进度、费用偏差情况，通过原因分析，对趋势进行预测，预测项目结束时的进度、费用情况。

4.4.2　偏差原因分析与纠偏措施

（一）偏差原因分析

偏差分析的一个重要目的就是要找出引起偏差的原因，从而有可能采取有针对性的措施，减少或避免相同原因的再次发生。在进行偏差原因分析时，首先应当将已经导致和可能导致偏差的各种原因逐一列举出来。导致不同工程项目产生费用偏差的原因具有一定共性，因而可以通过对已建项目的费用偏差原因进行归纳、总结，为该项目采用预防措施提供依据。

（二）纠偏措施

当发现费用超支时，人们提出的建议通常是压缩已经超支的费用，但这常常是十分困难的，一般只有当给出的措施比原计划已选定的措施更为有利，或使工程范围减少，或生产效率提高，成本才能降低，例如：

（1）寻找新的、更好更省的、效率更高的设计方案；

（2）购买部分产品，而不是采用完全由自己生产的产品；

（3）重新选择供应商，但会产生供应风险，选择需要时间；

（4）改变实施过程；

（5）变更工程范围；

（6）索赔，例如向业主、承（分）包商、供应商索赔以弥补费用超支。

4.5　工期—成本优化

在工程项目实施中，工期短、成本低、质量好是人们努力追求的目标。但是工期和成本是相互关联、相互制约的。在生产效率一定的条件下，要提高施工速度，缩短施工工期就必须集中更多的人力、物力于某项工程上，为此，势必要扩大施工现场的仓库、堆场、各种临时房屋、安装工具和附属加工企业的规模和数量，势必要增加施工临时供电、供水、供热等设施的能力，其结果将引起工程成本的增加。所以，在网络计划管理中，考虑工期—成本优化问题，是有现实意义的。

网络计划的总成本是由直接成本和间接成本组成的。直接成本随工期的缩短而增加；间接成本随工期的缩短而减少。故必定有一个总成本最小的工期 T。

4.5.1　成本和时间的关系

成本—成本优化，是指寻求工程总成本最低时的工期安排，或按要求工期寻求最低成本的计划安排的过程。

在建设工程施工过程中，完成一项工作通常可以采用多种施工方法和组织方法，而不同的施工方法和组织方法，又会有不同的持续时间和成本。由于一项建设工程往往包含许多工作，所以在安排建设工程进度计划时，就会出现许多方案。进度方案不同，所对应的总工期和总成本也就不同。为了能从多种方案中找出总成本最低的方案，必须首先分析成本和时间之间的关系。

（一）工程成本与工期的关系

工程总成本由直接成本和间接成本组成。直接成本由人工费、材料费、机械使用费、措施费组成。施工方案不同，直接成本也就不同；如果施工方案一定，工期不同，直接成本也不同。直接成本会随着工期的缩短而增加。间接成本包括企业经营管理的全部费用，它一般会随着工期的缩短而减少。在考虑工程总成本时，还应考虑工期变化带来的其他损益，包括效益增量和资金的时间价值等。工程成本与工期的关系如图 4-3 所示。

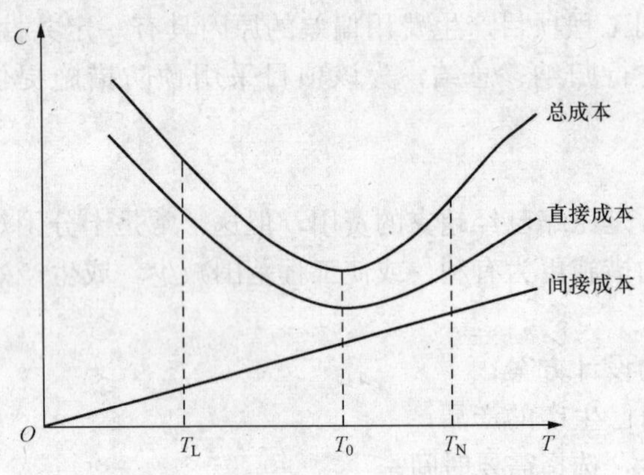

图 4-3 工期成本与工期的关系曲线

T_L—最短工期；T_0—最优工期；T_N—正常工期

（二）工作直接成本与持续时间的关系

由于网络计划的工期取决于关键工作的持续时间，为了进行工期—成本优化，必须分析网络计划中各项工作的直接成本与持续时间之间的关系，它是网络计划工期—成本优化的基础。

工作的直接成本与持续时间之间的关系类似于工程直接成本与工期之间的关系，工作的直接成本随着持续时间的缩短而增加，如图 4-3 所示。为简化计算，工作的直接与持续成本时间之间的关系被近似地认为是一条直线关系。当工作划分不是很粗时，其计算结果还是比较精确的。

工作的持续时间每缩短单位时间而增加的直接成本称为直接费用率。工作的直接费用率越大，说明将该工作的持续时间缩短一个时间单位，所需增加的直接成本就越多；反之，将该工作的持续时间缩短一个时间单位，所需增加的直接成本就越少。因此，在压缩关键工作的持续时间以达到缩短工期的目的时，应将直接费用率最小的关键工作作为压缩对象。当有多条关键线路出现而需要同时压缩多个关键工作的持续时间时，应将它们的直接费用率之和（组合直接费用率）最小者作为压缩对象。

4.5.2 工期—成本优化的目的

工期—成本优化的目的在于：

(1) 寻求直接成本与间接成本总和（总成本）最低的工期安排 T_0，以及与此相适应的网络计划中各工作的进度安排。

(2) 在工期规定的条件下，寻求与此工期相对应的最低成本，以及与此相适应的网络计划中各工作的进度安排。

基本思路：进行工期—成本优化，主要在于求出不同工期下的直接成本和间接成本总和。由于关键线路的持续时间是决定工期长短的依据，因此，缩短工期首先要缩短关键工作的持续时间。而各工作的直接费用率不同，即缩短单位持续时间所增加的直接成本不一样，因此，在关键工作中，首先应缩短直接费用率最小的关键工作的持续时间。

4.5.3 工期—成本优化的步骤

工期—成本优化的步骤为：

(1) 计算出工程总成本，总直接成本即该工程全部工作直接成本的总和，总间接成本为间接成本变化率与工期的乘积。

(2) 计算各项工作的直接费用率 a，即直接成本增加值与工期缩短值的比值，反映每缩短单位时间直接成本的增加值。

(3) 找出网络的关键线路，并计算出计算工期。

(4) 在网络计划中找出直接费用率最低的一项关键工作或一组关键工作，作为缩短持续时间的对象。

(5) 缩短所找出的关键工作的持续时间，其缩短值必须保证该缩短持续时间的工作仍为关键工作，以及缩短后的持续时间不少于最短持续时间的原则。

(6) 计算相应的直接成本变化值。

(7) 计算工期变化带来的间接成本及其他损益，并在此基础上计算总成本。

(8) 重复上述第 (5) ～ (8) 步骤，直到总成本不再降低为止，但应首先满足规定的工期。

【例 4-2】 某工程网络计划图如图 4-4 所示，间接成本变化率 10 千元/周；箭头线上为直接成本，箭头线下为作业时间；括号内为极限作业时间及直接成本，括号外为正常作业时间及成本；直接成本单位为千元，工作时间单位为周。求：满足工期要求的最低成本。

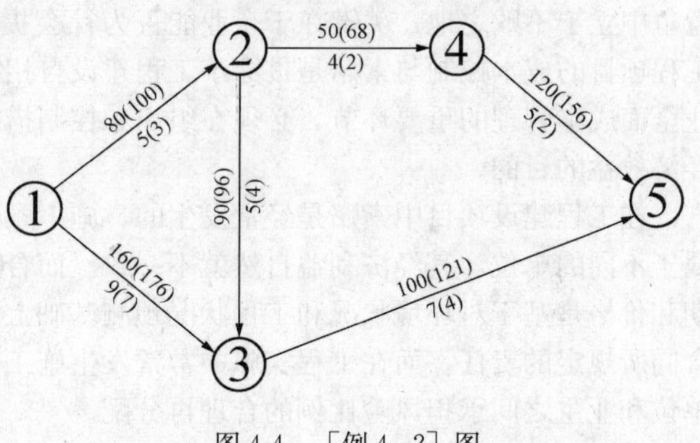

图 4-4 ［例 4-2］图

解 (1) 关键线路①→②→③→⑤，$T_n=17$ 周。

直接成本为

$$\sum C_1 = 80 + 50 + 120 + 90 + 160 + 100 = 600(\text{千元})$$

间接成本为

$$C_2 = 10 \times 17 = 170(\text{千元})$$

$$\text{总成本} = 600 + 170 = 770(\text{千元})$$

(2) 直接费用率

$a_{12}=$ (100－80)/(5－3) ＝10 千元/周；$a_{13}=8$ 千元/周；$a_{23}=6$ 千元/周

$a_{24}=9$ 千元/周；$a_{35}=7$ 千元/周；$a_{45}=12$ 千元/周。

(3) 第一次压缩关键工作为②→③1 周，$T=16$ 周。

直接成本为 $0.600 + 1 \times 6 = 606$(千元)；间接成本为 $10 \times 16 = 160$(千元)

$$总成本 = 606 + 160 = 766(千元)$$

此时关键线路有两条①→②→③→⑤和①→③→⑤，可压缩为①→②和①→③，共18千元/周，2周；③→⑤，7千元/周，3周。

第二次压缩关键工作为③→⑤，压缩2周，$T=14$周。

$$直接成本为 606 + 7 \times 2 = 620(千元);间接成本为 10 \times 14 = 140(千元)$$

$$总成本 = 620 + 140 = 760(千元)$$

此时关键线路有三条①→②→③→⑤，①→③→⑤和①→②→④→⑤可压缩为①→②和①→③，共18千元/周，2周；②→④和③→⑤，共16千元/周，1周；④→⑤和③→⑤，共19千元/周，1周。

第三次压缩为②→④/③→⑤，压缩1周，$T=13$周。

$$直接成本:620 + 16 \times 1 = 636(千元);间接成本:13 \times 10 = 130(千元)$$

$$总成本 = 636 + 130 = 766(千元)(大于第二次压缩的结果)$$

(4) 结论：最优工期$T=14$周，最低成本=760千元。

4.6 施工索赔与成本控制

目前，我国建筑施工企业面临着激烈的市场竞争，所谓“僧多粥少”，企业能否在市场竞争中立于不败之地，关键在于企业能否为社会提供质量高、工期短、造价低的建筑产品。工程项目的成本控制与索赔是贯穿于工程建设自招投标阶段直到竣工验收的全过程，它是企业全面成本管理的重要环节，必须在组织和控制措施上给予高度的重视，以期达到提高企业经济效益的目的。

在工程建设项目中索赔是经常发生的，施工索赔是成本控制的重要部分。项目各参加者属于不同的单位，其经济利益自然就不一致。而合同是在工程实施前签订的，合同规定的工期和价格是基于对环境状况和工程状况预测基础上的，同时又假设合同各方都能正确地履行合同所规定的责任。而在工程实施中常常发生施工单位和业主之间索赔纠纷，即索赔是施工单位和业主之间承担风险比例的合理再分配。

4.6.1 索赔概述

(一) 索赔含义

索赔有较广泛的含义，它是索要、索付的意思，即是对自己已经受到的损失进行追索，可以概括为如下三个方面：

(1) 一方违约使另一方蒙受损失，受损方向对方提出赔偿损失的要求；

(2) 发生应由业主承担责任的特殊风险或遇到不利自然条件等情况，使承包商蒙受较大损失而向业主提出补偿损失要求；

(3) 承包商本人应当获得的正当利益，由于没能及时得到监理工程师的确认和业主应给予的支付，而以正式函件向业主索赔。

索赔是一种正当的权利要求，同守约并不矛盾。恪守合同是业主和承包商的共同义务，只有坚持守约才能保证合同的正常执行。承包商提出索赔要求有它的必然性。因为在每项工程承包过程中采取哪种形式的合同是业主决定，每个合同的具体条文是站在业主立场上编写的，承包商即使在决标前的谈判中也只能是在个别条款上使业主作出某种让步。再加上承包商在激烈的投标竞争中以较低价格得标，实施过程中稍遇条件的变化即要处于亏损的威胁之下，他必然寻找一切可能的索赔机会来减少自己的风险。因此，也可以说索赔是承包商和业主之间承担风险比例的合理再分配。

索赔是双方面的，一般称索赔指承包商向业主的索赔。而反索赔指业主向承包商的索赔。工程实施中，反索赔发生的频率低，承包商向业主的索赔最为常见，处理起来也最困难。在此仅以承包商向业主索赔为例来说明。

（二）索赔和变更的关系

对索赔和变更的处理都是由于承包商完成了工程量表中没有规定的工作，或在施工过程中发生了意外事件，按照合同的有关规定给予承包商一定费用补偿或批准延长工期。索赔和变更的区别：变更是情况发生变化后业主和承包商共同协商确定一个补偿额付给承包商（大多数为设计变更、现场签认所引起的）；而索赔是指承包商根据法律和合同对认为自己有权得到的权益主动向业主索要的过程。其中可能包括承包商应得的利益未予支付情况，也可能是虽已支付但认为仍不足以补偿他的损失情况。

4.6.2　常见工程施工索赔

投资项目涉及的内容复杂，在合同履行过程中，签订合同前所没有考虑到的事件随时都可能发生，总会或多或少地发生承包商要求索赔的事件。索赔大致可分为以下几种情况。

（一）合同文件引起的索赔

合同文件包括的范围很宽，最主要的是合同条件、技术规范说明等。一般来说，图纸和规范方面发生的问题要少些，但也会出现彼此不一致或补充与原图纸不一致，以及对技术规范的不同解释等问题，在多年施工结算索赔中，关于合同条件、工程量和价格表方面出现的问题较多。有关合同条件的索赔内容常见于下面两个方面：

（1）合同文件的组成问题引起索赔。合同是在投标后通过双方协商修改最后确定的，如果修改时已将投标前后承包商与业主或招标委员会的来往函件澄清后写入合同补遗文件并签字，就应当说明合同正式签字以前的各种来往文件均不再有效。如果忽略了这个声明，当信件内容与合同内容发生矛盾时，就容易引起双方争执而导致索赔。再如，双方签字的合同协议书中表明业主已经接受了承包商的投标书中某处附有说明的条件，这些说明就可能被视为索赔的依据。

（2）合同缺陷。合同缺陷表现为合同文件不严谨甚至矛盾，以及合同中的遗漏或错误。这不仅包括商务条款中的缺陷，也包括技术规范和图纸中的缺陷。

（二）因意外风险和不可预见因素引起的索赔

合同执行过程中，如果发生意外风险和不可预见因素而使承包商蒙受损失时，承包商有权向业主要求给予补偿。意外风险包括人力不可抗拒的自然灾害所造成的损失和特殊风险事件两项内容。

（1）人力不可抗拒的自然灾害。自然灾害的经济损失该向保险公司索赔。除此之外，承包商还有权向业主要求顺延工期，也就是提出工期索赔要求。

（2）特殊风险。合同条件中规定应由业主承担责任的战争爆发等5种风险发生时造成的后果可能是严重的，承包商除了不对由此产生的人身伤亡和财产损失负责外，相反还应得到任何已完成永久工程及材料的付款、合理利润、中断施工的损失以及一切修复费用和重建费用。如果因特殊风险而导致合同终止，承包商除可以获得上述各项费用外，还有权获得施工机具、设备的撤离费和合理的人员遣返费。

（三）设计图纸或工作量表中的错误引起索赔

交给承包商的标书中，图纸或工作量表有时难免会出现错误（承包商为了维持企业的生存，往往接受一些三边工程的承建任务。在三边工程中这方面问题较多，索赔管理更显得尤为重要），如果由于改正这些错误而使费用增加或工期延长，承包商有权提出索赔。这种错误包括以下内容：

(1) 设计图纸与工作量表中的要求不符。例如设计图纸上某段混凝土的设计标号为250号，而工作量表中则为200号，工程报价是按工作量表计算的，如果按图纸施工就会导致成本增加。承包商在发现这个问题后应及时请监理工程师确认。

(2) 现场条件与设计图纸要求相差较大，大幅度地增加了工作量。如果这种情况使工作量增大很多，承包商也应提出来，并据此向业主提出索赔。

(3) 纯粹的工作量错误。即使是固定总价式合同，如果工作量有较大出入，影响到整个施工计划，承包商也应获得补偿。

（四）业主应负的责任引起索赔

项目实施过程中有时会出现业主违约或推定某一事件的发生他应承担部分责任，招致承包商提出索赔要求。

(1) 拖延提供施工场地。因自然灾害影响或业主方面的原因导致没能如期向承包商移交合格的、可以直接进行施工的现场，承包商可以提出将工期顺延的工期索赔或由于窝工而直接提出经济索赔。

(2) 为及时提交图纸，包括设计图纸、设计变更图纸的延误、下达错误的图纸或指令、招标文件以及超出合同规定干预承包商的施工过程等。

(3) 拖延支付业主负责应支付的材料和设备款。此时承包商不仅要求支付应得款项，而且还有权索赔利息，因为业主对应支付款的拖延将影响到承包商的资金周转。

(4) 指定分包商违约。指定分包商违约常常表现为未能按分包合同规定完成应承担的工作而影响了总承包商的工作。从理论上讲，总承包商应该对包括指定分包商在内的所有分包商行为向业主负责。但是实际情况往往不那么简单，因为指定分包商不是由总承包商选择，而是按照合同规定业主统一协调管理的分包商，特别是业主把总承包商接受某一指定分包商作为授予合同的前提条件之一时，业主不可能对指定分包商的不当行为不负任何责任。因此总承包商除了根据与指定分包商签订的合同索赔窝工损失外，还有权向业主提出延长工期的索赔要求。

(5) 业主提前占用部分永久工程引起的损失。工程实践中经常会出现业主从经济效益方面考虑将部分单项工程提前使用，或从其他方面考虑提前占用部分分项工程。如果不是按合同中规定的时间，提前占用部分工程，而又对提前占用会产生的不良后果考虑不周，将会引起承包商提出索赔。

4.6.3 施工索赔程序

索赔事件发生后的索赔处理，包括两个层次：①合同双方索赔的提出和解决过程。它一般由合同规定，如果未按合同规定的程序提出，常常会导致索赔无效。②承包商内部的索赔（或反索赔）管理工作。从承包商提出索赔申请开始，到索赔事件的最终处理，大致可划分为五个阶段。

（一）承包商提出索赔申请

合同实施过程中，凡不属于承包商责任导致项目拖期和成本增加事件发生后承包商必须迅速作出反应，在 28 天内，必须以正式函件通知监理工程师及业主，声明对此干扰事件要求索赔的通知，如逾期申报，监理工程师及业主有权拒绝承包商的索赔要求。正式提出索赔申请报告后，承包商应准备索赔的证据资料，包括干扰事件的起因、过程、状况进行调查。分析其原因、对其权益影响的证据资料、索赔的依据，以及其他计算出的该事件影响所要求的索赔额和申请展延工期天数，并在索赔事件发生后的 28 天内报出。

当该索赔事件持续进行时，承包商应当阶段性向监理工程师、业主发出索赔意向，在索赔事件终止后 28 天内，向监理工程师、业主送交索赔的有关资料和最终索赔报告。

（二）监理工程师审核承包商的索赔申请

正式接到承包商的索赔信件后，监理工程师应该立即研究承包商的索赔资料，在不确认责任属谁的情况下，依据自己的同期纪录资料客观分析事故发生的原因，重温有关合同条款，研究承包商提出的索赔证据。在 28 天内给予答复，必要时还可以要求承包商进一步提交补充资料，包括索赔的更详细说明材料或索赔计算的依据。

（三）监理工程师与承包商谈判

双方各自依据对这一事件的处理方案进行友好协商，若能通过谈判达成一致意见，则该事件较容易解决。如果双方对该事件的责任、索赔款额或工期展延天数分歧较大，通过谈判达不成共识的话，按照条款规定监理工程师有权确定一个他认为合理的单价或价格作为最终的处理意见报送业主并相应通知承包商。

（四）业主审批监理工程师的索赔处理证明

业主首先根据事件发生的原因、责任范围、合同条款审核承包商的索赔申请和监理工程师的处理报告，再根据项目的目的、投资控制、竣工验收要求，以及针对承包商在实施合同过程中的缺陷或不符合合同要求的地方提出反索赔方面的考虑，决定是否批准监理工程师的索赔报告。

（五）承包商是否接受最终的索赔决定

承包商同意了最终的索赔决定，这一索赔事件即告结束。若承包商不接受监理工程师的单方面决定或业主删减的索赔或工期展延天数，就会导致合同纠纷。通过谈判和协调双方达成互让的解决方案是处理纠纷的理想方式。如果双方不能达成谅解就只能诉诸仲裁。

4.6.4　施工索赔的证据与依据

施工索赔要有证据，证据是索赔报告的重要组成部分，证据不足或没有证据，索赔就不能成立。

（一）施工索赔证据的基本要求

（1）索赔证据必须具备真实性。索赔证据必须是在实际实施合同过程中出现的，必须完全反映实际情况，能经得住对方推敲。由于在合同实施过程中业主和承包商都在进行合同管理，收集有关资料，所以双方应有内容相同的证据。不真实、虚假的证据是违反法律和商业道德的。

（2）索赔证据必须具有全面性。索赔方所提供的证据应能说明事件的全过程。索赔报告中所涉及的问题都有相应的证据，不能零乱和支离破碎。否则对方可退回索赔报告，要求重新补充证据，这样会拖延索赔的解决，对索赔方不利。

（3）索赔证据必须符合特定条件。索赔证据必须是索赔事件发生时的书面文件。一切口头承诺、口头协议均无效。变更合同的协议必须由业主、承包商双方签署，或以会议纪要的形式确定，且为决定性的决议。一切商讨性、意向性的意见或建议均不应算作有效的索赔证据；施工合同履行过程中的重大事件、特殊情况的记录应由业主、监理工程签署认可。

（4）索赔证据必须具备及时性。索赔证据是施工过程中的记录或对施工合同履行过程中有关活动的认可，通常，后补的索赔证据很难被对方认可。

提出索赔的依据有以下几个方面。

（1）招标文件、施工合同文本及附件，其他各签约（如备忘录、修正案等），经业主批准的工程实施计划、各种工程图纸、技术规范等。这些索赔的依据可在索赔报告中直接引用。

（2）双方的往来信函及各种会谈纪要。在合同履行过程中，业主、监理工程师和承包商定期或不定期的会谈所作出的决议或决定，是合同的补充，应作为合同的组成部分，但会谈纪要只有经过各方签署后才可作为索赔的依据。

（3）进度计划和具体的进度安排以及项目现场的有关文件。进度计划和具体的进度安排是和现场有关文件变更索赔的重要证据。

（4）气象资料、工程检查验收报告和各种技术鉴定报告，工程中送停电、送停水、道路开通和封闭的记录和证明。

（5）国家有关法律、法令、政策文件，官方的物价指数、工资指数，各种会计核算资料，材料的采购、订货、运输、进场、使用方面的凭据。

（二）施工索赔证据的内容

（1）工地（地盘）会议记录和有关工程的来往信件，都必须全部保存妥当，直到合同全部履行完毕、所有索赔项目获得解决为止。

（2）各种施工进度表，包括业主代表和分包编制的进度表。

（3）施工备忘录（日记），在施工中发生影响工期和索赔有关的事项，都要及时做好记录。按年月日顺序号存档，以便查找。

（4）做好建筑师和工程师的口头指示记录，及时以书面形式报告建筑师予以承认。将他们的书面指示按年月日顺序编号存档。

（5）工程照片需有专人管理，照片都应标明拍摄的日期，最好购买带有日期的相机。将照片按工程进度整理编排。

（6）收集记录每天的气象报告和实际气候情况。

（7）整理保存工人和雇员的工资与薪金单据、材料物资购买单据，按年月日编号归档。

（8）完整的工程会计资料，包括工卡，人工分配表、注销工资薪金支票、材料购买订货单、收讫发票、收款票据、账目及有关图表、财务信件、经会计师核证的财务决算表等。

（9）所有的合同标书文件、合约图纸、修改增加图纸、计划工程进度表、人工日报表、材料设备进场报表及账单（工程付款单）等需归类保存入档。

以上9项资料是施工索赔的原始证据，承包商必须重视做好，否则，索赔无证据，一切都是空谈。

4.6.5　施工索赔的计算

一、费用索赔

费用索赔都是以补偿实际损失为原则，实际损失包括直接损失和间接损失两个方面，其中要注意的一点是索赔对建设单位不具有任何惩罚性质。

（一）索赔费用的组成

（1）人工费。对于索赔费用中的人工费部分包括：人工费是指完成合同之外的额外工作所花费的人工费用，由于非施工单位责任导致的工效降低所增加的人工费用，法定的人工费增长以及非施工单位责任工程延误导致的人员窝工费和工资上涨费等。

（2）材料费。对于索赔费用中的材料费部分包括：由于索赔事项的材料实际用量超过计划用量而增加的材料费，由于客观原因材料价格大幅度上涨，由于非施工单位责任工程延误导致的材料价格上涨和材料超期储存费用。

（3）施工机械使用费。对于索赔费用中的施工机械使用费部分包括：由于完成额外工作增加的机械使用费，非施工单位责任的工效降低增加的机械使用费，由于建设单位或监理工程师原因导致机械停工的窝工费。

（4）分包费用。分包费用索赔指的是分包人的索赔费。分包人的索赔应如数列入总承包人的索赔款总额以内。

（5）工地管理费。工地管理费指放工单位完成额外工程、索赔事项工作以及工期延长期间的工地管理费，但如果对部分工人窝工损失索赔时，因其他工程仍然进行，可能不予计算工地管理费索赔。

（6）利息。对于索赔费用中的利息部分包括：拖期付款利息，由于工程变更的工程延误增加投资的利息，索赔款的利息，错误扣款的利息。这些利息的具体利率，有这样几种规定；按当时的银行贷款利率，按当时的银行透支利率，按合同双方协议和利率。

（7）总部管理费。主要指工程延误期间所增加的管理费。

（8）利润。一般来说由于工程范围的变更和施工条件变化引起的索赔，施工单位可列入利润。索赔利润的款额计算通常是与原报价单中的利润百分率保持一致，即在直接费用的基础上增加原报价单元中的利润率，作为该项索赔的利润。

（9）保函费。按实际增加施工天数计算保函费增加部分，注意区分发包方、承包方责任分别计算。

（二）索赔费用的计算原则和计算方法

在确定赔偿金额时，应遵循下述两个原则：所有赔偿金额，都应该是施工单位为履行合同所必须支出的费用；按此金额赔偿后，应使施工单位恢复到未发生事件前的财务状况。即施工单位不至于因索赔事件而遭受任何损失，但也不得因索赔事件而获得额外收益。

根据上述原则可以看出，索赔金额是用于赔偿施工单位因索赔事件而受到的实际损失，而不考虑利润。所以索赔金额计算的基础是成本，用索赔事件影响所发生的成本减去事件影响时所应有的成本，其差值即为赔偿金额。

索赔金额的计算方法很多，各个工程项目都可能因具体情况不同而采用不同的方法，主要有三种。

（1）总费用法。计算出索赔工程的总费用，减去原合同报价，即得索赔金额。这种计算方法简单但不尽合理，因为实际完成工程的总费用中，可能包括由于施工单位的原因（如管理不善，材料浪费，效率太低等）所增加的费用，而这些费用是属于不该索赔的；另一方面，原合同价也可能因工程变更或单价合同中的工程量变化等原因而不能代表真正的工程成本。凡此种种原因，使得采用此法往往会引起争议，遇到障碍，故一般不常用。

但是在某些特定条件下，当需要具体计算索赔金额很困难，甚至不可能时，则也有采用此法的这种情况下应具体核实已开支的实际费用，取消其不合理部分，以求接近实际情况

（2）修正的总费用法。原则上与总费用法相同，计算对某些方面作出相应的修正，以使用权结果更趋合下，修正的内容主要有：①计算索赔金额的时期仅限于受事件影响的时段，而不是整个工期；②只计算在该时期内受影响项目的费用，而不是全部工作项目的费用。三联单不直接采用原合同报价，而是采用在该时期内如未受事件影响而完成该项目的合理费用。根据上述修正，可比较全理地计算出索赔事件影响，而实际增加的费用。

（3）实际费用法。实际费用法即根据索赔事件所造成的损失或成本增加，按费用项目逐项进行分析、计算索赔金额的方法。这种方法比较复杂，但能客观地反映施工单位的实际损失，比较合理，易于被当事人接受，在国际工程中广泛被子采用。实际上费用法是按每个索赔事件所引起损失的费用项目分别分析计算索赔值的一种方法，通常分三步：①分析每个或每类索赔事件所影响的费用项目。不得有遗漏。这些费用项目通常应与合同报价中的费用项目一致。②计算每个费用项目受索赔事件影响的数值，通过与合同价中的费用价值进行比较即可得到该项费用的索赔值。③将各费用项目的索赔值勤汇总，得到总费用索赔值。

二、工期索赔

无论何种原因引起的索赔事件，都必须是非承包商的原因引起的并确实给承包商造成了工期的延误。工期索赔的计算主要有网络图分析法和比例计算法两种，这里不做过多的说明。

下面结合一个具体实例，来说明网络图分析法在工期索赔乃至对整个工程项目费用确定过程中的综合应用。

【例 4-3】 某施工单位编制的某工程网络图，如图 4-5 所示，网络进度计划原始方案各工作的持续时间和估计费用，见表 4-5。问题如下：

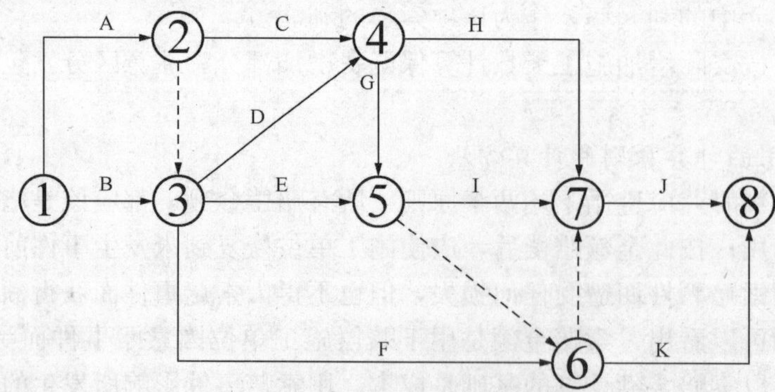

图 4-5 某工程网络图

（1）在网络图上，计算网络进度计划原始方案各工作的时间参数，确定网络进度计划原始方案的关键路线和计算工期。

（2）若施工合同规定：工程工期93天，工期每提前一天奖励施工单位3万元，每延期一天对施工单位罚款5万元。计算按网络进度计划原始方案实施时的综合费用。

表4-5　网络进度计划原始方案各工作的持续时间和估计费用

工作	持续时间（天）	费用（万元）	工作	持续时间（天）	费用（万元）
A	12	18	G	8	16
B	26	40	H	28	37
C	24	25	I	4	10
D	6	15	J	32	64
E	12	40	K	16	16
F	40	120			

解　（1）如图4-6所示，进行网络参数计算。

关键路线为①—③—⑥—⑦—⑧（或关键工作为B、F、J；或在图中直接标出）；

计算工期为98天（或在图中标出）。

（2）原始方案估计费用为

$$18+40+25+15+40+120+16+37+10+64+16=401\text{（万元）}$$

延期罚款为

$$5\times(98-93)=25\text{（万元）}$$

综合费用为

$$401+25=426\text{（万元）}$$

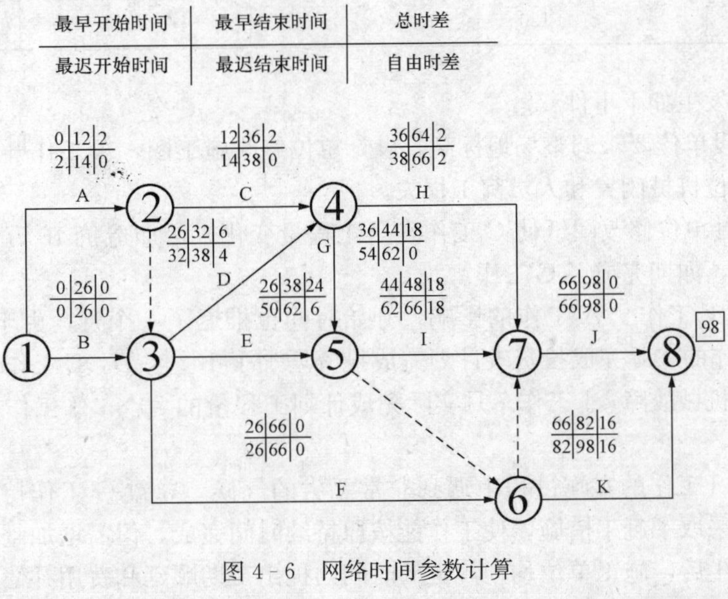

图4-6　网络时间参数计算

【例4-4】　某工程建设单位与施工单位按照《建设工程施工合同（示范文本）》签订了施工合同，采用可调价施工合同形式。工期20个月，项目监理机构批准的施工总进度计划如图4-7所示，各项工作在其持续时间内均按匀速进展，每月完成投资见表4-6，1～7月份投资情况见表4-7。

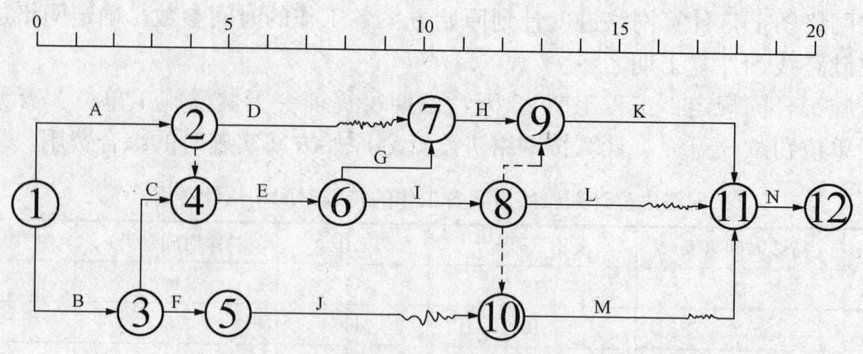

图 4-7　施工网络计划图（单位：月）

表 4-6　**各项工作每月计划完成投资数据表**

工作	A	B	C	D	E	F	G
计划完成投资（万元）	60	70	90	120	60	150	30

表 4-7　**1～7 月投资情况**

月份	1	2	3	4	5	6	7	合计
拟完工程计划投资	130	130	130	300	330	210	210	1440
已完工程计划投资		130	130					
已完工程实际投资		130	130					

施工过程中发生如下事件：

事件 1，建设单位要求调整场地标高，设计单位修改施工图，A 工作开始时间推迟 1 个月，致使施工单位机械闲置和人员窝工损失。

事件 2，设计单位修改图纸使 C 工作发生工程量变化，增加造价 10 万元，施工单位及时调整施工部署，如期完成了 C 工作。

事件 3，D、E 工作受 A 工作的影响，开始时间也推迟了 1 个月，由于物价上涨原因，6～7月 D、E 工作的实际完成投资较计划完成投资增加了 10%，D、E 工作均按原持续时间完成，由于施工机械故障，J 工作 7 月实际完成计划工程量的 80%，J 工作持续时间最终延长 1 个月。

事件 4，G、I 工作的实施过程中遇到非常恶劣的气候，导致 G 工作持续时间延长 0.5 个月，施工单位采取了赶工措施，使工作能按原持续时间完成，但需增加赶工费 0.5 万元。

以上事件发生后，施工单位均在规定的时间内提出工期顺延和费用补偿要求。

问题：(1) 事件 1 中，施工单位顺延和补偿费用的要求是否成立？说明理由。(2) 事件 2 中，施工单位顺延和补偿费用的要求是否成立？说明理由。(3) 针对施工过程中发生的事件，项目监理机构的工程延期为多少个月？该工程实际工期为多少个月？(4) 填写表 4-7 空格处的已完工程计划投资、已完工程实际投资，并分析 7 月末的投资偏差和进度偏差。

解　(1) 顺延工期和补偿费用要求成立。因为A工作开始时间推迟数建设单位原因，且A工作在关键线路（AEGHKN）上。

(2) 顺延工期要求成立。因为事件为不可抗力事件且G工作在关键线路上。

补偿费用要求不成立。因为数施工单位自行赶工行为。

(3) 事件1发生后应当批准工程延期1个月；事件4发生后应批准工程延期0.5个月；其他事件未造成工期延误，故该工程实际工期为（20+1+0.5）=21.5（个月）。

(4) 1～7月投资完成情况见表4-8。

表4-8　　1～7月投资完成情况数据表

月份	1	2	3	4	5	6	7	备注
拟完工程计划投资	130	130	130	300	330	210	210	①
拟完工程计划投资累计	130	260	390	690	1020	1230	1440	Σ①
已完工程计划投资	70	130	130	300	210	210	204	②
已完工程计划投资累计	70	200	330	630	840	1050	1254	Σ②
已完工程实际投资	70	130	130	310	210	228	222	③
已完工程实际投资累计	70	200	330	640	850	1078	1300	Σ③

施工索赔是利用经济杠杆进行项目管理的有效手段，对承包商、业主和监理工程师来说，对处理索赔问题水平的高低，反映了对项目管理水平的高低。由于索赔是合同管理的重要环节，也是计划管理的动力，更是挽回成本损失的重要手段，所以随着建筑市场的建立和发展，索赔已成为企业自计划经济转为市场经济后，应居于首位的一项核心工作。它将成为项目管理中越来越重要的问题。“增产节约，增收节支”是每一个建筑企业的共同点，这就需要在实践中不断地总结和提高成本控制和索赔的方式和方法，以保证项目成本目标的实现。

小　　结

工程项目成本控制是推行项目经理承包责任制的动力，成本目标是项目经理项目承包责任制中经济承包目标的综合体现，项目经理要实现这一目标，就必须利用生产要素市场机制，管好项目、控制消耗，将质量、工期、成本三大目标结合起来综合控制。这样，不仅实现了成本控制，又带动了工程项目的全面管理。

思　考　题

1. 工程项目成本控制的原则是什么？
2. 工程项目过程成本控制的方法是什么？
3. 挣值法在工程项目中应用的优点有哪些？
4. 成本控制在工程项目管理中的重要作用是什么？
5. 某工程项目网络图如图4-8所示，间接成本变化率8千元/天；箭头线上为直接成本，箭头线下为作业时间；括号内为极限作业时间及直接成本，括号外为正常作业时间及成本；直接成本单位：千元；工作时间单位：天。求满足工期要求的最低成本。

6. 常见的施工索赔有哪些？

7. 费用索赔的内容包括什么？

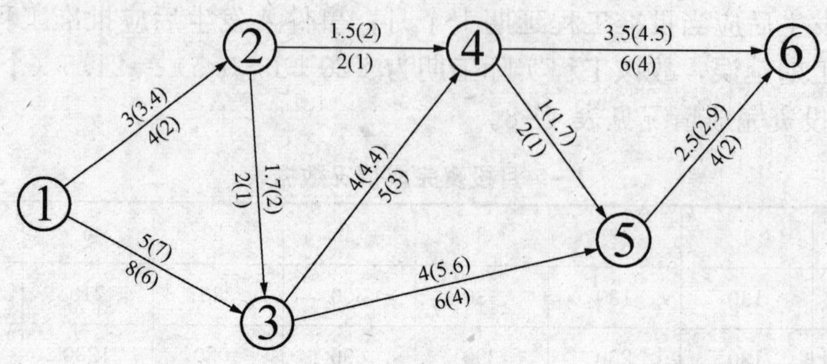

图 4-8 题 5 图

第5章 工程项目成本核算

学习目标

(1) 了解工程项目成本核算的意义、工程项目成本会计核算的方式、工程项目施工过程成本核算的层次；

(2) 熟悉工程项目成本核算对象、工程项目成本核算的任务、工程项目成本核算的要求；

(3) 掌握工程项目成本核算的概念和原则、核算建造合同成本应设置的会计科目和账务处理、表格核算法及其过程。

5.1 工程项目成本核算概述

5.1.1 工程项目成本核算的含义及意义

工程项目成本核算是工程项目成本管理的重要组成部分。简单地说，工程项目成本核算是通过一定的方式、方法，对工程项目施工过程中发生的各种费用成本按照一定的对象进行分配和归集，以计算总成本和单位成本的过程。在整个工程项目成本管理过程中，项目成本核算自成体系，主要依托项目，对其实施过程中的各种耗费进行管理。项目成本核算的基本指导思想是以提高经济效益为目标，按照相关规定，通过全面的项目成本核算，优化工程项目的全面管理。作为工程项目成本管理的重要环节，工程项目成本核算为确定工程项目盈亏情况、及时改善工程项目成本管理水平提供基础依据，最终达到降低成本开支，提高工程项目利润水平的目的，其意义主要体现在以下几个方面：

(一) 及时反映预算成本执行情况

在项目成本管理中，项目成本预算处在项目成本核算的前面环节，预算只是在项目实施之前对整个项目成本的总体把握。通过项目成本核算，将实际发生的各项费用，按照其用途不同，直接计入项目各个环节，计算出项目的实际发生成本，并将其与项目预算成本进行比较，以此检查项目预算成本的执行情况，根据检查结果，及时作出相应调整，提高项目成本管理的效率。

(二) 挖掘降低成本的潜力

项目成本核算的过程，其实就是检查项目成本实施过程中人力、物力、财力耗费的过程。通过项目成本核算，可以根据核算结果，制订相应的策略，及时制止相关环节成本的过度浪费，深入挖掘降低项目成本的潜力，节约劳动耗费，优化成本管理成效。

(三) 便于落实项目责任制

一个项目的完成，需要一个团队的协调合作及相关人员之间的配合，为了提高效率，一般将项目的各项具体任务分配到人，以提升工作人员的工作积极性，提高工作效率。在成本核算中，由于会考核到每项具体的工作，因此在一定程度上，也是对团队成员工作成效的一个检验，使项目责任制能够真正意义地落到实处，根据核算结果，进行合理奖罚。

（四）紧扣国家政策，监督成本计划

项目成本核算是在相关法律控制之下进行的，在成本核算过程中，必须执行国家有关成本开支范围、费用开支标准、成本计划等相关规定，在法律框架范围内，控制费用，促使人、财、物的合理应用与节约，及时反映和监督项目成本计划的完成情况，为项目的进一步预测、项目的实施提供可靠的数据资料和成本报告，促使改善项目经营管理，提高项目经济效益，这也是项目成本核算的根本目的。

（五）提高项目全过程管理水平

通过项目成本核算，使得项目的经济效益更加明了、准确，而且能够体现到项目的各个阶段、步骤中，成本责任更加清晰，便于找出差距，承担责任，改进管理，及时修订成本预算，有助于实施计划。总之，可以在整体上提高项目全过程管理水平，实现节约资源、降低成本的最终目的。

5.1.2 工程项目成本核算的层次

工程项目施工过程的成本核算一般分为以下两类三个层次：

(1) 第一类也是第一层次是工程成本核算，属于法人层次的核算。主要反映企业的各个项目以及总的收入、支出及盈亏情况，它的特征是周期长，基本与工程施工经营周期和企业经营期限一致，国家要求严格，规范细，如会计准则、会计制度等，因此企业自身变动余地较小。

(2) 第二类就是项目施工成本核算。属于施工企业内部管理需要的内部成本核算。具体到某一项目，则称为某工程项目的施工成本核算。它分为两个层次，即第二层次和第三层次。第二层次是项目施工成本核算，是指工程项目在施工过程中发生的收支核算和考核。它主要解决企业内部核算和控制问题，明确企业与项目之间的经济责任。它的特征是时间较短，一般等同于一个工程项目的施工周期。通过企业内部责任合同和核算，体现项目施工企业的部分职能、责任和风险。因属于内部核算，国家和主管部门未作明细要求，因而核算方法和方式较多。第三层次是项目岗位成本责任考核，是将项目的管理风险和经济责任，通过项目内部合同所确立的成本责任和考核办法，实现风险和责任的分解，形成群体压力和群体共同分类承担责任的行为。后者是对前者的细化和具体落实，两者不可分割。

对于项目施工成本核算目前有两种观点：①成本核算就是单纯的核算，是指通常的月度项目收支核算及其节超考核，不含项目施工成本责任总额的确定、项目内各岗位成本责任的分解和过程控制；②认为项目施工成本核算是建立在项目施工成本中心基础上一个范围较广的概念，是指企业和项目，在施工生产过程中，坚持项目以成本为中心、以项目为对象为控制成本开支而进行的各项核算。它包括项目施工成本核算和项目内各岗位成本的责任考核。项目施工成本核算是开展项目法施工的条件之一，是检验项目管理水平的一个重要手段，也是落实项目经理责任制的一个重要体现。项目内各岗位成本的责任核算，是开展项目施工成本核算的另一个重要内容，项目施工成本核算只有通过分解责任、过程控制和分岗位控制核算，变个人或几个人的压力为群体压力、群体动力，才能使施工成本控制落实到实处。否则这种核算由于缺乏落实和控制，最终会使控制成本的目标变成一句空话。因此，反映只是检验控制效果的手段。没有分解责任和各种控制的项目施工成本核算，仅仅反映成本，不能起到控制的作用。

工程成本与项目施工成本（简称项目施工成本）之间是一个包含与被包含的关系。工程成本是制造成本在施工企业所核算范围的准确概括，项目施工成本是施工企业根据自身管理水平、管理特点和各单位所确定的项目施工责任成本范围，以及根据每个项目的项目施工成本责任合同所确定的成本收支范围而具体确定。一般，项目施工成本是工程成本一个部分，或者说是一个主要组成部分。但在具体的核算过程中，由于项目的责任主体与企业责任主体在某个项目不尽一致，因而在组织核算中成本收支的范围、内容，甚至方法有时也不一致。综上所述，工程项目成本核算的目的是为了更好地控制工程项目成本。

5.1.3 工程项目成本核算的对象

工程项目成本核算对象是指在计算工程项目成本过程中，确定归集和分配生产费用的具体对象，即生产费用承担的客体。成本计算对象的确定，是设立明细分类账户、归集和分配生产费用以及正确计算工程项目成本的前提。

具体的成本核算对象主要应根据企业生产的特点加以确定，同时还应考虑成本管理上的要求。由于建筑产品用途的多样性，带来了设计、施工的单件性。每一建筑安装工程都有其独特的形式、结构和质量标准，需要一套单独的设计图纸，在建造时需要采用不同的施工方法和施工组织。即使采用相同的标准设计，但由于建造地点的不同，在地形、地质、水文以及交通等方面也会有差异。施工企业这种单件性生产的特点，决定了施工企业成本核算对象的独特性。

（一）法人层次核算对象

企业通常应当按照单项建造合同进行会计处理。但是，在某些情况下，为了反映一项或一组合同的实质，需要将单项合同进行分立或将数项合同进行合并。

为了规范企业（建造承包商）建造合同的确认、计量和相关信息的披露，《企业会计准则第15号——建造合同（2006）》对合同的分立与合并作了如下规定：

（1）一项包括建造数项资产的建造合同，同时满足下列条件的，每项资产应当分立为单项合同：①每项资产均有独立的建造计划；②与客户就每项资产单独进行谈判，双方能够接受或拒绝与每项资产有关的合同条款；③每项资产的收入和成本可以单独辨认。

（2）追加资产的建造，满足下列条件之一的，应当作为单项合同：①该追加资产在设计、技术或功能上与原合同包括的一项或数项资产存在重大差异；②议定该追加资产的造价时，不需要考虑原合同价款。

（3）一组合同无论对应单个客户还是多个客户，同时满足下列条件的，应当合并为单项合同：①该组合同按一揽子交易签订；②该组合同密切相关，每项合同实际上已构成一项综合利润率工程的组成部分；③该组合同同时或依次履行。

（二）内部成本核算对象

项目经理部应根据财务制度和会计制度的有关规定，在企业职能部门的指导下，建立项目成本核算制，明确项目成本核算的原则、范围、程序、方法、内容、责任及要求，并设置核算台账，记录原始数据。成本核算对象、核算方法一经确定，不得随意改变，并应与项目管理目标成本的界定范围相一致。

成本核算对象一般应根据工程合同的内容、施工生产的特点、生产费用发生情况和管理上的要求来确定。有的工程项目成本核算工作开展不起来，其中的主要原因就是成本核算对象确定与生产经营管理相脱节。成本核算对象划分要合理，在实际工作中，往往划分得过粗，把相互之间没有联系或联系不大的单项工程或单位工程合并起来，作为一个成本核算对象，不能反映独立施工的工程实际成本水平，不利于考核和分析工程成本的升降情况。当然，成本核算对象如果划分得过细，会出现许多间接费用需要分摊，增加核算工作量，又难以做到准确核算成本。

工程项目不等于成本核算对象。有时一个工程项目包括几个单位工程，需要分别核算。单位工程是编制工程预算、制订工程项目工程成本计划和建设单位结算工程价款的计算单位。按照分批（订单）法原则，工程项目成本一般应以每一独立编制施工图预算的单位工程为成本核算对象，但也可以按照承包工程项目的规模、工期、结构类型、施工组织和施工现场等情况，结合成本管理要求，灵活划分成本核算对象。一般来说有以下几种划分方法：

(1) 一个单位工程由几个施工单位共同施工时，各施工单位都应以同一单位工程为成本核算对象，各自核算自行完成的部分。

(2) 规模大、工期长的单位工程，可以将工程划分为若干部位，以分部位的工程作为成本核算对象。

(3) 同一建设项目，由同一施工单位施工，并在同一施工地点，属同一结构类型，开竣工时间相近的若干单位工程，可以合并作为一个成本核算对象。

(4) 改建、扩建的零星工程，可以将开竣工时间相接近，属于同一建设项目的各个单位工程合并作为一个成本核算对象。

(5) 土石方工程、打桩工程，可以根据实际情况和管理需要，以一个单项工程为成本核算对象，或将同一施工地点的若干个工程量较少的单项工程合并作为一个成本核算对象。

成本核算对象确定后，各种经济、技术资料归集必须与此统一，一般不要中途变更，以免造成项目成本核算不实，结算漏账和经济责任不清的弊端。这样划分成本核算对象，是为了细化项目成本核算和考核项目经济效益，丝毫没有削弱项目经理部作为工程承包合同事实上的履约主体和对工程最终产品以及建设单位负责的管理实体的地位。

5.1.4 工程项目成本核算的任务和要求

（一）工程项目成本核算的任务

只有正确地、及时地核算工程项目成本，才能为成本管理提供依据。“算”为“管”用，“算”是基础，“管”是目标。鉴于工程项目成本核算在工程项目成本管理所处的重要地位，工程项目成本核算应完成以下基本任务：

(1) 执行国家有关成本开支范围、费用开支标准、工程预算定额和企业施工预算、成本计划的有关规定，控制费用，促使项目合理、节约地使用人力、物力和财力。这是工程项目成本核算的先决前提和首要任务。

(2) 正确及时地核算施工过程中发生的各项费用，计算工程项目的实际成本。这是项目成本核算的主体和中心任务。

(3) 反映和监督工程项目成本计划的完成情况，为项目成本预测，为参与项目施工生产、技术和经营决策提供可靠的成本报告和有关资料，促进项目改善经营管理，降低成本，提高经济效益。这是工程项目成本核算的根本目的。

(二) 工程项目成本核算的要求

为了圆满地达到工程项目成本管理和核算目的，正确及时地核算工程项目成本，提供对决策有用的成本信息，提高工程项目成本管理水平，在工程项目成本核算中要遵守以下基本要求：

(1) 划清成本、费用支出和非成本、费用支出界限。这是指划清不同性质的支出，即划清资本性支出和收益性支出与其他支出、营业支出与营业外支出的界限。这个界限，也就是成本开支范围的界限。企业为取得本期收益而在本期内发生的各项支出，根据配比原则，应全部作为本期的成本或费用。只有这样才能保证在一定时期内不会虚增或少记成本或费用。至于企业的营业外支出，是与企业施工生产经营无关的支出，所以不能构成工程成本。《企业会计准则》第54条指出，营业外收支净额是指与企业生产经营没有直接关系的各种营业外收入减去营业外支出后的余额。所以如误将营业外收支作为营业收支处理，就会虚增或少记企业营业（工程）成本或费用。

由此可见，划清不同性质的支出是正确计算工程项目成本的前提条件。

(2) 正确划分各种成本、费用的界限。这是指对允许列入成本、费用开支范围的费用支出，在核算上应划清的几个界限。

1) 划清工程项目工程成本和期间费用的界限。工程项目成本相当于工业产品的制造成本或营业成本。财务制度规定：为工程施工发生的各项直接支出，包括人工费、材料费、机械使用费、措施费，直接计入工程成本。为工程施工而发生的各项施工间接费（间接成本）分配计入工程成本。同时又规定：企业行政管理部门为组织和管理施工生产经营活动而发生的管理费用和财务费用应当作为期间费用，直接计入当期损益。可见期间费用与施工生产经营没有直接联系，费用的发生基本不受业务量增减所影响。在“制造成本法”下，它不是工程项目成本的一部分。所以正确划清两者的界限，是确保项目成本核算正确的重要条件。

2) 划清本期工程成本与下期工程成本的界限。根据分期成本核算的原则，成本核算要划分本期工程成本和下期工程成本。本期工程成本是指应由本期工程负担的生产耗费，不论其收付发生是否在本期，应全部计入本期的工程成本之中；下期工程成本是指不应由本期工程负担的生产耗费，不论其是否在本期内收付（发生），均不能计入本期工程成本。划清两者的界限，对于正确计算本期工程成本是十分重要的。实际上就是权责发生制原则的具体化，因此要正确核算各期的待摊费用和预提费用。

3) 划清不同成本核算对象之间的成本界限，是指要求各个成本核算对象的成本，不得张冠李戴、互相混淆，否则就会失去成本核算和管理的意义，造成成本不实，歪曲成本信息，引起决策上的重大失误。

4) 划清未完工程成本与已完工程成本的界限。工程项目成本的真实程度取决于未完工程和已完工程成本界限的正确划分，以及未完工程和已完工程成本计算方法的正确度。本期已完工程实际成本根据期初未完施工成本、本期实际发生的生产费用和期末未完施工成本进行计算。采取竣工后一次结算的工程，其已完工程的实际成本就是该工程自开工起至期末止所发生的工程累计成本。

上述几个成本费用界限的划分过程，实际上也是成本计算过程。只有划分清楚成本的界限，工程项目成本核算才能正确。这些费用划分得是否正确，是检查评价项目成本核算是否遵循基本核算原则的重要标志。但应该指出，不能将成本费用界限划分的做法过于绝对化，因为有些费用的分配方法具有一定的假定性。成本费用界限划分只能做到相对正确，片面地花费大量人力物力来追求成本划分的绝对精确是不符合成本效益原则的。

(3) 加强成本核算的基础工作。

1) 建立各种财产物资的收发、领退、转移、报废、清查、盘点、索赔制度。

2) 建立、健全与成本核算有关的各项原始记录和工程量统计制度。

3) 制订或修订工时、材料、费用等各项内部消耗定额以及材料、结构件、作业、劳务的内部结算指导价。

4) 完善各种计量检测设施，严格计量检验制度，使项目成本核算具有可靠的基础。

(4) 项目成本核算必须有账有据。成本核算中要运用大量数据资料，这些数据资料的来源必须真实可靠、准确、完整、及时；一定要以审核无误，手续齐备的原始凭证为依据。同时，还要根据内部管理和编制报表的需要，按照成本核算对象、成本项目、费用项目进行分类、归集，因此要设置必要的账册，进行登记，并增设必要的成本辅助台账。

5.1.5 工程项目成本核算的原则

为了发挥工程项目成本管理职能，提高工程项目管理水平，工程项目成本核算就必须讲求质量，才能提供对决策有用的成本信息。要提高成本核算质量，除了建立合理、可行的工程项目成本管理系统外，很重要的一条，就是遵循成本核算的原则。一般具体包括三个方面：衡量核算信息质量的一般原则、确认和计量的一般原则、起修正作用的一般原则。

(一) 衡量核算信息质量的一般原则

(1) 客观性原则。客观性原则要求企业（项目）成本核算应当以实际发生的交易或事项为依据，如实反映企业（项目）成本的成本状况。

(2) 可比性原则。可比性原则要求企业（项目）尽可能使用统一的成本核算、会计处理方法和程序，以便横向比较。

(3) 一贯性原则。一贯性原则要求企业（项目）成本核算方法前后各期应当保持一致，不得随意变更，要求同一成本核算单位在不同时期尽可能采用相同的成本核算、会计处理方法和程序，以便于不同时期的纵向比较。《企业会计准则》第51条指出：“企业也可以根据生产经营特点，生产经营组织类型和成本管理的要求自行确定成本计算方法。但一经确定，不得随意变动”。只有这样，才能使企业各期成本核算资料口径统一，前后连贯，相互可比。成本核算办法的一贯性原则体现在各个方面，如耗用材料的计价方法、折旧的计提方法、施工间接费的分配方法、未完施工的计价方法等。坚持一贯性原则，并不是一成不变，如确有必要变更，要有充分的理由对原成本核算方法进行改变的必要性作出解释，并说明这种改变对成本信息的影响。如果随意变动成本核算方法，并不加以说明，则有对成本、利润指标、盈亏状况弄虚作假的嫌疑。

(4) 相关性原则。相关性原则也称“决策有用原则”。《企业会计准则》第11条指出：“会计信息应当符合国家宏观经济管理的要求，满足有关方面了解企业财务状况和经营成果的需要，满足企业加强内部经营管理的需要”，因此，成本核算要为企业（项目）成本管理目的服务，成本核算不只是简单的计算问题，要与管理融于一体，“算”为“管”用。所以，在具体成本核算方法、程序和标准的选择上，在成本核算对象和范围的确定上，应与施工生产经营特点和成本管理要求特性相结合，并与企业（项目）一定时期的成本管理水平相适应。正确地核算出符合项目管理目标的成本数据和指标，真正使项目成本核算成为领导的参谋和助手。无管理目标，成本核算是盲目和无益的，无决策作用的成本信息是没有价值的。

（5）及时性原则。及时性原则是指企业（项目）成本的核算、结转和成本信息的提供应当在要求时期内完成。要指出的是，成本核算及时性原则并不是说越快越好，而是要求成本核算和成本信息的提供，以确保真实为前提，在规定时期内核算完成，在成本信息尚未失去时效情况下适时提供，确保不影响企业（项目）其他环节核算工作顺利进行。

（6）明晰性原则。明晰性原则是指项目成本记录必须直观、清晰、简明、可控、便于理解和利用。使项目经理和项目管理人员了解成本信息的内涵，弄懂成本信息的内容，便于信息利用，有效地控制本项目的成本费用。

（二）确认和计量的一般原则

（1）按标准和范围确认原则。按标准和范围确认原则是指对各项经济业务中发生的成本，都必须按一定的标准和范围加以认定和记录。只要是为了经营目的所发生的或预期要发生的，并要求得以补偿的一切支出，都应作为成本来加以确认。正确的成本确认往往与一定的成本核算对象、范围和时期相联系，并必须按一定的确认标准来进行。这种确认标准具有相对的稳定性，主要侧重定量，但也会随着经济条件和管理要求的发展而变化。在成本核算中，往往要进行再确认，甚至是多次确认。如确认是否属于成本，是否属于特定核算对象的成本（如临时设施先算搭建成本，使用后算摊销费）以及是否属于核算当期成本等。

（2）分期核算原则。企业（项目）为了取得一定时期的工程项目成本，就必须将施工生产活动划分若干时期，并分期计算各期项目成本。成本核算的分期应与会计核算的分期相一致，这样便于财务成果的确定。《企业会计准则》第 51 条指出，成本计算一般应当按月进行，这就明确了成本分期核算的基本原则。但要指出，成本的分期核算，与项目成本计算期不能混为一谈。不论生产情况如何，成本核算工作，包括费用的归集和分配等都必须按月进行。至于已完工程项目成本的结算，可以是定期的，按月结转，也可以是不定期的，等到工程竣工后一次结转。

（3）权责发生制原则。权责发生制原则要求企业（项目）成本核算应当以权责发生制为基础。凡是当期已经实现的收入和已经发生或应当负担的费用，不论款项是否收付，都应当作为当期的收入和费用；凡是不属于当期的收入和费用，即使款项已在当期收付，也不作为当期的收入和费用。权责发生制与收付实现制相对。收付实现制是指以实际收到或付出款项作为确认收入或费用的依据。权责发生制原则主要从时间选择上确定成本会计确认的基础，其核心是根据权责关系的实际发生和影响期间来确认企业（项目）的支出和收益。根据权责发生制进行收入与成本费用的核算，能够更加准确地反映特定会计期间真实的财务成本状况和经营成果。

（4）配比原则。配比原则要求进行企业（项目）成本核算时，营业收入与其相对应的成本、费用应当相互配合。为取得本期收入而发生的成本和费用，应与本期实现的收入在同一时期内确认入账，不得脱节，也不得提前或延后。以便正确计算和考核项目经营成果。

（5）实际成本核算原则。实际成本核算原则是指企业（项目）核算要采用实际成本计价。《企业会计准则》第 52 条指出，企业应当按实际发生额核算费用和成本。采用定额成本或者计划成本方法的，应当合理计算成本差异，月终编制会计报表时，调整为实际成本，即必须根据计算期内实际产量（已完工程量）以及实际消耗和实际价格计算实际成本。

(6) 划分收益性支出与资本性支出原则。划分收益性支出与资本性支出原则要求企业（项目）成本核算应当合理划分收益性支出与资本性支出的界限。所谓收益性支出是指该项支出发生是为了取得本期收益，即仅仅与本期收益的取得有关，如支付工资、水电费支出等。所谓资本性支出是指不仅为取得本期收益而发生的支出，同时该项支出的发生有助于以后会计期间的支出，如购建固定资产支出。如果在核算时不能正确划分收益性支出与资本性支出，将原本应计入资本性支出的计入收益性支出，就会低估资产和当期收益；将原本应计入收益性支出的计入资本性支出，就会高估资产和当期收益。

（三）起修正作用的一般原则

(1) 谨慎性原则。谨慎性原则是指在市场经济条件下，在成本、会计核算中应当对企业（项目）可能发生的损失和费用，作出合理预计，以增强抵御风险的能力。为此，《企业会计准则》规定企业可以采用后进先出法、提取坏账准备、加速折旧法等，就体现了谨慎原则的要求。

(2) 重要性原则。重要性原则是指对于成本有重大影响的业务内容，应作为核算的重点，力求精确，而对于那些不太重要的琐碎的经济业务内容，可以相对从简处理，不要事无巨细，均作详细核算。坚持重要性原则能够使成本核算在全面的基础上保证重点，有助于加强对经济活动和经营决策有重大影响和有重要意义的关键性问题的核算，达到事半功倍，简化核算，节约人力、财力、物力，提高工作效率的目的。

(3) 实质重于形式原则。实质重于形式原则要求企业应当按照经济实质进行核算，而不应当仅仅按照它们的法律形式作为核算的依据。在实际工作中，交易或事项的外在法律形式或人为形式并不总能完全真实地反映其经济实质。在某些情况下，交易或事项的实质可能与其外在法律形式所反映的内容不尽相同。例如，以融资租赁方式租入的资产，虽然从法律形式来看承租企业并不拥有其所有权，但由于租赁合同中规定的租赁期相当长，接近于该资产的使用寿命；租赁期结束时承租企业有优先购买该资产的选择权；在租赁期内承租企业有权支配资产并从中受益，所以从其经济实质来看，企业能够控制其创造的未来经济利益，所以，会计核算上将以融资租赁方式租入的资产视为承租企业的资产。如果企业的会计核算仅仅按照交易或事项的法律形式或人为形式进行，而其法律形式或人为形式又没有反映其经济实质和经济现实，那么，其最终结果将不仅不会有利于会计信息使用者的决策，反而会误导会计信息使用者的决策。

5.1.6 工程项目成本核算的方法综述

工程项目成本核算中，最常用的核算方法有会计核算方法、业务核算方法与统计核算方法，三种方法互为补充，各具特点，形成完整的项目成本核算体系。另外，比较常见的还有项目成本表格核算方法，这些方法配合使用，取长补短，使项目成本核算内容更全面，结论更权威。

（一）项目成本会计核算方法

项目成本会计核算方法是以传统的会计方法为主要手段，以货币为度量单位，以会计记账凭证为依据，利用会计核算中的借贷记账法和收支全面核算的特点，对各项资金来源去向进行综合系统完整地记录、计算、整理汇总的一种方法。通过利用会计核算方法，具体核查在项目运作过程中的各种内外往来支出，反映项目实施过程中货币的收支情况，以此利用会计核算得出的各种数据，进一步判断项目的经营成果及盈亏情况，及时做好资金调度筹集、管理运用，保证项目实施各个环节地正常运行。这种方法一般核算范围较大，核算程序严密、逻辑性强，人为因素较小，但是对相关的工作人员要求比较高，需要达到较高的专业水平并具有丰富的经验。

（二）项目成本业务核算方法

项目成本业务核算方法是对项目中的各项业务的各个程序环节，用各种凭证进行具体核算管理的一种方法，业务核算也是各业务部门因为业务工作需要而建立的核算制度，通过对各项业务活动建账建卡、详细记录发生业务活动的具体时间、地点、计量单位、发生金额、存放收发等情况，考察项目过程中各项业务的办理效率与成果，并及时作出相应调整。这种方法的核算范围比会计核算的范围还要广，对已经发生的、正在发生的、甚至尚未发生的业务活动都要进行核算，并判断其经济效果。另外，业务核算每次只是对某一项业务进行单一核算，并不提供综合性的指标数据。业务核算的内容既有价值量，也包括实物量，是数与值的双重完整核算，为会计核算和统计核算提供各种原始凭证，是会计核算方法与统计核算方法运用的基础。

（三）项目成本统计核算方法

项目成本统计核算方法是建立在会计核算与业务核算基础之上的一种成本核算方法，利用会计核算和业务核算中提供的原始凭证及原始数据，用统计的方法记录、计算、整理汇总项目实施过程中的各种数据资料，其中，主要的统计内容有产值指标、物耗指标、质量指标、成本指标等，最后形成统计资料，分析整理揭示事物发展变化的原因及规律，并进行统计监督。这种方法的计量尺度比会计核算方法要宽，既可以采用货币计量，也可以用实物或劳动量计量。统计核算的灵活性还表现在既可以提供绝对数指标，也可以提供相对数和平均数指标；既可以计算当前的实际水平，也可以预测未来的发展趋势。

（四）项目成本表格核算方法

项目成本表格核算方法主要是建立在内部各项成本核算基础上，通过项目的各业务部门与核算单位定期采集相关信息、填制相应表格，使各种核算数据以一系列的表格形式存在，形成项目成本核算体系的一种方法。这种方法是建立在对内部的各项成本信息及时采集基础之上的表格形式，具有简洁明了、易于操作、实时性较好的优点，其不足之处是覆盖范围较窄，若审核制度不严密，还有可能造成数据失实，精度较差。

本章将在5.2、5.3中重点介绍工程项目成本会计核算方法与工程项目表格核算方法。

5.2　工程项目成本会计核算方法

5.2.1　成本项目的构成

与任何生产活动一样，项目施工的过程也是劳动对象、劳动手段和活劳动的消耗过程。因此，施工项目的成本按其经济性质可以分为劳动对象的耗费、劳动手段的耗费和活劳动的耗费三大类。前两类是物化劳动耗费，后一类是活劳动耗费，它们构成了施工项目的成本的三大要素。但是，在实务中，为了便于分析和利用，人们把生产费用按经济用途分为不同的成本项目。利用成本项目可以明确地把各项费用按其使用途径进行反映，这对考核、分析成本升降原因有重要意义。因此，在进行成本的核算之前必须了解施工项目成本的构成情况。生产费用按计入成本的方法分类，可分为直接成本和间接成本。按照一般含义，直接成本是指为生产某种（类、批）产品而发生的费用，它可以根据原始凭证或原始凭证汇总表直接计入成本。间接成本是指为生产几种（类、批）产品而共同发生的费用，它不能根据原始凭证或原始凭证汇总直接计入成本。这样分类是以生产费用的直接计入或分配计入为标志划分的，它便于合理选择各项生产费用的分配方法，对于正确及时地计算成本具有重要作用。

建筑企业采用计入成本方法分类时，还应结合建设部、财政部制定的《建筑安装工程费用项目组成》进行。按照现行《建筑安装工程费用项目组成》的规定，建筑安装工程费由直接费、间接费、利润和税金组成。

（一）直接费

由直接工程费和措施费组成。

（1）直接工程费。直接工程费是指施工过程中耗费的构成工程实体的各项费用，包括人工费、材料费、机械使用费。

1）人工费，指直接从事建筑安装工程施工的生产工人开支的各项费用，内容包括：

①基本工资，指发放给生产工人的基本工资。

②工资性补贴，指按规定标准发放的物价补贴，煤、燃气补贴，交通补贴，住房补贴，流动施工津贴等。

③生产工人辅助工资，指生产工人年有效施工天数以外非作业天数的工资，包括职工学习、培训期间的工资，调动工作、探亲、休假期间的工资，因气候影响的停工工资，女工哺乳时间的工资，病假在六个月以内的工资及产、婚、丧假期间的工资。

④职工福利费，指按规定标准计提的职工福利费。

⑤生产工人劳动保护费，指按规定标准发放的劳动保护用品的购置费及修理费，徒工服装补贴、防暑降温补贴、在有碍身体健康环境中施工的保健费用等。

2）材料费，指施工过程中耗费的构成工程实体的原材料、辅助材料、构配件、零件、半成品的费用，内容包括：

①材料原价（或供应价格）。

②材料运杂费，指材料自来源地运至工地仓库或指定堆放地点所发生的全部费用。

③运输损耗费，指材料在运输装卸过程中不可避免的损耗。

④采购及保管费，指组织采购、供应和保管材料过程中所需要的各项费用。包括采购费、仓储费、工地保管费、仓储损耗。

⑤检验试验费，指对建筑材料、构件进行一般鉴定、检查所发生的费用，包括自设试验室进行试验所耗用的材料和化学药品等费用。不包括新结构、新材料的试验费和建设单位对具有出厂合格证明的材料进行检验、对构件做破坏性试验及其他特殊要求检验试验的费用。

3）施工机械使用费，指施工机械作业所发生的机械使用费以及机械安拆费和场外运费。施工机械台班单价应由下列费用组成：

①折旧费，指施工机械在规定的使用年限内，陆续收回其原值及购置资金的时间价值。

②大修理费，指施工机械按规定的大修理间隔台班进行必要的大修理、以恢复其正常功能所需的费用。

③经常修理费。指施工机械除大修理以外的各级保养和临时故障排除所需的费用，包括为保障机械正常运转所需替换设备与随机配备工具附具的摊销和维护费用、机械运转中日常保养所需润滑与擦拭的材料费用及机械停滞期间的维护和保养费用等。

④安拆费及场外运费，安拆费指施工机械在现场进行安装与拆卸所需的人工、材料、机械和试运转费用以及机械辅助设施的折旧、搭设、拆除等费用；场外运费指施工机械整体或分体自停放地点运至施工现场或由一施工地点运至另一施工地点的运输、装卸、辅助材料及架线等费用。

⑤人工费，指机上司机（司炉）和其地操作人员的工作日人工费及上述人员在施工机械规定的年工作台班以外的人工费。

⑥燃料动力费，指施工机械在运转作业中所消耗的固体燃料（煤、木柴）、液体燃料（汽油、柴油）及水电等。

⑦养路费及车船使用费，指施工机械按照国家规定和有关部门规定应缴纳的养路费、车船使用税、保险费及年检费等。

（2）措施费，是指为完成工程项目施工，发生于该工程施工前和施工过程中非工程实体项目的费用。包括内容如下：

1）安全文明施工费是指环境保护费、文明施工费、安全施工费、临时设施费。

2）夜间施工费是指因夜间施工所发生的夜班补助费、夜间施工降效、夜间施工照明设备摊销及照明用电等费用。

3）二次搬运费是指因施工场地狭小等特殊情况而发生的二次搬运费用。

4）冬雨季施工费是指在冬雨季施工时所采取的防冻、保温、防雨安全措施及工效降低所增加的费用。

5）大型机械设备进出场及安拆费是指机械整体成分体自停放场地运至施工现场或由一个施工地点运至另一个施工地点，所发生的机械进出场运输及转移费用及机械在施工现场进行安装、拆卸所需的人工费、材料费、机械费、试运转费和安装所需的辅助设施的费用。

6）施工排水费是指为确保工程在正常条件下的施工而采取各种排水措施所发生的各种费用。

7）施工降水费是指为确保工程在正常条件下的施工而采取各种降水措施所发生的各种费用。

8）地上、地下设施，建筑物的临时保护设施费是指竣工验收前，地上及地下设施、建筑物临时保护设施所需费用。

9）已完工程及设备保护费：是指竣工验收前，对已完工程及设备进行保护所需费用。

（二）间接费

由规费、企业管理费组成。

（1）规费指政府和有关权力部门规定必须缴纳的费用（简称规费）。包括：

1）工程排污费指施工现场按规定缴纳的工程排污费。

2）工程定额测定费指按规定支付工程造价（定额）管理部门的定额测定费。

3）社会保障费。包括：

①养老保险费指企业按照规定的标准为职工缴纳的基本养老保险费。

②失业保险费指企业按照规定的标准为职工缴纳的失业保险费。

③医疗保险费指企业按照规定的标准为职工缴纳的基本医疗保险费。

4）住房公积金指企业按照规定的标准为职工缴纳的住房公积金。

5）危险作业意外伤害保险指按照建筑法规定，企业为从事危险作业的建筑安装施工人员支付的意外伤害保险费。

（2）企业管理费。企业管理费指建筑安装企业组织施工生产和经营管理所需费用。内容包括：

1）管理人员工资指管理人员的基本工资、工资性补贴、职工福利费、劳动保护费等。

2）办公费指企业管理办公用的文具、纸张、账表、印刷、邮电、书报、会议、水电、烧水和集体取暖（包括现场临时宿舍取暖）用煤等费用。

3）差旅交通费指职工因公出差或调动工作的差旅费、住勤补助费、市内交通费和午餐补助费、职工探亲路费、劳动力招募费、职工离退休或退职一次性路费、工伤人员就医路费、工地转移费以及管理部门使用交通工具的油料、燃料、养路费及牌照费。

4）固定资产使用费指管理和试验部门及附属生产单位使用的属于固定资产的房屋、设备仪器等折旧、大修、维修或租赁费。

5）工具用具使用费指管理使用的不属于固定资产的生产工具、器具、家具、交通工具和检验、试验、测绘、消防、用具等的购置、维修和摊销费。

6）劳动保险费指由企业支付离退休职工的异地安家补助费、职工退职金、六个月以上的病假人员工资、职工死亡丧葬补助费、按规定支付给离退休干部的各项经费。

7）工会经费指企业按职工工资总额计提的工会经费。

8）职工教育经费指企业为职工学习先进技术和提高文化水平、按职工工资总额计提的费用。

9）财产保险费指施工管理用财产、车辆保险。

10）财务费指企业为筹集资金而发生的各种费用。

11）税金指企业按规定缴纳的房产税、车船使用税、土地使用税、印花税等。

12）其他，包括技术转让费、技术开发费、业务招待费、绿化费、广告费、公证费、法律顾问费、审计费、咨询费等。

（三）利润

利润是指施工企业完成所承包工程获得的盈利。

（四）税金

税金是指国家税法规定的应计入建筑安装工程造价内的营业税、城市维护建设税及教育费附加等。

5.2.2 工程项目成本会计核算的方式

工程项目成本会计核算法是指建立在会计核算基础上，利用会计核算所独有的借贷记账法和收支全面核算的综合特点，按项目施工成本内容和收支范围，组织项目施工成本核算的方法。工程项目成本会计核算法主要是依靠会计方法为主要手段组织进行核算，有核算精确、逻辑性强、人为调节的可能因素较小、核算范围较大的特点，它建立在借贷记账法基础上，所以很严密。收和支，进和出，都有另一方做备案。会计核算不仅核算项目施工直接成本，而且还要核算项目在施工生产过程中出现的债权债务、项目为施工生产而自购的料具和机具摊销、分包完成和分包付款等。不足的一面是专业人员的专业水平要求较高，要求成本会计师的专业水平和职业经验较丰富。

使用会计法核算项目施工成本，分为企业核算和项目核算等多种方式。项目施工成本在项目进行核算称为直接核算，在企业进行核算称为间接核算。采用何种方式应根据各单位的具体情况和条件，视在哪一个层次上进行核算更能有助于成本核算工作开展而确定。

（一）项目施工成本的直接核算

项目经理部设置会计核算部门。项目除及时上报规定的工程成本核算资料外，还要直接进行项目施工成本核算，编制会计报表，落实项目施工成本的盈亏。项目不仅是基层财务核算单位，而且是项目施工成本核算的主要承担者。直接核算将核算放在项目上，便于及时了解项目各项成本情况，也可以减少一些扯皮。不足的一面是要求每个项目都要配有专业水平和工作能力较高的会计核算人员，目前一些单位还不具备这样的条件。

（二）项目施工成本的间接核算

项目经理部不设置专职的会计核算部门，由项目有关人员按期、按规定的程序和质量向财务部门提供成本核算资料，委托企业在本项目施工成本责任范围内进行施工成本核算，落实当期项目施工成本盈亏。

间接核算可以使会计专业人员相对集中，一个成本会计师可以完成两个或两个以上的项目施工成本核算。不足之处：①项目了解成本情况不方便，项目对核算结论信任度不高；②由于核算不在项目部，项目开展岗位成本责任核算就会失去人力支持和平台支持。

（三）项目施工成本列账核算

项目施工成本列账核算是介于直接核算和间接核算之间的一种方法。项目经理部组织相对直接核算，正规的核算资料留在企业的财务部门。项目每发生一笔业务，其正规资料由财务部门审核存档后，与项目施工成本员办理确认和签认手续。项目凭此列账通知作为核算凭证和项目施工成本收支的依据，对工程项目成本范围的各项收支进行完整的会计核算，编制项目施工成本报表，企业财务部门按期确认资料，对其审核。这时的列账通知单一式两联，一联给项目据以核算，另一联留财务审核之用。项目所编制的报表，企业财务不汇总，只作为考核之用。

列账核算的正规资料在企业财务部门，方便档案保管，项目凭相关资料进行核算，也有利于项目开展项目施工成本核算和项目岗位成本责任考核。但企业和项目要核算两次，相互之间往返较多，比较烦琐，因此它适用于较大工程。

考虑到核算主体和载体的统一，方便项目监控各项成本开支，支持项目开展管理岗位成本责任考核，减少扯皮，提高效率，应尽量使用项目施工成本直接核算和列账核算法。人员条件一时不具备，也可暂时用间接核算过渡，一个项目会计师可以核算两个以上的项目，但尽量是一个项目一套账，项目单独出报表。同时要建立规章制度，方便项目了解成本，支持项目开展各项成本核算和过程控制，提高工作效率和核算的透明度、信任度。

5.2.3 成本收入会计核算

（一）项目施工成本责任总额的确定

由项目经理、项目预算人员、项目会计与公司经理或经理指定人员，依据项目施工成本收入范围，在一定的时间内确定项目施工成本责任总额。特殊工程项目，与业主的合同报价未能确定，相应的项目施工成本责任总额也不能确定，这种情况下可暂时不确定总额，先根据工程进度预报工程收入，在此基础上预报项目施工成本收入，组织项目施工成本核算，也不进行奖罚兑现，待与业主报价确定后，再确认其项目施工成本责任总额，相应地调整已报的工程收入和项目施工成本收入，确认成本盈亏并补兑现。

（二）月度项目施工成本收入

依据统计员编制的并经确认的工程收入和工程收入分析汇总表为基础，按比例分解法确定项目施工成本收入。由项目预算或统计员与企业预算报价部门确认其成本收入，企业财务部门将工程收入与项目成本收入之间的差额，以费用形式向项目划收入。

（三）月度工程收入收取费用中优惠和让利的账务处理

优惠和让利是企业在市场经济条件下实施竞争手段的经常性行为，会计核算和项目施工成本核算就会经常处理这些业务，对收取费用中涉及的让利和优惠业务处理如下。

（1）对按预算定额报价的工程项目处理如下：

1）在目前企业没有内部定额的情况下，按有关规定，当月的工程收入比照当地的定额分析收入。

2）收入保证顺序是税金、预算成本、管理费用、财务费用、计划利润，遇有让利或优惠的项目时，其让利或优惠额按以上反顺序抵扣，如管理费用、财务费用、计划利润，还不足以抵扣，则在预算成本中抵扣。实际收取费用如投标报价未有这项收入时，企业则不收这项费用。这里要强调一点，即对收取的费用，企业和项目在一级科目和具体明细科目中的归集一定要保持一致，以保证费用和相关数据的抵减和汇总。

3）项目统计员按已完工程量和取费标准编制工程收入和工程收入分析汇总表，经企业预算合约部门确认后，作为当期的企业和项目的工程收入核算依据。

4）企业财务部门按经预算部门确认的工程收入和项目施工成本占投标报价收入比例，确定当月的项目施工成本收入额度。

5）财务部门将不属于项目施工成本收入的部分公司经营收入，在区分收入明细后，向项目收取。

（2）对按国际标报价的工程项目处理如下：

1）按国际标的报价构成和计价内容（已扣除优惠和让利部分）确定当月的实物量完成，确定当期的工程收入。

2）项目统计员将编制的工程收入和工程收入分析汇总，经企业预算合约部门确认后，作为当期的企业工程收入和项目施工成本收入的核算依据。

3）企业财务部门按经预算部门确认的工程收入和项目施工成本收入占投标报价收入比例，确定当月的项目施工成本收入额度。

4）财务部门将不属于项目施工成本收入的部分企业经营收入，在区分入明细后，向项目收取。

5.2.4 成本支出会计核算

（一）项目施工成本核算资料的签认

项目施工成本核算资料来源渠道一般有3个，对其核算和签认，应分别采用不同的对策。

(1) 外界提供的原始单据。外界提供的原始单据如外购料用具发票、交通费用、招待费用单据等，一般由项目先持有，项目应经项目经理签字后，由项目施工成本员报销，同时与其共同办理经济业务的列账和确认。

(2) 项目自制的成本核算资料原始单据。项目自制的成本核算资料原始单据如工程量收入、分包预估资料、材料报表、租赁费用预估等，项目应将此单据先经过项目经理审签后，报至企业财务，共同列账确认。

(3) 企业财务根据项目施工成本责任合同内容而进行的摊销等自制凭证或划转的单据如费用划收单、项目机械租赁费用、折旧计算单、摊销计算单等，财务应按规定自行填写后，交项目经理确认，项目施工成本员与企业财务共同确认后，列账核算。凡自制凭证都应一式多份，双方共同拥有，以方便双方共同确认。

(二) 人工费成本核算资料的形成和流转

(1) 自有职工工资。如项目会计人员只有一人，一般由项目劳资员上报审批“工资发放表”和“奖金发放表”，项目核销人员持项目会计开具的内部结算票据，到企业领取现金并发放后，项目会计按“工资发放表”或“奖金发放表”、内部结算票据和项目劳资员提供的“人工工日和工资分配表”，进行分部分项工程的生产人员工资分配。

如项目会计由两人组成，则项目在劳资员上报审批的“工资发放表”和“奖金发放表”基础上，直接发放工资，项目会计按“奖金发放表”、内部结算票据和项目劳资员提供的“人工工日和工资分配表”进行分部分项工程的生产人员工资分配。

项目生产工人生产过程中耗费的劳动保护用品和低值易耗品，一般按标准在费用发生的当月时间直接计入人工费核销。

(2) 劳动分包预估。先由项目工长（或施工员，下同）根据所管辖的分部分项工程量完成情况和分包合同，结合分包商提出的当期分包完成产值，提供分部分项工程的“劳动分包成本预估”，经预算员根据工程收入审核，项目经理批准后，并由预算员报项目会计做账，计入项目施工成本核算支出。

(3) 专业分包预估。分包专业一般是包工包料性质，可由所管辖的工长结合分包商提出的当期分包完成产值，按月提供“分包成本预估”，并进行成本核算类别划分。经项目预算员审核和项目经理审批后，项目会计按规定做账，计入成本支出。

(4) 分包成本决算。分包单位一旦完成合同工作内容则按规定进行决算，确认其最终收入。一般由分包单位提出，先经项目工长预审，预算员初审，项目经理审签后，再按各单位规定的程序报企业审核、批准。项目会计收到经企业审定的、项目认可的分包决算后按分包内容和成本类别做账，计入相应的成本支出，同时冲减原先相应的成本预估。

(三) 材料费成本核算资料的形成和流转

(1) 消耗的主辅材料、构件、半成品。各单位材料、构件管理人员在对其材料、构件的消耗过程中，要分清分部分项工程的消耗对象，并在此基础上，参考“工、料、机分析”和“未完施工”，正确编制材料报表和构件消耗报表，并报经项目经理。项目会计要认真计价，及时计入项目施工成本。

(2) 项目对外租赁的周转材料和工、器具费用。项目对外租赁的周转材料和工、器具费用是指按月转入经项目相关人员签字认可的租赁费用。项目会计接到列账通知单后，报项目经理审批后做账，计入项目施工成本支出。如租赁公司未能及时转账，项目要按内部租赁合同中的价格和租用量，由项目工长提出预估，经材料负责人审核后，报经项目经理审批，项目会计据此做账，先预估计入成本支出。接到租赁费列账单后，再按正确的租赁费用做账，同时冲回原先的预估。

（3）摊销费用。有一些要按月由企业财务或项目会计直接进行摊销的费用，如“材料成本差异”和项目一些自购的小型工器具的摊销费用，这些费用先由项目会计按规定计算，交项目经理审批后再计入成本支出。

（4）分包成本支出。此类费用有一些是包工包料，也有一些是项目对一些较难控制的低值易耗品费用，以合同形式包给劳务分包商。一般由项目工长先按本月的项目施工成本收入和分包完成情况，结合分包合同提出分包预估，经项目预算人员审核，项目经理审批后，项目会计入账，待正式的分包决算后再将决算值计入成本，同时冲回原先此类预估。分包决算及其计入成本的程序同（二）中的（4）。

（四）机械成本核算资料的形成和流转

（1）内部租赁的机械设备。按企业转入并由项目相关人员签认的内部机械设备租赁费用报经理审批后入账。如企业未能及时转账，则由项目工长提出初估、项目机械管理员预估，经项目预算员审核、项目经理审批后，财务入账。一旦正式机械租赁费用结算单据由企业转到项目，项目会计要及时报项目经理审批后，按实际开支金额入账，同时冲回原先的预估。水电费的核算方式也同上。项目在企业有关部门同意下，直接对本企业以外的单位所租赁的机械设备采取平时预估、决算调整的方式，进行项目施工成本的会计核算。

（2）项目自有的部分机械设备和工器具。由项目会计按有关规定先行折旧或摊销，落实使用对象并报项目经理审批后，计入相关项目施工成本。

（3）分包的机械费用。采用平时预估、决算调整的方式进行。一般由项目工长先按本月的项目施工成本收入和分包完成情况，结合分包合同提出分包预估，经项目预算人员审核，项目经理审批后，项目会计入账，待正式的分包决算后再将决算值计入成本，同时冲回原先此类预估。分包决算值计入成本的程序同（二）中的（4）。

（五）措施费成本核算资料的形成和流转

（1）项目将企业按规定计算并转入的，或直接由项目会计计算的项目所用的临时设施费用，在报项目经理审批后，直接做账计入相关项目施工成本。

（2）二次搬运费等按发生的时间，由费用开支的责任人持单并报项目经理审批后，项目会计据以入账。

（3）如属于分包内容的则按平时预估、决算调整的方式进行项目施工成本核算。分包内容计入成本的程序同（二）中的（4）。

（六）间接费用成本核算资料的形成和流转

（1）管理人员工资的分配核算方法按（二）中的（1）的方法和程序进行。

（2）项目直接发生的办公费、差旅费、招待费用和其他合同明确的由项目承担的间接费用，在费用发生后，由责任人或经办人报项目经理审批后再办理核销。项目会计按规定的核算标准和费用划分标准进行项目施工成本核算。

（3）分包成本中间接费用核算采取平时预估、决算调整的方法。平时核算中，一般由项目工长结合分包商提出的分包完成产值，按本月的项目施工成本收入和分包完成情况及分包合同提出分包预估，经项目预算人员审核，项目经理审批后，项目会计将属于间接费用的部分记入本明细，待正式的分包决算后再将决算值计入成本，同时冲回原先此类预估。分包决算值计入成本的程序同（二）中的（4）。

（七）其他费用核算说明

（1）项目施工成本核算外的一些工程成本核算业务的处理。由于项目施工成本核算包含在工程成本核算中，因此工程成本核算中一些与项目施工成本核算相关的业务，有时会经常出现，如坏账准备、工资附加费、养老统筹费、失业保险金等，这些业务要求以企业核算、项目提供数据的方式进行有关内容的核算。

（2）某些不常发生，但必须是项目施工成本中负担的费用，往往是以项目承担、企业转账的方式出现，为使项目施工成本核算集中体现项目经理的核心地位和第一责任人的目的，原则规定凡是项目施工成本中支付的费用必须由项目经理签字认可后，项目会计方可入账；另外，凡是项目的成本支出，除一些特殊费用外（如临时设施费用、材料成本差异、排污费等），应分清岗位成本责任人，便于落实项目岗位成本责任。

5.2.5　工程项目成本会计核算的建造合同法

（一）建造合同含义与特点

建造合同是指为建造一项资产或者在设计、技术、功能、最终用途等方面密切相关的数项资产而订立的合同。这里所讲的资产，是指房屋、道路、桥梁、水坝等建筑物以及船舶、飞机、大型机械设备等。所建造的资产从其功能和最终用途看，可分为两类：一类是建成后就可以投入使用和单独发挥作用的单项工程，如房屋、桥梁、船舶等；另一类是在设计、技术、功能和最终用途等方面密切相关的由数项资产构成的建设项目，只有这些资产全部建成投入使用时，才能整体发挥效益。如承建一个发电厂，该项目由锅炉房、发电室、冷却塔等几个单项工程构成，只有各单项工程全部建成投入使用时，发电厂才能正常运转和发电。

建筑合同分为两类：①固定造价合同；②成本加成合同。固定造价合同指按照固定的合同价或固定单价确定工程价款的建造合同。比如，某建造承包商与客户签订一项建造合同，为客户建造一栋办公大楼，合同规定建筑大楼的总造价为5000万元。该合同即为固定造价合同；又比如，某建筑承包商与客户签订一项建造合同，为客户建造一条200km长的公路，合同规定每千米单价为650万元。该合同也是固定造价合同。成本加成合同是指以合同允许或其他方式议定的成本为基础，加上该成本的一定比例或定额费用确定工程价款的建筑合同。比如，建筑承包商与客户签订一项建筑合同，为客户建造一台大型机械设备，双方约定以建造该设备的实际成本为基础，价款以实际成本2%计算确定。该合同就属于成本加成合同。固定造价合同与成本加成合同的主要区别就在于它们所包含风险的承担者不同。前者的风险主要是由建造承包方承担，后者是则主要由发包方承担。

建造合同属于经济合同范畴，但它不同于一般的材料采购合同和劳务合同，而有其自身的特征，主要表现在：

（1）先有买主（即客户），后有标的（即资产）。建造资产的造价在签订合同时已经确定。

（2）资产的建设期长，一般都要跨越一个会计年度，有的长达数年。

（3）所建造的资产体积大、造价高。

（4）建造合同一般为不可取消的合同。

（二）各项建造合同成本核算对象的确定

正确确定各项建造合同的会计核算对象，是正确核算和反映建造合同损益的关键。企业与客户签订的建造合同有其多样性，通常，建造一项资产要签订一个合同，有时，建造数项资产只签订一个合同，或者为建造一项资产或数项资产而同时签订一组合同。在上述情况下，对同一企业来讲，确定不同的会计核算对象，会产生不同的核算结果。例如，某建造承包商同时签订了一组建造合同，在执行合同中，有的可能盈利，有的可能亏损，如果将该组合同单独分别核算或合并在一起核算，就会产生不同的损益。因此，为了正确核算建造合同的损益，防止人为操纵利润，《企业会计准则第 15 号——建造合同》对此专门作了相应的规定。一般情况下，企业应以所订立的单项合同为对象，分别计量和确认各单项合同的收入、费用和利润。如果一项合同包括建造多项资产，或为建造一项或数项资产而签订一组合同，企业应按《企业会计准则第 15 号——建造合同》规定的合同分立和合并的原则，正确确定建造合同的会计核算对象。

（三）核算建造合同成本应设置的会计科目及账务处理

（1）建造合同成本应设置的会计科目。根据《企业会计准则第 15 号——建造合同》的规定，建造合同成本应设置以下会计科目：

1）设置“工程施工”科目（建筑安装企业使用）或“生产成本”科目（船舶等制造企业使用），核算实际发生的合同成本和合同毛利。实际发生的合同成本和确认的合同毛利记入本科目的借方，确认的合同亏损记入本科目的贷方，合同完成后，本科目与“工程结算”科目对冲后结平。本科目按工程项目设置二级明细科目“××工程成本”、“××工程毛利”，在“××工程成本”下按费用类别设置三级明细科目“人工费”、“材料费”、“机械使用费”、“措施费”、“间接费”和“分包成本”。

2）设置“工程结算”科目，核算根据合同完工进度已向客户开出工程价款结算账单办理结算的价款。该科目是“工程施工”或“生产成本”科目的备抵科目，已向客户开出工程价款结算账单办理结算的款项记入该科目的贷方，合同完成后，该科目与“工程施工”或“生产成本”科目对冲后结平。本科目按工程项目设置明细“××工程”，在“××工程”下按照结算内容设置三级明细科目“初始合同”、“合同变更”、“合同索赔”、“合同奖励”。

3）设置“应收账款”等科目，核算应收和实际已收的进度款，预收的备料款也在该科目核算。已向客户开出工程价款结算账单应收的工程进度款记入该科目的借方，预收的备料款和实际收到的工程进度款记入本科目的贷方。直接对客户结算的，按照客户名称在“应收账款”和“预收账款”下设置明细科目，“应收账款”下反映已办理结算的工程价款和实际收到的工程价款，“预收账款”下反映已收到客户的预付款和办理结算后结转至“应收账款”的数额。通过企业进行结算的，在“其他应收款—关联往来”下按企业名称设置明细科目，反映往来款项的结算。

4）设置“主营业务收入”科目，核算当期确认的合同收入。当期确认的合同收入记入本科目的贷方；期末，将该科目的余额全部转入“本年利润”科目；结转后，该科目应无余额。

5）设置“主营业务成本”科目，核算当期确认的合同费用。当期确认的合同费用记入本科目的借方，期末，将该科目的余额全部转入“本年利润”科目，结转后，该科目应无余额。

6）设置“管理费用——合同预计损失”科目，核算当期确认的合同预计损失。当期确认的合同预计损失，记入该科目的借方，期末将本科目的余额全部转入“本年利润”科目，结转后，本科目应无余额。

7）设置“存货跌价准备——合同损失准备”科目，核算建造合同计提的损失准备。在建合同计提的损失准备，记入该科目的贷方，各会计期间摊销的合同损失记入本科目借方，当年提取又在当年冲销的合同损失准备通过冲销“管理费用——合同预计损失”进行，以前年度多提在本年度冲销或以前年度提取本期应摊销部分通过减少“主营业务成本”借方数额进行，在建合同完工后，应在最后一期将该科目的余额全部调整“主营业务成本”科目，本科目无余额。

（2）核算建造合同成本的账务处理。《企业会计准则第15号——建造合同》第15条规定了合同成本的会计处理：①直接费用。由于直接费用在发生时能够分清受益对象，所以规定“直接费用在发生时直接计入合同成本”。其账务处理是：耗用的人工费用，借记“工程施工”或“生产成本”科目，贷记“应付工资”、“应付福利费”等科目；耗用的材料费用，借记“工程施工”或“生产成本”科目，贷记“库存材料”、“原材料”、“周转材料摊销”（分摊的周转材料摊销额）、“银行存款”（支付的周转材料租赁费）等科目；耗用的机械使用费，借记“工程施工”或“生产成本”科目，贷记“机械作业”（使用本单位的自有施工机械发生的费用）、“银行存款”（租用外单位的施工机械发生的租赁费）等科目；耗用的其他直接费用，借记“工程施工”或“生产成本”科目，贷记“银行存款”等科目。②间接费用。间接费用虽然也构成了合同成本的组成内容，但是间接费用在发生时一般不易直接归属于受益对象，这是因为，间接费用是在企业下属的直接组织和管理施工生产活动的单位发生的费用，这些单位如果同时组织实施几项合同，则其发生的费用应由这几项合同的成本共同负担，因此，会计准则规定“间接费用应在期末按照系统、合理的方法分摊计入合同成本”。在会计实务中，间接费用一般应设置必要的会计科目进行归集，期末再按一定的方法分配计入有关合同成本。间接费用的分配方法主要有人工费用比例法、直接费用比例法等。具体如下：

1）发生工程成本。

借：工程施工——××工程成本（人工费、材料费、机械使用费、措施费、间接费、分包成本）

　贷：应付工资、应付账款、银行存款、原材料、制造费用等

2）收到工程价款。

借：银行存款

　贷：预收账款——××客户

　　应收账款——××客户

　　其他应收款——关联往来（××指挥部或分公司）

3）开单结算。

借：应收账款——××客户

　其他应收款——关联往来（××指挥部、分公司）

　贷：工程结算——××工程（初始合同、合同变更、合同索赔、合同奖励）

4）结转预收账款。

借：预收账款——××客户

贷：应收账款——××客户

5）计提合同预计损失准备。

借：管理费用——合同预计损失

贷：存货跌价准备——合同损失准备

6）冲销当年多提取的合同损失准备。

借：管理费用——合同预计损失（红字）

贷：存货跌价准备——合同损失准备（红字）

7）确认收入、费用，摊销合同损失准备（冲销以前年度多提的合同损失准备）。

借：主营业务成本

工程施工——××工程毛利

存货跌价准备——合同损失准备

贷：主营业务收入

8）按照确认的收入计提主营业务税金及附加。

借：主营业务税金及附加

贷：应交税金、其他应交款

9）按已办理工程结算数计算缴纳税金及附加。

借：应交税金、其他应交款

贷：银行存款

应收账款——××客户

其他应收款——关联往来（××指挥部或分公司）

10）结转收入。

借：主营业务收入、其他业务收入、营业外收入

贷：本年利润

11）结转成本费用等。

借：本年利润

贷：主营业务成本、其他业务支出、营业外支出、主营业务税金及附加、管理费用、财务费用等

12）完工结转工程施工、工程结算。

借：工程结算——××工程（初始合同、合同变更、合同索赔、合同奖励）

贷：工程施工——××工程成本（人工费、材料费、机械使用费、措施费、间接费、分包成本）

——××工程毛利

（四）项目完工程度的确认

建造合同的施工期较长，通常要跨越一个会计年度，为了及时反映各年度的经营成果和财务状况，一般情况下，不能等到合同工程完工时才确认收入和费用，而应按照权责发生制的要求，遵循配比原则，在合同实施过程中，按照一定的方法，合理确认各年的收入和费用。

在一个会计年度内完成的建造合同，应在完成时确认合同收入和合同费用。例如，

某建造合同于2005年1月5日开工，2005年12月20日完工。企业应于2005年12月20日确认该项合同的收入和费用。而大部分的建造合同的开工日期与完工日期通常分属于不同的会计年度，因此，要将合同收入和合同成本分配计入实施工程的各个会计年度。

按照现行的企业会计制度，建造合同原则上采用完工百分比法确认合同收入与合同费用。完工百分比法是指根据合同完工进度确认收入和费用的方法。根据这种方法，合同收入应与为达到完工进度而发生的合同成本相配比，以反映当期已完工部分的合同收入、费用和利润。这种方法能为报表使用者提供有关合同进度及本期业绩的有用信息。

采用完工百分比法确认合同收入和费用的前提是，该项建造合同的结果能够可靠地估计。只有在建造合同的结果能够可靠地估计时，才能采用完工百分比法确认合同收入和费用，反之，则不能采用完工百分比法确认合同收入和费用。固定造价合同的结果能够可靠估计是指同时具备以下四项条件：①合同总收入能够可靠地计量；②与合同相关的经济利益能够流入企业；③在资产负债表日合同完工进度和为完成合同尚需发生的成本能够可靠地确定；④为完成合同已经发生的合同成本能够清楚地区分和可靠地计量，以便实际合同成本能够与以前的预计成本相比较。成本加成合同的结果能够可靠估计是指同时具备以下两项条件：①与合同相关的经济利益能够流入企业；②实际发生的合同成本能够清楚地区分并且能够可靠地计量。如果建造合同的结果不能可靠地估计，应当区别以下情况处理：①合同成本能够收回的，合同收入根据能够收回的实际合同成本加以确认，合同成本在其发生的当期作为费用；②合同成本不能收回的，应当在发生时立即作为费用，不确认收入。

采用完工百分比法确认合同收入和合同费用，关键要确定工程的完工进度。在具体运用完工百分比法时，先确定建造合同的完工程度，然后根据完工百分比确认和计量当期的合同收入和合同费用。具体步骤如下：

(1) 确定建造合同的完工程度。确定完工百分比是应用完工百分比法的关键。确定完工百分比有多种方法，但各种方法的目标却是一致的，即通过成本、产出单位或增加的价值来衡量工程的完工进度。这些不同形式的衡量标准（如实际发生的成本、实际耗用的工时、实际生产的数量、实际建成的楼层数等），可划分为投入衡量和产出衡量两大类。所谓投入衡量，是指根据建造过程中所付出的代价（如实际发生的成本、实际耗用的工时等）来衡量完工进度；所谓产出衡量，是指根据产出结果（如生产数量、实际建成的楼层数、完工的公路千米数）来衡量完工进度。实务中，并非每类衡量方法都可应用于所有的建造工程，而是需要根据具体环境作出仔细判断。

不管是投入衡量，还是产出衡量，都存在一定的缺陷。以投入衡量为例，从理论上说，每投入一个单位，就会有相应的产出。也就是说，投入与产出之间存在一种对应关系，这正是投入衡量能够成立的基础。但是，如果在实际工作中发生了无效率的投入，则投入与产出之间的关系就会改变，按投入衡量就会得出不准确的结果。此外，采用投入衡量还须注意一个问题，这就是，一般在工程开工的初期阶段，往往投入比较多，而这些投入中，有一些可能是与工程进度无关的，比如未用于施工的材料和未开工的分包合同成本。如果不加调整地采用投入衡量，很容易高估初期的完工百分比。因此，《企业会计准则第15号——建造合同》规定，采用累计实际发生的合同成本占合同预计总成本的比例确定合同完工进度时，累计实际发生的合同成本不包括下列内容：①与合同未来活动相关的成本，例如施工中尚未安装、使用或耗用的材料成本；②在分包工程的工作量完成之前预付给分包单位的款项。

在采用产出衡量时，如果所选用的产出单位与为完成工程所需花费的时间、努力或成本不可比，则也会得出不准确的结果。例如，以建成的楼层数来衡量一座9层大楼的完工进度，就存在一定的缺陷，因为建造大楼底层所需花费的成本和付出的努力与建造其他楼层会有所不同，其成本可能大于大楼总成本的1/9。这时，按完成的楼层数为确认工程收入，就不能与所发生的费用很好地配比。从所考察的国家或地区看，完工百分比的确定没有根本性的差异。在美国，虽然没有专门的建造合同会计准则，但在实务中应用较为普遍的方法有：成本比例法、耗费努力衡量法以及产出单位法。其中以成本比例法应用得最为广泛，这也是美国注册会计师协会推荐企业采用的方法。第11号国际会计准则规定了三种方法：①累计已发生的合同成本占合同预计总成本的比例；②对已完成工作的测量；③完成合同工作的实物比例。英国和香港的会计准则并没有详细规定完工百分比的确定方法。台湾在第11号《财务会计准则公报》中规定，完工百分比的确定可采用工程成本比例法、工时进度比例法和产出单位比例法三种。

（2）根据完工百分比确认和计量当期的合同收入和合同费用。根据完工百分比确认和计量当期的合同收入和合同费用的公式如下

当期确认的合同收入 =（合同总收入 × 完工进度）－ 以前会计年度累计已确认的收入

当期确认的毛利 =（合同总收入 － 合同预计总成本）× 完工进度
－ 以前会计年度累计已确认的毛利

当期确认的合同费用 = 当期确认的合同收入 － 当期确认的合同毛利
－ 以前会计年度预计损失准备

需要说明的是，以上完工进度是指累计完工进度。因此，企业在运用上述公式确认和计量当期合同收入和合同费用时，应分别按建造合同的实施情况处理：

1）当年开工当年完工的建造合同。在这种情况下，企业在运用上述公式确认和计量当期合同收入和合同费用时，以前会计年度累计已确认的合同收入和合同毛利均为零。

2）以前年度开工至本年仍未完工的建造合同。在这种情况下，企业可以直接运用上述公式确认和计量当期收入和费用。

3）以前年度开工本年度完工的建造合同。在这种情况下，当期确认和计量的合同收入，等于合同总收入扣除以前会计年度累计已确认的收入后的余额；当期确认和计量的合同毛利等于合同总收入扣除实际合同总成本减以前会计年度累计已确认的毛利后的余额。

【例5-1】 某建筑企业与一客户签订了一项总金额为8 800 000元的固定造价合同，承建甲工程。工程已于2002年2月开工，预计2004年8月完工（跨年度）。

最初，预计工程总成本为8 500 000元；至2003年底，由于材料价格上涨等因素调整了预计总成本，预计工程总成本已达到9 000 000元。该建筑企业于2004年6月提前两个月完成了合同，工程质量优良，客户同意支付奖励款200 000元。建造该项工程的其他有关资料见表5-1。

表5-1 甲工程成本与价款结算统计表 (元)

年 份	2002	2003	2004
到目前为止已发生的成本（累计）	2 550 000	7 200 000	8 910 000
完成合同尚需发生的成本	5 950 000	1 800 000	—
已结算合同价款	2 750 000	4 320 000	1 930 000
实际收到价款	2 700 000	4 300 000	2 000 000

解 （1）2002年的账务处理及信息披露（为简化起见，账务处理以汇总数反映，有关纳税业务的账务处理略）。

1）2002年的账务处理。

①登记发生的合同成本。

借：工程施工——合同成本 2 550 000

贷：原材料、应付工资、累计折旧等 2 550 000

②登记已结算的合同价款。

借：应收账款 2 750 000

贷：工程结算 2 750 000

③登记实际收到的合同价款。

借：银行存款 2 700 000

贷：应收账款 2 700 000

④确认和计量当年的收入和费用，并登记入账。

2002年的完工进度＝2 550 000/8 500 000＝30％

2002年应确认的合同收入＝8 800 000×30％＝2 640 000（元）

2002年应确认的毛利＝(8 800 000－8 500 000)×30％＝90 000（元）

2002年应确认的合同费用＝2 640 000－90 000＝2 550 000（元）

借：工程施工——合同毛利 90 000

主营业务成本 2 550 000

贷：主营业务收入 2 640 000

2）2002年的信息披露。

①在资产负债表中披露的有关信息。

应收账款：根据应收账款科目余额填列为50 000元（2 750 000－2 700 000）；

已结算未完工款：本项目应在流动负债类项目下列示，反映在建合同已办理结算但尚未完工部分的价款，根据“工程结算”科目余额减“工程施工”科目余额后的差额填列，金额为110 000元（2 750 000－2 550 000－90 000）。

②在利润表中披露的有关信息。

主营业务收入：根据主营业务收入科目本年贷方发生额填列为2 640 000元；

主营业务成本：根据主营业务成本科目本年借方发生额填列为2 550 000元。

③在会计报表附注中披露有关信息。

确定合同完工进度的方法：本例中合同完工进度根据累计实际发生的合同成本占合同预计总成本的比例确定。

在建工程累计已发生的成本：根据工程施工科目的余额扣除毛利后的余额填列，金额为2 550 000元。

在建工程已结算价款：反映在建合同累计已办理结算的工程价款，根据工程结算科目的余额填列，金额为2 750 000元。

合同总金额：8 800 000元。

(2) 2003年的账务处理。

1) 登记发生的合同成本。

借：工程施工——合同成本　　4 650 000

　　贷：原材料、应付工资、累计折旧等　　4 650 000

2) 登记已结算的合同价款。

借：应收账款　　4 320 000

　　贷：工程结算　　4 320 000

3) 登记实际收到的合同价款。

借：银行存款　　4 300 000

　　贷：应收账款　　4 300 000

4) 确认和计量当年的合同收入和费用，并登记入账。

2003年的完工进度＝7 200 000/9 000 000＝80％

2003年确认的合同收入＝8 800 000×80％－2 640 000＝4 400 000(元)

2003年确认的毛利＝(8 800 000－9 000 000)×80％－90 000＝－250 000(元)

2003年确认的合同费用＝4 400 000－(－250 000)＝4 650 000(元)

2003年确认的合同预计损失＝(9 000 000－8 800 000)×(1－80％)＝40 000(元)

借：主营业务成本　　4 650 000

　　贷：主营业务收入　　4 400 000

　　　　工程施工——合同毛利　　250 000

借：管理费用——合同预计损失　　40 000

　　贷：存货跌价准备——合同预计损失准备　　40 000

(3) 2004年的账务处理。

1) 登记发生的合同成本。

借：工程施工——合同成本　　1 710 000

　　贷：原材料、应付工资、累计折旧等　　1 710 000

2) 登记已结算的合同价款。

借：应收账款　　1 930 000

　　贷：工程结算　　1 930 000

3) 登记实际收到的合同价款。

借：银行存款　　2 000 000

　　贷：应收账款　　2 000 000

4) 计量和确认当年的合同收入和费用，并登记入账。

2004年确认的合同收入＝(8 800 000＋200 000)－(2 640 000＋4 400 000)＝1 960 000(元)

2004年确认的毛利＝[(8 800 000＋200 000)－8 910 000]－(90 000－250 000)＝250 000(元)

2004年确认的合同费用＝1 960 000－250 000－40 000＝1 670 000(元)

借：主营业务成本　1 670 000

　　存货跌价准备——合同预计损失准备　40 000

　　工程施工——合同毛利　250 000

　贷：主营业务收入　1 960 000

(4) 2004年工程全部完工，应将工程施工科目的余额与工程结算科目的余额相对冲

借：工程结算　9 000 000

　贷：工程施工——合同成本　8 910 000

　　　工程施工——合同毛利　90 000

(五) 建造合同法组织与实施

企业应成立由总会计师牵头，财务、经营、工程管理等部门组成的建造合同管理领导小组。建造合同管理领导小组主要职责包括指导下属子企业（含项目经理部）建立健全收入、成本管理制度，指导子企业进行合同收入、合同成本预计，监督检查子企业建造合同执行情况。

子企业（含项目经理部）应成立由经理牵头，财务、经营、工程、计统、材料、机械、人事、作业队等部门组成的建造合同执行管理小组。各成员部门具体职责如下：

(1) 经理，主持项目生产经营管理工作，制订项目机构设置和基本管理制度，协调内外关系，签署有关合同、文件，配置各种资源，审批项目生产经营计划，审批经营财务事项，领导组织合同交底、预算编制、变更索赔、合同结算、责任分解、监督检查、分析考核、兑现奖惩等工作。

(2) 财务，拟订项目成本管理制度；确认建造合同的会计核算对象；编制项目制造费用、管理费用、税金及附加、财务费用预算，收集整理各部门单项费用预算并会同各部门编制单位、单项工程成本预算，汇总编制项目收支预算、资金预算表和预算指标分析报告；根据批准的预算和变更资料合理预计合同总收入、合同总成本，选择合适的合同收入和合同费用确认方法；组织项目财务会计核算工作，整理汇总各部门成本分析资料提交小组会议讨论分析，登记整理上报成本分析资料，下达经批准的成本控制改进措施，收集汇报反馈信息；按照要求编报财务会计报表。

(3) 工程，编写优化施工组织设计；审核复核施工图纸，进行分部、分项工程和施工工序的划分；进行清单复核，计算工程数量及材料消耗量，制订工期及人员安排计划，提出机械设备配备方案，实施技术支持和服务，完善工程技术内业资料；清理工程变更项目及变更的相应工作数量，分析索赔项目及索赔的可能性并编制索赔计划，组织变更索赔资料的签认。

(4) 计统，根据项目工期进度要求，编制下达月度、季度、年度、滚动计划；进行调度分析，统计项目完成情况、分析未完成的原因，根据工程情况及时提出调整措施，下达调整计划；组织相关部门对已完单位、单项工程的验收签证，统计在建及未完工程。

(5) 经营，拟订项目预算管理制度；分析投标报价资料，揭示其费用水平偏差情况，根据图纸数量复核、清单单价、变更索赔资料、上级管理费收取情况编制收入预算，计算增加或减少收入的金额并分析原因；进行单项单价、工序费用分析；编制分部、分项工程责任预算；拟订责任承包合同，分解责任预算；监督检查合同执行情况，办理合同计量结算，分析

实际与预算的差别及影响。

(6) 人事，拟订人员培训计划，根据工程需要及时调整人员工种配备；人工费用预算，工时预算，劳动效率指标制订，统计工时消耗和实际人工费用；建立用工档案，结合计划完成、成本管理、安全质量等进行工效和业绩考核，提出工资分配方案。

(7) 材料，编制分部分项工程、分阶段、分种类的材料支出预算；制订落实材料管理措施和办法，建立相关消耗台账；收集整理主要材料的市场信息；按计划严格控制材料购进和发出，编制材料报表；进行实际消耗与相关预算的对比分析。

(8) 机械，机械设备的进出场计划，维修保养计划；编制分部分项工程、分阶段的各种机械设备费用预算，其中主要设备、大额消耗要重点预算；分类统计设备调转费、租赁费、配件消耗、修理支出、水电消耗、油料、消耗；计算单位工作量的机械费用消耗；做好设备运转记录、设备使用效率分析；设备费用摊销，进行实际消耗与预算指标对比分析。

(9) 作业队，根据承包合同和项目部施工计划组织工程施工，按工程进度统计施工过程中各种资源的占用和消耗，组织作业队核算分析考核等工作；加强现场管理，执行落实项目部制订的各种工程施工管理制度和措施。

5.3 工程项目成本表格核算方法

表格核算法是建立在内部各项成本核算基础上，各要素部门和核算单位定期采集信息，填制相应的表格，并通过一系列的表格，形成项目施工成本核算体系，作为支撑项目施工成本核算平台的方法。表格核算法的实施是依靠众多部门和单位的支持，专业性要求不高。一系列表格由有关部门和相关数据提供单位，按有关规定填写，完成数据比较、考核和简单的核算。它的优点是比较简明，直观易懂，易于操作，实时性较好。缺点：①覆盖范围较窄，如核算债权债务等比较困难；②较难实现科学的、严密的审核制度，有可能造成数据失实，精度较差。

表格核算成本的历史较长，一般有以下几个过程：

(1) 项目施工成本收入构成分析。根据确定的“项目施工成本责任总额”分析项目施工成本收入的构成。表格一般由以下几个要素组成：①分部分项的工程报价收入；②分部分项的项目施工成本收入；③两者的差额，即企业经营性的收益；④相关人员的确认。表格的具体形式见表 5-2。

表 5-2 项目责任成本总额确认表

项目名称： 年 月 日 单位：元

工程报价收入		项目责任成本收入		备 注
分部分项名称	价格	分部分项名称	价格	

企业领导： 项目经理：

合约责任人： 项目合约人：

企业人事科：

（2）项目施工成本计划总支出的制订。项目在做好优化施工方案、改进技术措施的基础上，在控制各项目成本开支、落实岗位成本考核指标的基础上，制订项目施工成本计划总支出。表格一般由以下几个要素组成：①各分部分项或岗位的名称；②各分部分项或岗位的“成本控制指标”，或称“项目施工成本计划总支出”；③相关人员的签字或确认。以此作为指导控制项目施工成本支出的依据。表格的具体形式见表5-3。

表5-3　项目施工成本计划支出

项目名称：		年　月　日		单位：元
项目责任成本收入		项目施工成本计划支出		差　额
分部分项名称	价格	分部分项名称	价格	

项目经理：　　　　　　　　　　项目成本会计：

项目合约负责人：

（3）项目责任成本收入的调整。由于工程施工过程中的收入调整和签证而引起的工程报价变化或项目施工成本收入的变化，而且后者更为重要。表格一般由以下要素组成：①原工程报价收入；②原项目施工成本收入总额；③本次调整工程报价收入和项目施工成本收入的额度，后应附工程签证单。表格的具体形式见表5-4。

表5-4　项目责任成本收入调整表

项目名称：		年　月　日		单位：元
项目责任成本收入		项目责任成本变更明细		项目责任成本调整后收入金额
分部分项名称	价格	分部分项名称	价格	

项目经理：　　　　　　　　　　项目成本会计：

项目合约负责人：

以上各项工作一般由项目预算人员和企业合约部门以及项目经理与企业经理等一起依据“项目岗位成本责任合同”等条件共同商定。

（4）月度项目成本收入额的确定。在已确认的工程收入的基础上，按月确定本项目的成本收入。这项工作一般由项目统计员与企业合约部门或统计部门依据项目施工成本核算责任合同中的有关项目成本收入确认方法和标准，进行计算。表格一般由以下要素组成：①当月的主要分部分项的工程收入；②主要分部分项的项目施工成本收入；③项目施工成本收入的计算方法；④相关人员的签字或确认。表格的具体形式见表5-5。

表 5-5 **月度项目成本收入额确认表**

项目名称：		年 月 日		单位：元
工程产值收入		项目成本收入		备 注
分部分项名称	价格	分部分项名称	价格	

企业合约负责人： 项目经理：

项目合约负责人：

企业统计负责人： 项目统计员：

(5) 月度分包成本支出的确定。项目依据当月分部分项的完成情况，结合分包合同和分包商提出的当月完成产值，确定当月的项目分包成本支出，编制“分包成本支出预估表”，这项工程的步骤是：工长提出，预算员初审，项目经理确认，企业合约部门批准。表格一般由以下要素组成：①分包商的名称；②项目岗位成本开支类别和费用预估金额；③相关人员的签字确认。表格的具体形式见表 5-6。

表 5-6 **月度项目分包成本预估支出表**

项目名称：		年 月 日		单位：元
项目成本收入		分包成本预估		差 额
分部分项名称	价格	分部分项名称	价格	

工长： 项目经理：

项目预算员： 企业审核：

(6) 本单位职工工资的结算。由工长落实当月的本单位职工所完成的工日数，劳资员依据人工单位计算其人工费支出，经项目经理确认后，报企业劳资部门批准，计算其工资收入超额工资。当月完成发放后，计入成本中相应科目列支。表格一般由以下要素组成：①职工小组的名称；②项目岗位成本开支类别和费用金额；③相关人员的签字确认。表格的具体形式见表 5-7。

表 5-7 **工资及资金分配表**

项目名称：		年 月		单位：元
工资种类	金 额	岗位耗用对象	金 额	责任人签字
基本工资				
各种补贴				
加班工资				
其他工资				
奖 金				
合 计				

项目经理： 成本会计：

(7) 材料消耗的核算。以已经审核的项目报表为准，由项目材料员和成本核算员计算后，确认其主要材料消耗值和其他材料的消耗值。在分清岗位成本责任的基础上，编制材料耗用汇总表。由材料员依据各工长开具的领料单，汇总计算出材料费支出，经项目经理确认后，报企业物资部门批准。表格一般由以下要素组成：①材料消耗类别；②项目岗位成本开支分类和耗费金额；③相关人员的签字确认。表格的具体形式见表5-8。

表5-8　　材料耗用汇总分配表

项目名称：		年　月		单位：元
材料耗用类别	金　额	材料耗用对象	金　额	责任人签字
黑色金属				
木竹类				
硅酸盐材料				
硅酸盐制品				
砂石材料				
电气材料				
水卫材料				
其他材料				
机械配件				
结构件				
合　计				

材料员：　　　　　　　　　　项目经理：

成本会计：　　　　　　　　　企业审计：

(8) 周转材料租用支出的核算。以工长提供的或财务转入项目的租费确认单为基础，由项目材料员汇总计算，在分清岗位成本责任的前提下，经企业财务部门审核后，落实周转材料租用成本支出，项目经理批准后，编制其费用预估成本支出。待正式结算单到后，将其结算值与预估部分的差额，在分清岗位成本考核对象的基础上调入成本。如果是租用外单位的周转材料，还要经过企业有关部门审批。表格一般由以下要素组成：①周转材料租用类别；②项目岗位成本开支分类和耗费金额；③相关人员的签字确认。表格的具体形式见表5-9。

表5-9　　周转材料租用预估支出表

项目名称：		年　月		单位：元
材料租用类别	金　额	材料租用对象	金　额	责任人签字
钢　管				
钢　模				
扣　件				
竹　木				
合　计				

材料员：　　　　　　　　　　项目经理：

成本会计：　　　　　　　　　企业审计：

（9）水费、电费支出的核算。以机械管理员或财务转入项目的费用确认单为基础，由项目施工成本核算员汇总计算，在分清岗位成本责任的前提下，经企业财务部门审核后，落实水费、电费成本支出，项目经理批准后，编制其费用成本支出。表格一般由以下要素组成：①水费、电费类别；②项目岗位成本开支分类和耗费金额；③相关人员的签字确认。表格的具体形式见表5-10。

表5-10　　水、电费分配表

项目名称：			年　月		单位：元
费用项目	金　额	岗位成本	金　额	责任人	备　注
水费					
电费					

成本员：　　　　　　　　　　项目经理：

管理员：

（10）项目外租机械设备的核算。所谓项目外租机械设备是指项目从企业或企业从外部租入用于项目的机械设备。不管此机械设备是企业的产权还是公司从外部临时租入用于项目施工的，对于项目而言是从外部获得，周转材料也是如此，真正属于项目拥有的机械设备往往只有部分小型机械设备或部分大型工器具。核算程序一般为：以工长提供的或财务转入项目的租费确认单为基础，由项目机械管理员汇总计算，在分清岗位成本责任的前提下，经企业财务部门审核后，落实租用成本支出，项目经理批准后，编制其费用预估成本支出。如果是租用外单位的机械设备，还要经过企业有关部门审批。表格一般由以下要素组成：①机械设备租用类别；②项目岗位成本开支分类和耗费金额；③相关人员的签字确认。表格的具体形式见表5-11。

表5-11　　机械设备租用费分配表

项目名称：			年　月			单位：元
编号	设备名称	单　价	租　价	岗位对象	责任签字	备　注

施工员：　　　　　　　　　　机械管理员：

成本员：　　　　　　　　　　项目经理：

（11）项目自有机械设备、大小型工器具摊销、费用分摊、临时设施摊销等费用开支的核算。由项目施工成本核算员按企业规定的摊销年限，在分清岗位成本责任的基础上，计算按期进入成本的金额。经企业财务部门审核后，经项目经理批准后，按月计算成本支出金额。表格一般由以下要素组成：①费用摊销类别；②项目岗位成本开支分类和耗费金额；③相关人员的签字确认。表格的具体形式见表5-12。

表 5-12 自有机械设备费用分摊表

项目名称：			年 月			单位：元
编号	设备名称	单 价	摊销价	岗位对象	责任签字	备 注

成本员： 机械管理员：

项目经理：

（12）现场实际发生的措施费、各种现场经费等费用开支的核算。由项目施工成本核算员按企业规定的核算类别，在分清岗位成本责任的基础上，按照当期实际发生的金额，计算进入成本的相关明细。经企业财务部门审核后，经项目经理批准后，按月计算成本支出金额。表格一般由以下要素组成：①费用开支类别；②项目岗位成本开支分类和耗费金额；③相关人员的签字确认。表格的具体形式见表 5-13。

表 5-13 其他费用核算表

项目名称：		年 月			单位：元
序号	费 用 类 别	金额	岗位对象	金额	责任人签字
一、	措施费				
1.	安全文明施工				
2.	夜间施工费				
3.	二次搬运费				
4.	冬雨季施工费				
5.	大型机械进出场及安拆费				
6.	施工排水费				
7.	施工降水费				
8.	地上、地下设施，建筑物的临时保护设施费				
9.	已完工程及设备保护费				
二、	现场经费				
1.	管理人员工资奖金				
2.	办公费				
3.	差旅费				
4.	物料消耗				
5.	低值易耗品				
6.	招待费用				
合 计					

项目经理： 成本员：

（13）项目施工成本收支核算。按照已确认的当月项目施工成本收入和各项成本支出，由项目施工成本核算员编制，经项目经理同意，企业财务部门审核后，及时编制项目施工成本收支计算表，完成当月的项目施工成本收入确认。表格一般由以下要素组成：①收支类别；②项目岗位成本开支分类和耗费金额；③相关人员的签字确认。表格的具体形式见表5-14。

表5-14　　月度项目施工成本收支表

项目名称：	年　月			单位：元
序号	费 用 类 别	收入金额	支出金额	备　注
一、	人工费			
1.	定额人工费			
2.	辅助人工费			
二、	材料费			
1.	大宗材料费			
2.	小宗材料费			
3.	二大工具费			
4.	水电费			
三、	机械费			
1.	大型机械费			
2.	小型机械费			
四、	措施费			
1.	安全文明费			
2.	夜间施工费			
3.	二次搬运费			
4.	冬雨季施工费			
5.	大型机械进出场及安拆费			
6.	施工排水费			
7.	施工降水费			
8.	地上、地下设施，建筑物的临时保护设施费			
9.	已完工程及设备保护费			
五、	现场经费			
1.	现场管理人员工资			
2.	办公费			
3.	差旅费			
4.	物料消耗			
5.	低值易耗品摊销			
6.	招待费用			
合　计				

项目成本员：　　　　　　　　企业财务科：

项目预算员：　　　　　　　　企业合约科：

项目经理：　　　　　　　　　企业人事科：

（14）项目施工成本总收支的核算。首先由项目预算员与企业相关部门根据项目施工成本责任总额和工程施工过程中的设计变更以及工程签证等变化因素，落实项目施工成本总收入。由项目施工成本核算员与企业财务部门根据每月的项目施工成本收支确认表中所反映的支出与耗费，经有关部门确认和依据相关条件调整后，汇总计算并落实项目施工成本总支出。在以上基础上，由成本核算员落实项目施工成本总的收入、总的支出和项目施工成本降低水平。其表格一般由以下要素组成：①项目施工成本责任总额和各次调整额度；②项目施工成本的总支出和各期的支出情况；③相关人员的签字确认。表格的具体形式见表5-15。

表5-15　项目施工成本总收支表

项目名称：　　　　　　　　　　年　　月　　　　　　　　　　单位：元

序号	费用类别	收入金额	支出金额	备注
一、	人工费			
1.	定额人工费			
2.	辅助人工费			
二、	材料费			
1.	大宗材料费			
2.	小宗材料费			
3.	三大工具费			
4.	水电费			
三、	机械费			
1.	大型机械费			
2.	小型机械费			
四、	措施费			
1.	安全文明施工费			
2.	夜间施工费			
3.	二次搬运费			
4.	冬雨季施工费			
5.	大型机械进出场及安拆费			
6.	施工排水费			
7.	施工降水费			
8.	地上、地下设施，建筑物的临时保护设施费			
9.	已完工程及设备保护费			
五、	现场经费			
1.	现场管理人员工资			
2.	办公费			
3.	差旅费			
4.	物资消耗			
5.	低值易耗品摊销			
6.	招待费用			
合计				

项目成本员：　　　　　　　　　　　　企业财务科：

项目预算员：　　　　　　　　　　　　企业合约科：

由于表格核算法具有便于操作和表格格式自由的特点，它可以根据项目管理方式和要求设置各种表格式样，因而对项目内各岗位成本的责任核算比较实用。项目内岗位成本责任核算一个较大的特点是数量和金额同时核算考核，如果使用会计核算，一是不能满足核算要求，二是项目各类人员都是非会计专业，对阅读会计数据不内行。因此使用表格法核算项目岗位成本责任，就能便于项目施工成本核算工作的开展。表格核算法在项目施工成本核算工作的早期应用较多，并随着项目施工成本核算工作的深入发展，表格的种类、数量、格式、内容、流程都在不断地发展和改进，以适应各个岗位的成本控制和考核。

随着项目法施工管理的深入开展，对项目经理责任制和项目施工成本核算制的推广考核要求越来越高，要求项目施工成本核算内容更全面，结论更权威。表格核算由于它的局限性，显然不能满足，于是采用会计核算法进行项目施工成本核算已成为目前施工项目成本核算的重要方法。近年来，对项目施工成本核算方法的认识已趋于统一，大量的会计和财务专业毕业生进入企业，改变了企业会计和财务管理的人才结构，为开展项目施工成本核算准备了人才条件。同时，计算机及其网络的使用和普及、财务软件的迅速发展，为开展项目施工成本核算的自动化和信息化提供了可能。目前，项目管理已基本具备了采用会计核算法开展项目施工成本核算的条件。当前，施工项目成本的会计核算一般设在施工项目的上级机关。有条件的企业在项目上设成本会计，进行施工项目成本核算，减少数据的传递，提高数据的及时性，便于与表格核算提供数据接口，必将成为项目施工成本核算的发展趋势。

总的来说，用表格核算法核算项目岗位责任成本，用会计核算法进行施工项目成本核算，两者互补，相得益彰，可确保项目施工成本核算工作的开展。

小　　结

(1) 工程项目成本核算是通过一定的方式、方法，对工程项目施工过程中发生的各种费用成本按照一定的对象进行分配和归集，以计算总成本和单位成本的过程。工程项目施工过程的成本核算一般分为两类三个层次：第一类也是第一层次是工程成本核算，属于法人层次的核算；第二类就是项目施工成本核算，它分为两个层次，即第二层次的项目施工成本核算和第三层次的项目岗位成本责任考核。工程项目成本核算对象是指在计算工程项目成本过程中，确定归集和分配生产费用的具体对象，即生产费用承担的客体。包括法人层次核算对象和内部成本核算对象。

(2) 工程项目成本核算的要求包括：划清成本、费用支出和非成本、费用支出界限；正确划分各种成本、费用的界限；加强成本核算的基础工作；项目成本核算必须有账有据。工程项目成本核算的原则一般具体包括三个方面：衡量核算信息质量的一般原则、确认和计量的一般原则、起修正作用的一般原则。

(3) 工程项目成本核算中，最常用的核算方法有会计核算方法、业务核算方法与统计核算方法，三种方法互为补充，各具特点，形成完整的项目成本核算体系。

(4) 根据《企业会计准则第 15 号——建造合同》的规定，建造合同成本应设置“工程施工”科目（建筑安装企业使用）或“生产成本”科目（船舶等制造企业使用），核算实际发生的合同成本和合同毛利；设置“工程结算”科目，核算根据合同完工进度已向客户开出工程价款结算账单办理结算的价款；设置“应收账款”等科目，核算应收和实际已收的进度款，预收的备料款也在本科目核算；设置“主营业务收入”科目，核算当期确认的合同收入；设置“主营业务成本”科目，核算当期确认的合同费用；设置“管理费用——合同预计损失”科目，核算当期确认的合同预计损失；设置“存货跌价准备——合同损失准备”科目，核算建造合同计提的损失准备。核算建造合同成本的账务处理如下：直接费用在发生时直接计入合同成本；间接费用应在期末按照系统、合理的方法分摊计入合同成本。采用完工百分比法确认合同收入和合同费用，关键要确定工程的完工进度。具体步骤如下：确定建造合同的完工程度，然后根据完工百分比确认和计量当期的合同收入和合同费用。

（5）表格核算法是建立在内部各项成本核算基础上，各要素部门和核算单位定期采集信息，填制相应的表格，并通过一系列的表格，形成项目施工成本核算体系，作为支撑项目施工成本核算平台的方法。一般有以下几个过程：项目施工成本收入构成分析、项目施工成本计划总支出的制定、项目责任成本收入的调整、月度项目成本收入额的确定、月度分包成本支出的确定、本单位职工工资的结算、材料消耗的核算、周转材料租用支出的核算、水费、电费支出的核算、项目外租机械设备的核算、项目自有机械设备、大小型工器具摊销、费用分摊、临时设施摊销等费用开支的核算、现场实际发生的措施费、各种现场经费等费用开支的核算、项目施工成本收支核算、项目施工成本总收支的核算。

思　考　题

1. 什么是工程项目成本核算？工程项目成本核算有什么意义？
2. 工程项目施工过程的成本核算一般分为哪几个层次？
3. 简答对工程项目成本核算对象的理解。
4. 工程项目成本核算的任务是什么？
5. 工程项目成本核算的要求有哪些？
6. 工程项目成本核算的原则有哪些？
7. 工程项目成本核算中最常用的方法有哪些？
8. 工程项目成本会计核算的方式有哪些？
9. 核算建造合同成本应设置的会计科目有哪些？怎样进行账务处理？
10. 什么是表格核算法？一般包括哪几个过程？

第6章 工程项目成本分析

学习目标

(1) 了解影响项目成本变动的因素、工程项目成本分析的目的和作用；

(2) 熟悉项目成本分析的综合指标、工程项目成本分析原则、工程项目成本分析内容；

(3) 掌握工程项目成本分析概念、工程项目成本分析的基本方法、工程项目成本分析的其他方法。

6.1 工程项目成本分析概述

工程项目成本分析也是工程项目成本管理中关键的步骤之一，从前面的成本预测、成本计划到成本核算，都是在为项目成本分析作铺垫，为其提供必要的数据支持和资料支撑，通过提交科学的成本分析报告，最终实现成本控制的目的。

6.1.1 工程项目成本分析概念

工程项目的成本分析，就是根据统计核算、业务核算和会计核算提供的资料，对项目成本的形成过程和影响成本升降的因素进行分析，以寻求进一步降低成本的途径（包括项目成本中的有利偏差的挖潜和不利偏差的纠正）；同时，通过成本分析，可从账簿、报表反映的成本现象看清成本的实质，从而增强项目成本的透明度和可控性，为加强成本控制，实现项目成本目标创造条件。由此可见，工程项目成本分析，也是降低成本，提高项目经济效益的重要手段之一。

6.1.2 工程项目成本变动的影响因素分析

对项目成本变动的影响因素进行分析，是项目成本分析的主要任务，通过对主要的影响因素的总结把握，从宏观上把握项目成本的变动方向和变动原因，找出有效的成本抑制手段，控制项目成本。

影响项目成本变动主要有内外两方面的因素：

(一) 外部因素

外部因素又称市场经济因素，它主要包括项目的规模、项目本身的技术装备水平以及项目的专业化程度、项目团队协作水平、项目参与人员的技术技能和施工人员的操作熟练程度等，这些因素不是在短期内所能改变的，它们是贯穿整个项目实施过程的，对项目成本的变化起着主要作用。这些因素人为改变的可能性不大。

(二) 内部因素

内部因素又称经营管理因素，这些因素主要有直接材料的消耗量、机械设备及能源的利用效率、项目的质量水平、劳动生产率和人工费用水平的合理性等，它们都有可能在项目实施过程中，通过改变管理策略或改善操作流程，得到一定程度的改变，进而减少成本变动。

影响项目成本升降的内外两方面因素，在一定的条件下，是相互制约和相互促进的，共同影响项目成本的变动。在对项目成本进行分析与管理时，项目管理层应该更关注其内部可变影响因素，查明内部因素对项目成本费用变化的影响，把握项目实施过程中存在的主要问题，探寻最优解决途径，不断改善和提高项目管理水平，降低整个项目的成本费用，提高项目经济效益。

6.1.3 工程项目成本分析指标

进行项目成本分析，具体要分析项目实施过程中的各种有用数据，而在一个项目的实施中，数据是庞杂多样的，为了提高项目成本管理效率，项目组会采用一些行业认定的成本分析指标进行比较考察，得出分析结论。这些成本分析指标是同影响项目成本变动的内部、外部因素直接相关的。单单依靠一两个指标进行成本分析，是不能全面反映项目成本发生状况的。项目管理层要依赖科学的数据作出变动决策，自然需要从各个不同的角度反映项目成本，利用种类不同的分析指标，这样可以综合、清晰地反映项目成本耗费状况，并及时将项目的进度、工期、效率、质量等分析同项目成本分析结合进行对比参照，从宏观与微观两方面准确反映项目情况。通常将项目成本分析的综合指标分为三大类：

（一）挣值原理中的各项指标

将计划工作量的预算成本、挣得值、已完工作量的实际成本三者进行比较分析，借助三者之间的费用差异、进度差异以及费用差异百分比、进度差异百分比等指标，除此之外，还有相对数指标的费用绩效指数、进度绩效指数等，都属于挣值原理中的指标，这一原理推广到各工业领域项目管理中以后，在项目管理及控制中的作用日趋完善。

（二）效率比的各项指标

可以通过构造实际与计划相比的相对数指标，来体现项目某些方面的效率，如

$$机械生产率 = 实际台班数 / 计划台班数$$

$$劳动生产率 = 实际使用人工工时 / 计划使用人工工时$$

与此相似的，还可以构造各种材料消耗率及各项费用消耗率，来反映材料消耗及费用耗费方面的效率，在此不再一一赘述。

（三）成本分析指标

通过实际成本与计划项目的比较分析，最后得出的各种比较结果，对已完工项目而言，有

$$成本偏差 = 实际成本 - 计划成本$$

$$成本偏差率 = (实际成本 - 计划成本) / 计划成本 \times 100\%$$

$$利润 = 已完工项目价格 - 实际成本$$

根据各种成本分析指标，可以生成一系列成本项目差异分析表、各分项工程项目成本比较表等，表6-1反映的是主要成本项目差异的分析情况。

这种形式的表格，使得各种数据一目了然，便于进行横向及纵向的比较分析。最后根据表格说明，得出差异分析报告、成本状况报告等。

表 6-1 主要成本项目差异分析表

成本项目	计划值	实际值	偏差	偏差率（比本项目计划成本值）	偏差率（比计划成本总额）
1. 直接费					
其中					
人工费					
材料费					
机械费					
措施费					
2. 间接费					
合　计					

6.1.4 工程项目成本分析的目的和作用

从项目成本分析的概念来看，项目成本分析是为了寻找进一步降低成本的途径，提高项目的经济效益。通过项目成本分析，可以从项目账簿及报表中反映的成本现象看清成本实质，进而增强项目成本的透明度和可控性，最终加强成本控制，为实现项目成本目标创造条件。

（一）恰当评价项目成本计划的执行效果

评价项目成本计划的执行效果，单纯凭借项目成本核算是不够的，必须在项目成本核算的基础上，进行深入的项目成本分析，则可能做出比较正确的评价。

（二）明晰成本超支原因

一个项目实施过程中，有很多的不可控因素，致使项目成本不可能完全与成本计划保持一致，多数情况下，都会存在项目成本超支现象。超支的原因多种多样，项目的可行性研究设计、项目目标计划以及项目技术、组织、管理等任何一项出现问题，都会导致成本发生变化，造成项目成本超支，真正的原因要通过项目成本分析得以明晰。

根据成本超支的具体成本对象，采用适当的定性分析方法和定量分析方法，得出成本分析结论，找出成本超支的关键因素所在。原因分析是成本责任分配与成本控制措施的基础，具体的成本超支原因主要有：成本计划数据本身不准确，估值有误，预算过低，采用了不适当的低价策略；天气、物价、不可抗力事件等外部原因；实施管理过程中存在的不恰当控制、成本责任不明、劳动生产率过低、采购劣质材料或原材料浪费严重等问题；项目范围及设计的变更、完工标准的提高等，都是造成项目成本超支的重要因素。明晰发生成本超支的原因，能对症下药，采取相应的解决措施，及时挽回损失，改善管理，最终实现项目成本有效控制。

（三）寻找降低成本措施

找到降低成本的有效措施，是项目成本分析的最终目标和主要作用。通过对项目成本超支原因的具体分析，找到压缩成本的突破口，将降低成本的措施与项目的工期、质量、合同等相关因素通盘考虑，选用比原计划更为有力的措施，缩小项目范围，提高生产效率，降低项目成本。如：采用耗材少的工艺流程、替代成本高的原材料、重新选择原料供应商等降低成本措施。

在实行降低成本措施的时候要注意以下几个问题：

从项目一开始时就要牢固树立成本控制观念，不放过任何有可能发生成本超支的情况，因为成本超支在一定程度上是一个积累的过程，一旦成本失控，会导致计划成本无力应对整个项目工程。

当发生成本超支时，不能仅仅以降低成本为目的，节约一切开支，包括必须耗用的成本，虽然项目成本管理的最终目的就是要降低成本消耗，但是在降低成本的同时，必须把握住"度"，因为成本的过分降低也会导致一些得不偿失的后果。如：项目质量下降、项目工期延长，甚至会造成更大的经济损失。

在发生成本超支采取措施时，一定要使措施的选择与项目的设计、进度等其他方面相一致，与项目的其他参与人员或投资者相协调。唯有如此，才能最大限度地发挥其作用，使措施起到应有地降低成本的效果。

6.1.5　工程项目成本分析的原则和内容

（一）工程项目成本分析的原则

从成本分析效果出发，工程项目成本分析应该符合以下原则：

(1) 实事求是。在成本分析当中，必然会涉及一些人和事，也会有表扬和批评。受表扬的当然风光，受批评的未必都能"闻过则喜"，因而常常会有一些不愉快的场面出现，乃至影响成本分析的效果。因此，成本分析一定要有充分的事实依据，应用"一分为二"的辩证方法，对事物进行实事求是的评价，并要尽可能做到措辞恰当，能为绝大多数人所接受。

(2) 要用数据说话。成本分析要充分利用统计核算、业务核算、会计核算和有关辅助记录（台账）的数据进行定量分析，尽量避免抽象的定性分析。定量分析对事物的评价更为精确，更令人信服。

(3) 要注重时效。要注重时效也就是要做到成本分析及时，发现问题及时，解决问题及时。否则，就有可能贻误解决问题的最好时机，甚至造成问题成堆，积重难返，发生难以挽回的损失。

(4) 要为生产经营服务。成本分析不仅要揭露矛盾，而且要分析矛盾产生的原因，并为解决矛盾献计献策，提出积极有效地解决矛盾的合理化建议。这样的成本分析必然会深得人心，从而受到项目经理和有关项目管理人员的配合和支持，使工程项目的成本分析更健康地开展下去。

此外，还应坚持以下原则：全面分析与重点分析相结合的原则；专业分析与群众分析相结合的原则；纵向分析与横向分析相结合的原则；事后分析与事前、事中分析相结合的原则。

（二）工程项目成本分析的内容

工程项目成本分析应与成本核算对象的划分同步。一般而言，工程项目成本分析主要包括以下几个方面。

(1) 随着项目施工的进展而进行的成本分析，包括：①分部分项工程成本分析；②月（季）度成本分析；③年度成本分析；④竣工成本分析。

(2) 按目标成本项目进行的成本分析，包括：①人工费分析；②材料费分析；③机械使用费分析；④措施费分析；⑤间接成本分析。

(3) 针对专项成本事项进行的成本分析，包括：①成本盈亏异常分析；②工期成本分析；③质量成本分析；④资金成本分析；⑤技术组织措施节约效果分析；⑥其他有利因素和不利因素对成本影响的分析。

6.2 工程项目成本分析的基本方法

项目成本涵盖项目的方方面面，需要成本分析的指标多种多样，必然要求在不同情况下，有不同的分析方法与之相适应。在项目成本估算和项目决策等前期工作中，所使用的方法属于事前成本分析方法；而在项目成本控制阶段，利用的成本分析方法则属于事后成本分析方法。而按照一般的分类原则，将项目成本分析方法分为基本成本分析方法（比较分析法、因素分析法和差额计算法等），综合成本分析方法，专项成本分析方法和目标差异分析方法。

6.2.1 比较分析法

比较分析法又称指标对比分析法，是通过技术经济指标的对比，检查目标的完成情况，分析产生差异的原因，进而挖掘内部潜力的方法。这种方法具有通俗易懂、简单易行、便于掌握的特点，因而得到了广泛的应用，但在应用时必须注意各项技术经济指标的可比性。比较法的应用通常有下列形式：

(1) 将实际指标与目标指标对比，以此检查目标的完成情况，分析完成目标的积极因素和影响目标完成的原因，以便及时采取措施，保证成本目标的实现。在进行实际指标与目标指标对比时，还应注意目标本身的质量。如果目标本身出现质量问题，则应调整目标，重新正确评价实际工作的成绩，以免挫伤人的积极性。

(2) 将本期实际指标与上期实际指标对比。通过这种对比，可以看出各项技术经济指标的动态情况，反映施工项目管理水平的提高程度。在一般情况下，一个技术经济指标只能代表施工项目管理的一个侧面，只有成本指标才是施工项目管理水平的综合反映，因此，成本指标的对比分析尤为重要，一定要真实可靠，而且要有深度。

(3) 与本行业平均水平、先进水平对比。通过这种对比，可以反映本项目的技术管理和经济管理水平与其他项目管理的平均水平和先进水平的差距，进而采取措施赶超先进水平。

以上三种对比可以在一张表上同时反映出来。例如，某项目本年节约“三材”（水泥、钢材、木材）的目标为90万元，实际节约100万元；上年节约80万元；本企业先进水平节约110万元。根据上述资料编制分析表，如表6-2所示。

表6-2 实际指标与目标指标、上期指标、先进水平对比表 （万元）

指 标	本年计划数	上年实际数	企业先进水平	本年实际数	差 异 数		
					与计划比	与上年比	与先进比
“三材”节约额	90	80	110	100	10	20	−10

6.2.2　因素分析法

因素分析法又称连锁置换法或连环替代法。因素分析法是将某一综合性指标分解为各个相互关联的因素，通过测定这些因素对综合性指标差异额的影响程度进而分析评价计划指标执行情况的方法。在成本分析中采用因素分析法，就是将构成成本的各种因素进行分解，测定各个因素变动对成本计划完成情况的影响程度，据此对企业的成本计划执行情况进行评价，并提出进一步的改进措施。在进行分析时，首先要假定若干因素中的一个因素发生了变化，而其他因素则不变，然后逐个替换，并分别比较其计算结果，以确定各个因素变化对成本的影响程度。因素分析法的计算步骤如下：

(1) 将要分析的某项经济指标分解为若干个因素的乘积。在分解时应注意经济指标的组成因素应能够反映形成该项指标差异的内在构成原因，否则，计算的结果就不准确。如材料费用指标可分解为产品产量、单位消耗量与单价的乘积。但它不能分解为生产该产品的天数、每天用料量与产品产量的乘积。因为这种构成方式不能全面反映产品材料费用的构成情况。

(2) 计算经济指标的实际数与基期数（如计划数，上期数等），从而形成了两个指标体系。这两个指标的差额，即实际指标减基期指标的差额，就是所要分析的对象。各因素变动影响所要分析的经济指标完成情况的合计数，应与该分析对象相等。

(3) 确定各因素的替代顺序。在确定经济指标因素的组成时，其先后顺序就是分析时的替代顺序。在确定替代顺序时，应从各个因素相互依存的关系出发，使分析的结果有助于分清经济责任。替代的顺序一般是先替代数量指标，后替代质量指标；先替代实物量指标，后替代货币量指标；先替代主要指标，后替代次要指标。

(4) 计算替代指标。其方法是以基期数为基础，用实际指标体系中的各个因素，逐步顺序地替换。每次用实际数替换基数指标中的一个因素，就可以计算出一个指标。每次替换后，实际数保留下来，有几个因素就替换几次，就可以得出几个指标。在替换时要注意替换顺序，应采取连环的方式，不能间断，否则，计算出来的各因素的影响程度之和，就不能与经济指标实际数与基期数的差异额（即分析对象）相等。

(5) 计算各因素变动对经济指标的影响程度。其方法是将每次替代所得到的结果与这一因素替代前的结果进行比较，其差额就是这一因素变动对经济指标的影响程度。

(6) 将各因素变动对经济指标影响程度的数额相加，应与该项经济指标实际数与基期数的差额（即分析对象）相等。

上述因素分析法的计算过程可用以下公式表示：

设某项经济指标 N 是由 A、B、C 三个因素组成的。在分析时，若是用实际指标与计划指标进行对比，则计划指标与实际指标的计算公式如下

计划指标　$N_0=A_0\times B_0\times C_0$

实际指标　$N_1=A_1\times B_1\times C_1$

分析对象为 N_1-N_0 的差额

采用因素分析法测定各因素变动对指标 N 的影响程度时，各项计划指标，实际指标及替代指标的计算公式如下

计划指标　$N_0=A_0\times B_0\times C_0$　①

第一次替代 $N_2 = A_1 \times B_0 \times C_0$ ②

第二次替代 $N_3 = A_1 \times B_1 \times C_0$ ③

实际指标 $N_1 = A_1 \times B_1 \times C_1$ ④

各因素变动对指标 N 的影响数额计算如下

由于 A 因素变动的影响 = ② − ① = $N_2 - N_0$

由于 B 因素变动的影响 = ③ − ② = $N_3 - N_2$

由于 C 因素变动的影响 = ④ − ③ = $N_1 - N_3$

将上述三个项目相加，即为各因素变动对指标 N 的影响程度，它与分析对象应相等。

假设 N 是由 A、B、C、D、E、F、…、n 个因素组成的，则将做 n 次替代。在此不再赘述。

【例 6-1】 某工程浇筑一层结构商品混凝土，目标成本为 397 800 元，实际成本412 080 元，比目标成本增加 14 280 元。根据表 6-3 的资料，用“因素分析法”分析其成本增加的原因。

表 6-3 **商品混凝土目标成本与实际成本对比表**

项目		计划	实际	差额
因素	产量（m^3）	500	510	7956
	单价（元）	780	800	10 404
	损耗率（%）	2	1	−4080
成本（元）		397 800	412 080	14 280

解 分析对象

$$N_1 - N_0 = \text{实际成本} - \text{计划成本} = 14\ 280\ \text{元}$$

已知

$$\text{成本} = \text{产量} \times \text{单价} \times (1 + \text{损耗率})$$

计划指标 $N_0 = 500 \times 780 \times 1.02 = 397\ 800$(元)

第一次替代（产量因素）$N_2 = 510 \times 780 \times 1.02 = 405\ 756$(元)

第二次替代（单价因素）$N_3 = 510 \times 800 \times 1.02 = 416\ 160$(元)

实际指标（损耗率因素）$N_1 = 510 \times 800 \times 1.01 = 412\ 080$(元)

各因素变动对指标 N 的影响数额按下式计算

由于产量因素变动的影响 = 405 756 − 39 7800 = 7956(元)

由于单价因素变动的影响 = 416 160 − 405 756 = 10 404(元)

由于损耗率因素变动的影响 = 412 080 − 416 160 = −4080(元)

产量增加使成本增加了 7956 元，单价提高使成本增加了 10 404 元，而损耗率下降使成本减少了 4080 元。

各因素的影响程度之和 = 7956 + 10 404 − 4080 = 14 280(元)，与实际成本和目标成本的总差额相等。

为了使用方便，企业也可以运用因素分析表来求出各因素的变动对实际成本的影响程度，其具体形式见表 6-4。

表 6-4　商品混凝土成本变动因素分析　(元)

顺　序	循环替换计算	差异	因　素　分　析
计划数	500×780×1.02=397 800	—	—
第一次替换	510×780×1.02=405 756	7956	由于产量增加 $10m^3$，使成本增加了 7956 元
第二次替换	510×800×1.02=416 160	10 404	由于单价提高 20 元，使成本增加了 10 404 元
第三次替换	510×800×1.01=412 080	−4080	由于损耗率下降 1%，使成本减少了 4080 元
合　计	7956+10 404−4080=14 280	14 280	由于三因素综合变动，使成本增加了 14 280 元

应当说明的是，采用因素分析法时应注意一下注意的问题：

(1) 注意因素分解的关联性。

(2) 注意因素替代的顺序性。

(3) 注意顺序替代的连环性。即计算每一个因素变动时，都是在前一次计算的基础上进行，并采用连环比较的方法确定因素变化影响结果。

(4) 注意计算结果的假定性。连环替代法计算的各因素变动的影响数，会因替代计算的顺序不同而有差别，即其计算结果只是在某种假定前提下的结果，为此，财务分析人员在具体运用此方法时，应注意力求使这种假定是合乎逻辑的假定，是具有实际经济意义的假定，这样，计算结果的假定性，就不会妨碍分析的有效性。

6.2.3　差额计算法

差额计算法是因素分析法的一种简化形式，它是利用各个因素的目标值与实际值的差额来计算其对成本的影响程度。

【例 6-2】 对［例 6-1］用“差额计算法”分析其成本增加的原因。

解　分析对象　$N_1 - N_0 =$ 实际成本 − 计划成本 = 14 280 元

已知　　成本 = 产量 × 单价 × (1 + 损耗率)

由于产量因素变动的影响 = (510 − 500) × 780 × 1.02 = 7956(元)

由于单价因素变动的影响 = 510 × (800 − 780) × 1.02 = 10 404(元)

由于损耗率因素变动的影响 = 510 × 800 × (1.01 − 1.02) = − 4080(元)

各因素的影响程度之和=7956+10 404−4080=14 280(元)，与实际成本和目标成本的总差额相等。

6.2.4　比率分析法

比率分析法是用两个以上指标的比例进行分析的方法。它的基本特点是：先把对比分析的数值变成相对数，再观察其相互之间的关系。常用的比率法有以下几种。

(一) 相关比率法

由于项目经济活动的各个方面是互相联系，互相依存，又互相影响的，因而将两个性质不同而又相关的指标加以对比，求出比率，并以此来考察经营成果的好坏。例如，产值和工资是两个不同的概念，但它们的关系又是投入与产出的关系，在一般情况下，都希望以最少的人工费支出完成最大的产值。因此，用产值工资率指标来考核人工费的支出水平就很能说明问题。

（二）构成比率法

通过构成比率，可以考察成本总量的构成情况以及各成本项目占成本总量的比例，同时也可看出量、本、利的比例关系（即预算成本、实际成本和降低成本的比例关系），从而为寻求降低成本的途径指明方向。

（三）动态比率法

动态比率法就是将同类指标不同时期的数值进行对比，求出比率，用以分析该项指标的发展方向和发展速度。动态比率的计算通常采用基期指数（或稳定比指数）和环比指数两种方法。

6.2.5 “两算对比”法

（一）“两算”对比的概念

“两算”是指施工图预算和施工预算。施工图预算是确定工程造价的依据，施工预算是施工企业控制工程成本的尺度；“两算对比”即施工预算和施工图预算进行对比。

施工预算是施工企业内部在工程施工前，以单位工程为对象，根据施工劳动定额与补充定额编制的，用来确定一个单位工程中各楼层、各施工段上每一分部分项工程的人工、材料、机械台班需要的量和直接费的文件。施工预算由说明书和表格组成。说明书包括工程性质、范围及地点，图纸会审及现场勘察情况，工期及主要技术措施，降低成本措施以及尚存问题等。表格主要包括施工预算工料分析表、工料汇总表及分部工程的两算对比表等。施工预算可作为施工企业编制工作计划、安排劳动力和组织施工的依据；可作为向班组签发施工任务单和限额领料卡的依据；可作为计算工资和奖金、开展班组经济核算的依据；可作为开展基层经济活动分析，进行“两算”对比的依据。

施工图预算是由设计单位根据设计图纸与预算定额编制而成的预算文件，是确定工程预算造价，签订建筑安装合同，实行建设单位和施工单位投资包干和办理工程结算的依据。实行招标的工程，预算是工程价款标底的主要依据。正确编制施工图预算，有利于建设单位合理使用投资，有利于施工单位进行经营管理，加强经济核算，多快好省地完成生产任务。施工图预算经施工单位审定后，施工单位可与建设单位签订工程施工合同。施工图预算可直接作为建筑工程的包干投资额。单位工程竣工后，施工单位即据此与建设单位进行结算。建设银行根据审定后的施工图预算办理工程建设建筑安装的拨款，监督建设与施工单位双方按工程进度办理预支和结算。施工单位根据施工图预算，编制材料计划、劳动力计划、机械台班计划、财务计划及施工计划等进行施工准备，组织施工力量，组织材料备料，推行先进的施工方法，提高劳动生产率，加强建筑企业内部经济核算，从而降低工程成本。

施工预算与施工图预算虽然按同一施工图为依据编制，但两者不同，其主要差别如下：

(1) 所用的定额不同。施工预算采用施工定额编制，施工图预算采用预算定额编制。两种定额的分项工程子目划分、包括的工作内容、定额数量标准等都有差别，故计算的结果也不同。即使在当前没有全国统一施工定额的情况下，施工预算的人工数量按劳动定额确定，材料和机械部分是套用预算定额，但也不是把预算定额中所给的材料和机械台班数量全部照抄，而是按施工实际需要确定。对预算定额中给定的材料和机械台班在实际工程中不需要的不能列入，而预算定额中没有列出的材料和机械，在实际施工中必须使用的还应增加。因此，施工预算和施工图预算在材料和施工机械消耗数量方面也存在差别。

（2）预算的内容不同。施工图预算的任务是确定施工项目的预算造价，因此，它的内容主要是计算费用。而施工预算不但要确定施工所消耗的实物量，通常还要计算这些实物量的价值（其内容包括分析计算所需人工、材料和机械台班数量及其费用）。所以，施工图预算主要是算“费”，而施工预算即要算“量”又要算“费”，这是两者的主要差别。

（3）所起的作用不同。施工图预算计算出的工程造价，是施工企业向建设单位办理工程价款的依据。施工预算计算出的价值，是施工企业内部使用的计划成本，是企业内部进行经济核算的依据。前者是施工企业为完成合格产品所收入的最高限额，后者是施工企业为完成合格产品所支付的直接费。因此，施工预算费用不能超过施工图预算的直接费，否则施工企业就需从工程取费中支付成本消耗而造成亏损。

可见，施工图预算确定的是工程预算成本，施工预算确定的是工程计划成本，它们是从不同角度计算的两本经济账。“两算”的核心是工程量对比。尽管“两算”使用定额不同、主要作用不同、工程量计算要求不同、计算方法不同、预算水平与深度不同，但二者的主要工程量应当是一致的。如果“两算”的工程量不一致，必定有一份出现了问题，应当认真检查并解决问题。

“两算”对比是建筑施工企业加强经营管理的手段。通过施工预算和施工图预算的对比，可预先找出节约或超支的原因，研究解决措施，实现对人工、材料和机械的事先控制，避免发生计划成本亏损。找到企业计划与社会平均先进水平的差异，从而控制实际成本的消耗。通过对各分项“费差”（即价格的差异）和“量差”（即工、料、机消耗数量的差异）的分析，可以找到主要问题及其主要的影响因素，采取防止超支的措施，尽可能地减少人工、材料和机具设备的消耗。对于进一步制订人工、材料（包括周转性材料）、机械设备消耗和资金运用等计划，有效地主动控制实际成本消耗，促进施工项目经济效益的不断提高，不断改善施工企业与现场施工的经营管理等，都有着十分重要的意义。

“两算”对比可收到下列经济效果：

1）对单位工程经济收支的正确预测，做到心中有数，利于工作安排；

2）对主要项目的工程量，如果用工、用料及机械台班耗用量有超过定额的情况时，可以分析查找原因，并及时解决，可防止多算、漏算的发生；

3）有利于管理部门严格控制人工、材料、机械的使用，有效克服浪费现象，提高经济效益。同时可在“两算”对比的基础上，制订明确的经济目标。

（二）“两算”对比方法

“两算”对比以施工预算所包括的项目为准，对比内容包括主要项目工程量、用工数及主要材料消耗量，但具体内容应结合各项目的实际情况而定。“两算”对比可采用实物量对比法和实物金额对比法。

（1）实物量对比法。实物量是指分项工程中所消耗的人工、材料和机械台班消耗的实物数量。对比是将“两算”中相同项目所需要的人工、材料和机械台班消耗量进行比较，或以分部工程及单位工程为对象，将“两算”的人工、材料汇总量相比较。因“两算”各自的项目划分不完全一致，为使两者具有可比性，常常需要经过项目合并、换算之后才能进行对比。由于预算定额项目的综合性较施工定额项目大，故一般是合并施工预算项目的实物量与预算定额项目相对应，然后再进行对比。

表 6 - 5 提供了砌筑砖墙分项工程的“两算”对比情况。

表 6 - 5　砌筑砖墙分项工程的“两算”对比表

项目名称	数量（m³）	内　容	人工材料种类		
			人工（工日）	砂浆（m³）	砖（千块）
一砖墙	245.8	施工预算 施工图预算	322.0 410.6	54.8 55.1	128.1 128.6
1/2 砖墙	6.4	施工预算 施工图预算	10.3 115	1.24 1.39	3.56 4.05
合　计	252.2	施工预算 施工图预算	332.3 422.1	56.04 56.49	131.66 132.65
		“两算”对比差额 “两算”对比差额率	+89.8 +21.27%	+0.45 +0.80%	+0.99 +0.75%

（2）实物金额对比法。实物金额是指分项工程所消耗的人工、材料和机械台班的金额费用。由于施工预算只能反映完成项目所消耗的实物量，并不反映其价值，为使施工预算与施工图预算进行金额对比，就需要将施工预算中的人工、材料和机械台班的数量乘以各自的单价，汇总成人工费、材料费和机械台班使用费，然后与施工图预算的人工费、材料费和机械台班使用费相比较。表 6 - 6 提供了某项目若干分部工程实物金额对比的“两算”对比表。

表 6 - 6　某项目若干分部工程实物金额对比的“两算”对比表

序号	项　目	施工图预算			施工预算			数量差			金额差		
		数量	单价	合计	数量	单价	合计	节约	超支	%	节约	超支	%
一	直接费（元）												
1	人工（元）												
2	材料（元）												
3	机械（元）												
二	分部工程												
1	土方工程（元）												
2	砖石工程（元）												
3	钢筋混凝土工程（元）												
4	其他												
三	材料												
1	板方料（m³）												
2	钢筋（t）												
3	其他												

（三）"两算"对比的有关说明

（1）人工数量。一般施工预算应低于施工图预算工日数的10%～15%，这是因为施工定额与预算定额水平不一样。在预算定额编制时，考虑到在正常施工组织的情况下工序搭接及土建与水电安装之间的交叉配合所需停歇时间，工程质量检查及隐蔽工程验收而影响的时间和施工中不可避免的少量零星用工等因素，留有10%～15%定额人工幅度差。

（2）材料消耗。一般施工预算应低于施工图预算的消耗量。由于定额水平不一致，有的项目会出现施工预算消耗量高于施工图预算消耗量的情况，这时，需要调查分析，根据实际情况调整施工预算用量后再分析对比。

（3）机械台班数量及机械费的"两算"对比。由于施工预算是根据施工组织设计或施工方案规定的实际进场施工机械种类、型号、数量和工作时间编制计算机械台班，而施工图预算的定额的机械台班是根据一般配置，综合考虑，大多以金额表示，所以，一般以"两算"的机械费用相对比，且只能核算搅拌机、卷扬机、塔吊、汽车吊和履带吊等大中型机械台班费是否超过施工图预算机械费。如果机械费大量超支，在没有特殊情况下，应改变施工采用的机械方案，尽量做到不亏本，略有盈余。

（4）脚手架工程的金额对比。脚手架工程无法按实物量进行"两算"对比，只能用金额对比。施工预算是根据施工组织设计或施工方案规定的脚手架内容计算工程量和费用的，而施工图预算按定额综合考虑，按建筑面积计算脚手架的摊销费用。

6.3 工程项目成本分析的其他方法

6.3.1 综合成本的分析方法

所谓综合成本是指涉及多种生产要素，并受多种因素影响的成本费用，如分部分项工程成本、月（季）度成本、年度成本等。由于这些成本都是随着项目施工的进展而逐步形成的，与生产经营有着密切的关系。因此，做好上述成本的分析工作无疑将促进项目的生产经营管理，提高项目的经济效益。

（一）分部分项工程成本分析

分部分项工程成本分析是工程项目成本分析的基础，分部分项工程成本分析的对象为已完工的分部分项工程。分析的步骤是：进行预算成本、计划成本和实际成本的对比，分别计算实际偏差和目标偏差，分析偏差产生的原因，为今后的分部分项工程成本寻求节约途径。分部分项工程成本分析的资料来源分别是：预算成本来自施工图预算，计划成本来自施工预算，实际成本来自施工任务单的实际工程量、实耗人工和限额领料单的实耗材料。

由于施工项目包括很多分部分项工程，不可能也没有必要对每一个分部分项工程都进行成本分析，特别是一些工程量小、成本费用微不足道的零星工程。但是，对于那些主要分部分项工程，则必须进行成本分析，而且要做到从开工到竣工进行系统的成本分析。这是一项很有意义的工作，因为通过主要分部分项工程成本的系统分析，可以基本上了解项目成本形成的全过程，为竣工成本分析和今后的项目成本管理提供一份宝贵的参考资料。分部分项工程成本分析表的格式见表6-7。

表6-7 分部分项工程成本分析表

单位工程：

分部分项工程名称： 工程量： 施工班组： 施工日期：

工料名称	规格	单位	单价	预算成本		计划成本		实际成本		实际与预算比较		实际与计划比较	
				数量	金额	数量	金额	数量	金额	数量	金额	数量	金额
合计													
实际与预算比较（预算成本＝100%）													
实际与计划比较（计划成本＝100%）													
节超原因说明													

（二）月（季）度成本分析

月（季）度成本分析是施工项目定期的、经常性的中间成本分析，对于有一次性特点的施工项目来说，有着特别重要的意义。因为，通过月（季）度成本分析，可以及时发现问题，以便按照成本目标指示的方向进行监督和控制，保证项目成本目标的实现。月（季）度成本分析的依据是当月（季）的成本报表。分析的内容通常有以下几个方面。

(1) 通过实际成本与预算成本的对比，分析当月（季）的成本降低水平；通过累计实际成本、累计预算成本的对比，分析累计的成本降低水平，预测实现项目成本目标的前景。

(2) 通过实际成本与计划成本的对比，分析计划成本的落实情况以及目标管理中的问题和不足，进而采取措施，加强成本管理，保证成本计划的落实。

(3) 通过对各成本项目的成本分析，可以了解成本总量的构成比例和成本管理的薄弱环节。例如，在成本分析中，发现人工费、机械费和间接费等项目大幅度超支，就应该对这些费用的收支配比关系认真研究，并采取对应的增收节支措施，防止今后再超支。如果是属于预算定额规定的"政策性"亏损，则应从控制支出着手，把超支压缩到最低限度。

(4) 通过主要技术经济指标的实际与计划的对比，分析产量、工期、质量、"三材"节约率、机械利用率等对成本的影响。

(5) 通过对技术组织措施执行效果的分析，寻求更加有效的节约途径。

(6) 分析其他有利条件和不利条件对成本的影响。

（三）年度成本的分析

企业成本要求一年结算一次，不得将本年度成本转入下一年度。而项目成本则以项目的寿命周期为结算期，要求从开工到竣工到保修期结束连续计算，最后结算出成本总量及其盈亏。由于项目的施工周期一般都比较长，除了要进行月（季）成本的核算和分析外，还要进行年度成本的核算和分析。这不仅是为了满足企业汇编年度成本报表的需要，同时也是项目成本管理的需要，通过年度成本的综合分析，可以总结一年来成本管理的成绩和不足，为今后的成本管理提供经验和教训，从而可对项目成本进行更有效的管理。

年度成本分析的依据是年度成本报表，年度成本分析的内容除了月（季）度成本分析的六个方面以外，重点是针对下一年度的施工进展情况规划切实可行的成本管理措施，以保证工程项目成本目标的实现。

（四）竣工成本的综合分析

凡有几个单位工程而且是单独进行成本核算（即成本核算对象）的施工项目，其竣工成本分析应以各单位工程竣工成本分析资料（见表6-8）为基础，再加上项目经理部的经营效益（如资金调度、对外分包等所产生的效益）进行综合分析。如果施工项目只有一个成本核算对象（单位工程），就以该成本核算对象的竣工成本资料作为成本分析的依据。

单位工程竣工成本分析应包括以下三方面内容：①竣工成本分析；②主要资源节超对比分析；③主要技术节约措施经济效果分析。

通过以上分析，可以全面了解单位工程的成本构成和降低成本的来源，对今后同类工程的成本管理很有参考价值。

6.3.2　成本项目的分析方法

（一）人工费分析

在实行管理层和作业层两层分离的情况下，项目施工需要的人工和人工费由项目经理部与施工队签订劳务承包合同，明确承包范围、承包金额和双方的权利、义务。对项目经理部来说，除了按合同规定支付劳务费以外，还可能发生一些其他人工费支出，主要包含以下内容：①因实物工程量增减而调整的人工和人工费；②定额人工以计日工资（如果已按定额人工的一定比例由施工队包干，并已列入承包合同的，不再另行支付）；③对在进度、质量、节约、文明施工等方面作出贡献的班组和个人进行奖励的费用。

项目经理部应根据上述人工费的增减，结合劳务合同的管理进行分析。

（二）材料费分析

材料费分析包括主要材料、结构件和周转材料使用费的分析以及材料储备的分析。

（1）主要材料和结构件费用的分析。主要材料和结构件费用的高低主要受价格和消耗量的影响。而材料价格的变动又要受采购价格、运输费用、途中损耗、来料不足等因素的影响；材料消耗数量的变动也要受操作损耗、管理损耗和返工损失等因素的影响，可在价格变动较大和数量超异常的时候再作深入分析。为了分析材料价格和消耗数量的变化对材料和结构件费用的影响程度，可按下列公式计算：

因材料价格变动对材料费的影响

(预算价格 − 实际价格)×消耗数量

因消耗数量变动对材料费的影响

(预算用量 − 实际用量)×预算价格

（2）周转材料使用费分析。在实行周转材料内部租赁制的情况下，项目周转材料费的节约或超支取决于周转材料的周转利用率和损耗率。如果周转慢，周转材料的使用时间就长，就会增加租赁费支出，而超过规定的损耗更要照原价赔偿。周转利用率和损耗率的计算公式如下

周转利用率 =(实际使用数×租用期内的周转次数)/(进场数×租用期)

S损耗率 = 退场数 / 进场数

表 6-8

单位工程竣工成本分析表

项目	预算成本		实际成本		降低额	降低率		主要工、料、结构件节超对比表														
	金额	比重	金额	比重		占本项	占合计	项目	名称	单位	用量			单价	金额	名称	单位	用量			单价	金额
一、直接成本											预算	实际	节超					预算	实际	节超		
1. 人工费									人工	工日												
其中									水泥	t						钢木	元					
分包人工费																模板摊销						
2. 材料费									黄沙	t						油毛毡	卷					
结构件									石子	t						油漆	g					
周转材料费									同一砖	千块						玻璃	m^2					
3. 机械使用费								材料费	多孔砖	千块												
4. 措施费									商品混凝土	m^3												
二、间接成本									石灰	t												
工程成本									沥青	t												
									木材	m^3						材料费小计	t					
									混凝土制品	m^3						其他铁件	t					
								结构件	钢门窗	m^2						预埋铁件						
									木制品	m^2												
									成型钢筋	t						结构件小计						
									大型机械进退场费	元						土方运费	元					
主要技术节约措施及经济效益分析																						

（3）采购保管费分析。材料采购保管费属于材料的采购成本，包括材料采购保管人员的工资、工资附加费、劳动保护费、办公费、差旅费以及材料采购保管过程中发生的固定资产使用费、工具用具使用费、检验试验费、材料整理及零星运费和材料物资的盘亏及毁损等。材料采购保管费一般应与材料采购数量同步，即材料采购多，采购保管费也会相应增加。因此，应该根据每月实际采购的材料数量（金额）和实际发生的材料采购保管费，计算材料采购保管费支出率。作为前后期材料采购保管费的对比分析之用。

材料采购保管费支用率的计算公式如下

材料采购保管费支用率 = 计算期实际发生的采购保管费 / 计算期实际采购的材料总量

（4）材料储备资金分析。材料的储备资金是根据日平均用量、材料单价和储备天数（即从采购到进场所需要的时间）计算的。上述任何一个因素的变动，都会影响储备资金的占用量。对材料储备资金的分析可以应用因素分析法。

（三）机械使用费分析

由于项目施工管理的项目经理部一般不拥有自己的机械设备，而是随着施工的需要，向企业动力部门或外单位租用。在机械设备的租用过程中，存在着两种情况：①按产量进行承包，并按完成产量计算费用的，如土方工程，项目经理部只要按实际挖掘的土方工程量结算挖土费用，而不必过问挖土机械的完好程度和利用程度；②按使用时间（台班）计算机械费用，如塔吊、搅拌机、砂浆机等，如果机械完好率差，在使用中调度不当，必然会影响机械的利用率，从而延长使用时间，增加使用费用。因此，项目经理部应该给予一定的重视。

由于建筑施工的特点，在流水作业和工序搭接上往往会出现某些必然或偶然的施工间隙，影响机械的连续作业。有时，又因为加快施工进度和工种配合，需要机械日夜不停地运转。这样，难免会有一些机械利用率很高，也会有一些机械利用不足，甚至租而不用。利用不足，台班费需要照付，租而不用，则要支付停留台班费，这些都将增加机械使用费的支出。因此，在机械设备的使用过程中，必须以满足施工需要为前提，加强机械设备的平衡调度，充分发挥机械的效用；同时，还要加强平时的机械设备的维修和保养工作，提高机械的完好率，保证机械的正常运转。

（四）措施费分析

措施费是指在工程项目施工准备及施工过程中发生的非工程实体项目的费用，措施费的分析主要应通过预算与实际数的比较来进行。如果没有预算数，可以计划数代替预算数。

（五）间接成本分析

间接成本是指为施工准备、组织施工生产和管理所需要的费用，主要包括现场管理人员的工资和进行现场管理所需要的费用。间接成本的分析也应通过预算（或计划）数与实际数的比较来进行。

6.3.3　专项成本分析方法

（一）成本盈亏异常分析

对施工项目来说，成本出现盈亏异常情况必须引起高度重视，彻底查明原因，并立即加以纠正。检查成本盈亏异常的原因应从经济核算的“三同步”入手，即检查完成多少产值、消耗多少资源和发生多少成本之间的同步关系。如果同步关系异常，就会发生成本的盈亏异常。“三同步”检查是提高项目经济核算水平的有效手段，不仅适用于成本盈亏异常的检查，也可用于月度成本的检查。“三同步”检查可以通过以下五方面的比分析来实现：①产值与施工任务单的实际工程量和形象进度是否同步。②资源消耗与施工任务单的实耗人工、限额领料单的实耗材料、当期租用的周转材料和施工机械是否同步。③其他材料（如材料差价、超高费、井点抽水的打拨费和台班费等）的产值统计与实际支付是否同步。④预算成本与产值统计是否同步。⑤实际成本与资源消耗是否同步。

把以上五方面的同步情况查明以后，成本盈亏的原因就会一目了然。月度成本盈亏异常情况分析表的格式见表 6-9。

表 6-9　　　　月度成本盈亏异常情况分析表

工程名称：

结构层数：　　　　　　　　年　　月份　　　　　　　　　预算造价：　　　　万元

到本月末的形象进度						
累计完成产值	万元	累计点交预算成本	万元			
累计发生实际成本	万元	累计降低或亏损	金额		率	%
到本月末的形象进度						
本月完成产值	万元	本月点交预算成本	万元			
本月发生实际成本	万元	本月降低或亏损	金额		率	%

（二）工期成本分析

工期的长短与成本的高低有着密切的关系。在一般情况下，工期越长管理费用支出越多；工期越短管理费用支出越少。间接成本的支出，基本上是与工期长短成正比增减的，是进行工期成本分析的重点。

工期成本分析就是计划工期成本与实际工期成本的比较分析。所谓计划工期成本，是指在假定完成预期利润的前提下计划工期内所耗用的计划成本；而实际工期成本则是在实际工期中耗用的实际成本。

工期成本分析的方法一般采用比较法，即将计划工期成本与实际工期成本进行比较，然后应用因素分析各种因素的变动对工期成本差异的影响程度。进行工期成本分析的前提条件是根据施工图预算和施工组织设计进行量本利分析，计算施工项目的产量、成本和利润的比例关系，然后用固定成本核算除以合同工期，求出每月支出的固定成本。

（三）资金成本分析

资金成本的关系就是工程收入与成本支出的关系。根据工程成本核算的特点，工程收入与成本支出有很强的配比性，在一般情况下，都希望工程收入越多越好，成本支出越少越好。

施工项目的资金来源主要是工程款收入；而施工耗用的人、财、物的货币表现则是工程成本支出。因此，减少人、财、物的消耗，既能降低成本，又能节约资金。

进行资金成本分析通常应用成本支出率指标，即成本支出占工程款收入的比例。计算公式如下

$$成本支出率 = 计算期实际成本支出 / 计算期实际工程款收入 \times 100\%$$

通过对成本支出率的分析可以看出资金收入中占用于成本支出的比重有多大，也可通过加强资金管理来控制成本支出，还可联系储备金和结存资金的比重，分析资金使用的合

理性。

（四）技术组织措施执行效果分析

技术组织措施是施工项目降低工程成本、提高经济效益的有效途径。因此，在开工以前都要根据工程特点编制技术组织措施计划，列入施工组织设计。在施工过程中，为了落实施工组织设计所列技术组织措施计划，可以结合月度施工作业计划的内容编制月度技术组织措施计划，同时，还要对月度技术组织措施计划的执行情况进行检查和考核。

在实际工作中，往往有些措施已按计划实施，有些措施并未实施，有一些措施则是计划以外的，因此在检查和考核措施计划执行情况的时候，必须分析未按计划实施的具体原因，做出正确的评价，以免挫伤有关人员的积极性。

对执行效果的分析也要实事求是，既要按理论计算，又要联系实际，对节约的实物进行验收，然后根据实际节约效果论功行赏，以激励有关人员执行技术组织措施的积极性。技术组织措施必须与施工项目的工程特点相结合，技术组织措施有很强的针对性和适应性（当然也有各施工项目通用的技术组织措施）。计算节约效果的方法一般按以下公式计算

$$措施节约效果 = 措施前的成本 - 措施后的成本$$

对节约效果的分析，需要结合技术组织措施的内容和执行经过来进行。有些措施难度比较大但节约效果并不高；而有些措施难度并不大，但节约效果却很高。因此，在对技术组织措施执行效果进行考核的时候，也要根据不同情况区别对待。对于在项目施工管理中影响比较大、节约效果比较好的技术组织措施应该以专题分析的形式进行深入详细地分析，以便推广应用。

（五）其他有利因素和不利因素对成本影响的分析

在项目施工过程中，必然会有很多有利因素，同时也会碰到不少不利因素。不管是有利因素还是不利因素，都将对项目成本产生影响。对待这些有利因素和不利因素，项目经理要有预见，有抵御风险的能力，同时还要把握机遇，充分利用有利因素，积极争取转换不利因素。这样就会更有利于项目施工，也更有利于项目成本的降低。这些有利因素和不利因素包括工程结构的复杂性和施工技术上的难度，施工现场的自然地理环境（如水文、地质、气候等）以及物资供应渠道和技术装备水平等。它们对项目成本的影响需要根据施工中接触到的实际情况具体问题具体分析。

小　　结

（1）工程项目的成本分析是根据统计核算、业务核算和会计核算提供的资料，对项目成本的形成过程和影响成本升降的因素进行分析，以寻求进一步降低成本的途径（包括项目成本中的有利偏差的挖潜和不利偏差的纠正）；同时，通过成本分析，可从账簿、报表反映的成本现象看清成本的实质，从而增强项目成本的透明度和可控性，为加强成本控制，实现项目成本目标创造条件。影响项目成本变动主要有内外两方面的因素。

（2）通常将项目成本分析的综合指标分为三大类，即挣值原理中的各项指标、效率比的各项指标、成本分析指标。

（3）工程项目成本分析的目的和作用表现为恰当评价项目成本计划的执行效果、明晰成本超支原因、寻找降低成本措施。

（4）工程项目成本分析应该符合以下原则：实事求是，要用数据说话，要注重时效，要为生产经营服务。此外还应坚持以下原则：全面分析与重点分析相结合的原则；专业分析与群众分析相结合的原则；纵向分析与横向分析相结合的原则；事后分析与事前、事中分析相结合的原则。工程项目成本分析内容应与成本核算对象的划分同步。

（5）工程项目成本分析的基本成本分析方法包括比较分析法、因素分析法、差额计算法、比率分析法、“两算对比”法。工程项目成本分析的其他方法包括综合成本的分析方法、成本项目的分析方法、专项成本分析方法。

思　考　题

1. 什么是工程项目成本分析?
2. 影响项目成本变动的因素有哪些?
3. 项目成本分析的综合指标分为哪几大类?
4. 工程项目成本分析的目的和作用是什么?
5. 工程项目成本分析原则有哪些?
6. 工程项目成本分析内容如何?
7. 工程项目成本分析的基本方法有哪些?
8. 工程项目成本分析的其他方法有哪些?

第7章 工程项目成本考核

学习目标

(1) 了解工程项目成本考核与绩效考核的关系、绩效考核原则、绩效沟通的主要表现；

(2) 熟悉绩效定量考核方法、关键绩效指标的特点；

(3) 掌握工程项目成本考核概念和应遵循的原则、工程项目成本考核的内容、工程项目成本考核的方法、工程项目成本考核应注意的问题、项目岗位成本考核的意义和内容、项目岗位成本考核方法、工程项目成本考核指标。

7.1 工程项目成本考核与绩效考核

7.1.1 工程项目成本考核与绩效考核的关系

绩效考核是指考评主体对照工作目标或绩效标准，采用科学的方法，评定员工的工作任务完成情况、员工的工作职责履行程度和员工的发展情况，并且将评定结果反馈给员工的过程。简而言之，绩效考核是指收集、分析、传递有关个人的在其工作岗位上的工作行为表现和工作结果方面的信息情况的过程。

工程项目成本考核是指项目经理部在施工过程中和工程项目竣工时对工程预算成本、计划成本及有关指标的完成情况进行考核、评比，通过考核，使工程成本得到更加有效的控制，更好地完成成本降低任务。

在激烈的市场竞争下，随着工程量清单报价的施行，建筑施工企业作为传统的劳动密集型企业，其盈利空间逐渐缩小，加之工程让利、带资施工，给建筑施工企业带来巨大的挑战。如何客观面对市场，加强自身成本控制的能力，成为各建筑施工企业面临的紧迫课题。推行项目成本管理过程绩效考核是建筑施工企业加强成本管理的需要，也是必然趋势，其前提是进行目标成本策划、指标分解。随着建筑施工企业向管理型、效益型企业的发展转变，过程管理绩效考核也越来越体现出其必要性和紧迫性，而成本管理绩效考核是绩效考核中的重中之重，是建筑施工企业生存的命脉。

7.1.2 绩效考核原则

实施绩效考核时要掌握以下原则：

(1) 公开性原则。公开性原则是指让被考评者了解考核的程序、方法和时间等事宜，提高考核的透明度。

(2) 客观性原则。客观性原则是指以事实为依据进行评价与考核，避免主观臆断和个人情感因素的影响。

(3) 开放沟通原则。开放沟通原则是指通过考核者与被考评者沟通，解决被考评者工作中存在的问题与不足。

(4) 差别性原则。差别性原则是指对不同类型的人员进行考核内容要有区别。

(5) 常规性原则。常规性原则是指将考核工作纳入日常管理，成为常规性管理工作。

(6) 发展性原则。发展性原则是指考核的目的在于促进人员和团队的发展与成长，而不是惩罚。

(7) 立体考核原则。立体考核原则将增强考核结果的信度与效度。

1) 信度是指考核结果的一致性和稳定性程度，即用同一考核方法和程序对员工在相近的时间内所进行的两次测评结果应当是一致的。影响考绩信度的因素有考核者和被考评者的情绪、疲劳程度、健康状况等，也有与考核标准有关的因素，如考核项目的数量和程序，忽略了某些重要的考核维度，不同的考核者对所考核维度的意义及权重有不同的认识等，这些因素都会降低考绩的信度。为了提高考绩的信度，在进行考核前应首先对考核者进行培训，并使考核的时间、方法与程序等尽量标准化。

2) 效度是指考核结果与真正的工作绩效的相关程度，即用某一考核标准所测到的是否是真正想测评的东西。为了提高考绩的效度，应根据工作职责设置考核的维度和每一维度的具体考核项目，在充分调查研究的基础上确定每一项目等级设定的级差数以及不同维度的权重数，并着重考核具体的、可量化测定的指标，不要流于泛泛的一般性考核。绩效考核过程中不可避免地存在这样或那样的偏差，一定程度上影响着绩效考核的公正性、客观性。因此，要克服近因效应、光环效应、暗示效应等干扰，全面、客观、公正地对被考评者的工作进行评价，同时要进行必要的培训，以减小偏差，使考核的有效性最大化。

(8) 及时反馈原则。及时反馈原则是指便于被考评者提高绩效，考核者及时调整考核方法。

7.1.3 绩效沟通

目标设定和绩效沟通是绩效考核真正的核心。目标设定好了，绩效沟通有成效，完成绩效结果是水到渠成的事情。一个绩效管理的过程，就是一个绩效沟通的过程。对管理者来说，绩效沟通有助于管理者及时了解员工工作状况，针对员工问题进行相应的辅导支持。对员工来讲，能及时得到自己工作反馈信息和主管帮助，不断改进不足。通过绩效沟通，使管理者与员工能够真诚合作，形成绩效伙伴关系，管理者的工作会更轻松，员工绩效会大幅度提高。绩效管理就成了很简单的事情。

要想让绩效沟通顺利进行，必须进行几方面的准备，首先通过培训、宣传，让主管和员工们认识到绩效沟通的重要性和好处。同时，让人们学会绩效沟通的方法。然后从制度上建立系统的沟通制度，让员工尤其是主管有责任、有义务进行沟通。这样，人员对沟通的态度也会发生显著变化，从原来的抵触到愿意沟通了。

绩效沟通主要体现在四个方面：目标制订沟通、目标执行沟通、绩效反馈沟通、绩效改进沟通。四个方面相互配合，层层递进，共同构成了企业的沟通系统。

(一) 目标制订的沟通

(1) 沟通时间。在员工绩效目标制订时进行沟通。

(2) 沟通方式。沟通方式主要采取双方面交流沟通进行。

(3) 沟通内容。沟通内容包括三个方面，即绩效目标本身、绩效实施措施和目标所需支持。

(4) 目标本身。目标一定是经过双方交流沟通确定的。在这个过程中，需要主管向员工明确说明：企业的整体目标是什么？为了完成这样的整体目标，部门的目标是什么？为了达到这样的目标，对员工的期望是什么？对员工的工作应当制订什么样的标准？检查的方法和措施是什么？完成目标后有什么奖惩措施等。通过对目标的交流，员工对自身目标就有一个全面的了解，在执行目标的过程中就会心中有数。

(5) 绩效实施措施。目标应该采取什么样的措施和手段完成，哪些是关键环节或过程，应该如何应对等，这是双方交流的重要内容。因为不同的实现手段导致的结果会很不一样。

(6) 目标所需支持。完成目标需要什么样的支持条件，需要什么样的资源，需要企业或者主管提供什么样的帮助，这都需要在目标沟通中确定，这样主管可以提早做好相应准备，调动相关资源，保证员工全力以赴的完成任务。

通过目标制订的沟通，防止主管硬派任务、员工被动接受的情况，员工对自己确定的目标的认可度就会大大提升。通过实施措施和资源的保证，员工能够感受到主管的全力支持，就会对完成目标充满信心。同时，通过目标制订沟通，主管对人才也能有效鉴别。

(二) 目标执行沟通

(1) 沟通时间。在目标执行、实施过程中进行例行和随机的沟通。

(2) 沟通方式。沟通方式采取例会、正式交流、非正式交流、例行检查、文件汇报等。

(3) 沟通内容。沟通内容包括员工关键节点沟通，员工问题沟通和目标实现手段沟通。

(4) 员工关键节点沟通。通过对先前绩效实施措施的说明，主管就会对员工的目标完成实施手段有一定的了解。对于哪些是决定目标完成的关键节点、关键路径主管也会心中有数。在关键环节，主管就需要适时的监督沟通，看看员工完成的结果怎样，进度怎样。不在关键节点沟通，如果员工隐瞒进度或问题，就有可能严重影响目标完成，不仅员工个人目标完不成，还可能会影响整个部门的目标拖后。

(5) 员工问题沟通。主管布置完任务，还是要为部属的绩效完成情况负责。当部属在目标完成过程中出现问题、困难，这时主管应该帮助部属分析原因，解决困难和问题。

(6) 目标实现手段沟通。主管要对员工实施目标的手段进行监督，防止员工为达目的不择手段，采取了危害企业长远利益的行为。如果出现这种情况，主管就需要及早制止。对于员工好的方法措施也要及时表扬推广。

(三) 绩效反馈沟通

(1) 沟通时间。在主管对员工的绩效评估打分结束后进行。

(2) 沟通内容。沟通内容包括本次评估结果说明，员工完成/未完成目标原因分析，下一阶段目标交流。

(3) 本次评估结果说明。主管要把本次评估的结果向员工说明，同时把打分的结果、依据和相关证明资料向员工展示，让员工感到主管的评估是有理有据的。同时，主管要听取员工对本次目标自评的结果和相应的依据。这样双方对照，并根据实际情况对评估结果进行适当的修正。这样的评估结果就会更有说服力。

(4) 员工完成/未完成目标原因分析。对于未完成目标，需要主管和员工共同分析原因，看看是外因还是内因所致。如果是外因，是因为客观环境变化还是企业内部流程、制度有问题导致。如果是内因，要分析是员工的知识能力不足、经验不够还是态度欠缺。如果是态度欠缺，还需要仔细分析，到底是什么原因导致，是企业激励措施不好、内部管理有问题，还是员工自身态度有问题。对这些问题，都需要追根究底，找出背后真正的原因，并采取相应的解决措施。如果是员工知识能力不足，就需要安排相应的培训辅导；如果是经验不够，就需要多安排锻炼机会。如果是员工自身态度问题导致完不成任务，就需要进行批评教育，必要的进行惩罚甚至辞退。对于完成目标，要分析员工是如何完成目标的。是个人努力所致，还是外部环境有利。如果是外部环境有利，如市场需求激增、所属区域发达等因素，使员工不费吹灰之力就完成了目标，还要分析这种有利因素是暂时的还是长久的，企业是否需要修改应对措施等。如果是个人努力，也需要仔细交流，员工采取了什么样的方法措施，有没有经验可以吸收借鉴，可不可以推而广之等。

下一阶段目标交流：绩效面谈不仅仅是谈过去，更重要的谈未来发展。绩效管理是一个往复循环的过程，一个考核周期的结束，往往是下一阶段的开始。因此，对未来目标的确定就成了本次沟通的重要组成部分。双方对下一阶段目标要达成一致，对实现目标所采取的措施和相应的支持条件也要形成共同意见。

（四）绩效改进沟通

（1）沟通时间。贯穿于目标完成的全过程。

（2）沟通方式。沟通方式采取例会、正式/非正式交流、例行检查、文件汇报等。

（3）沟通内容。沟通内容侧重员工的绩效改进情况

（4）员工绩效改进沟通。对反馈面谈中员工自身欠缺的因素，或者是不适当的目标完成方式，在绩效改进过程中，主管要进行跟进监督，看看情况是否得到了落实，是否采取措施予以纠正，并创造性的提高。在一定的时间节点，对员工改进的情况进行评估，让员工看到自己还存在的差距和不足。

绩效改进沟通常常不会单独进行，它与绩效实施沟通相互穿插，并贯穿于目标完成的全过程。在绩效实施沟通中，既对本阶段目标执行情况进行沟通，又会对上一阶段绩效改进情况进行沟通。这样员工绩效改进就更有利于目标的执行。

总之，四个阶段的绩效沟通是循序渐进、缺一不可的。员工目标制订得好、执行得好、改进得好，完成绩效目标就是自然而然的事情。绩效结果也就不会出乎意料，因为在平时的沟通中，员工们已就自己的业绩情况和主管达成共识，考核只是对平时沟通的复核和总结而已。通过动态、持续的沟通，主管与员工的关系就会更加融洽，员工的绩效逐步提升，整个团队绩效也会水涨船高。企业的整体绩效就朝向更好的方向发展。这样，员工、主管和企业就会实现共赢。绩效管理就真正成了企业绩效的促进器，推动着企业不断前进。

7.1.4 绩效定量考核方法

绩效定量考核采用了三类评价方法，即相对评价法、绝对评价法和描述法。

（一）相对评价法

（1）序列比较法。序列比较法是对按员工工作成绩的好坏进行排序考核的一种方法。在考核之前，首先要确定考核的模块，但是不确定要达到的工作标准。将相同职务的所有员工在同一考核模块中进行比较，根据他们的工作状况排列顺序，工作较好的排名在前，工作较差的排名在后。最后，将每位员工几个模块的排序数字相加，就是该员工的考核结果。总数越小，绩效考核成绩越好。

（2）相对比较法。相对比较法是对员工进行两两比较，任何两位员工都要进行一次比较。两名员工比较之后，相对较好的员工记“1”，相对较差的员工记“0”。所有的员工相互比较完毕后，将每个人的得分相加，总分越高，绩效考核的成绩越好。

（3）强制比例法。强制比例法是指根据被考核者的业绩，将被考核者按一定的比例分为几类（最好、较好、中等、较差、最差）进行考核的方法。

（二）绝对评价法

（1）目标管理法。目标管理是通过将组织的整体目标逐级分解直至个人目标，最后根据被考核人完成工作目标的情况来进行考核的一种绩效考核方式。在开始工作之前，考核人和被考核人应该对需要完成的工作内容、时间期限、考核的标准达成一致。在时间期限结束时，考核人根据被考核人的工作状况及原先制订的考核标准来进行考核。

（2）关键绩效指标法。关键绩效指标法是以企业年度目标为依据，通过对员工工作绩效特征的分析，据此确定反映企业、部门和员工个人一定期限内综合业绩的关键性量化指标，并以此为基础进行绩效考核。

（3）等级评估法。等级评估法根据工作分析，将被考核岗位的工作内容划分为相互独立的几个模块，在每个模块中用明确的语言描述完成该模块工作需要达到的工作标准。同时，将标准分为几个等级选项，如“优、良、合格、不合格”等，考核人根据被考核人的实际工作表现，对每个模块的完成情况进行评估。总成绩便为该员工的考核成绩。

（4）平衡计分卡。平衡计分卡从企业的财务、顾客、内部业务过程、学习和成长四个角度进行评价，并根据战略的要求给予各指标不同的权重，实现对企业的综合测评，从而使得管理者能整体把握和控制企业，最终实现企业的战略目标。

（三）描述法

（1）全视角考核法。全视角考核法，即上级、同事、下属、自己和顾客对被考核者进行考核的一种考核方法。通过这种多维度的评价，综合不同评价者的意见，则可以得出一个全面、公正的评价。

（2）重要事件法。重要事件是指考核人在平时注意收集被考核人的“重要事件”，这里的“重要事件”是指那些会对部门的整体工作绩效产生积极或消极重要影响的事件，对这些表现要形成书面记录，根据这些书面记录整理和分析，最终形成考核结果。

绩效定量管理法正是在不同的时期和不同的工作状况下，通过对数据的科学处理，及时、准确地考核，协调落实收入、能力、分配关系。

7.1.5　关键绩效指标体系建立

（一）关键绩效指标概念

关键绩效指标（Key Performance Indicators，KPI），是管理中“计划—执行—评价”中“评价”不可分割的一部分，反映个体/组织关键业绩贡献的评价依据和指标。KPI是指标，不是目标，但是能够借此确定目标或行为标准；是绩效指标，不是能力或态度指标；是关键绩效指标，不是一般所指的绩效指标。

（二）关键绩效指标特点

关键绩效指标是用于衡量工作人员工作绩效表现的量化指标，是绩效计划的重要组成部分。关键绩效指标具备如下几项特点：

(1) KPI 来自于对企业战略目标的分解。这首先意味着，作为衡量各职位工作绩效的指标，KPI 所体现的衡量内容最终取决于企业的战略目标。当 KPI 构成企业战略目标的有效组成部分或支持体系时，它所衡量的职位便以实现企业战略目标的相关部分作为自身的主要职责；如果 KPI 与企业战略目标脱离，则它所衡量的职位的努力方向也将与企业战略目标的实现产生分歧。

KPI 来自于对企业战略目标的分解，其第二层含义在于，KPI 是对企业战略目标的进一步细化和发展。企业战略目标是长期的、指导性的、概括性的，而各职位的关键绩效指标内容丰富，针对职位而设置，着眼于考核当年的工作绩效、具有可衡量性。因此，关键绩效指标是对真正驱动企业战略目标实现的具体因素的发掘，是企业战略对每个职位工作绩效要求的具体体现。

最后一层含义在于，KPI 随企业战略目标的发展演变而调整。当企业战略侧重点转移时，KPI 必须予以修正以反映企业战略新的内容。

(2) KPI 是对绩效构成中可控部分的衡量。企业经营活动的效果是内因外因综合作用的结果，这其中内因是各职位员工可控制和影响的部分，也是 KPI 所衡量的部分。KPI 应尽量反映员工工作的直接可控效果，剔除他人或环境造成的其他方面影响。例如，销售量与市场份额都是衡量销售部门市场开发能力的标准，而销售量是市场总规模与市场份额相乘的结果，其中市场总规模则是不可控变量。在这种情况下，两者相比，市场份额更体现了职位绩效的核心内容，更适于作为 KPI。

(3) KPI 是对重点经营活动的衡量。每个职位的工作内容都涉及不同的方面，高层管理人员的工作任务更复杂，但 KPI 只对其中对企业整体战略目标影响较大，对战略目标实现起到不可或缺作用的工作进行衡量。KPI 是对重点经营活动的衡量，而不是对所有操作过程的反映。

(4) KPI 是组织上下认同的。KPI 不是由上级强行确定下发的，也不是由本职职位自行制订的，它的制订过程由上级与员工共同参与完成，是双方所达成的一致意见的体现。它不是以上压下的工具，而是组织中相关人员对职位工作绩效要求的共同认识。

KPI 所具备的特点，决定了 KPI 在组织中举足轻重的意义。

1) 作为企业战略目标的分解，KPI 的制订有力地推动企业战略在各单位各部门得以执行。

2) KPI 为上下级对职位工作职责和关键绩效要求有了清晰的共识，确保各层各类人员努力方向的一致性。

3) KPI 为绩效管理提供了透明、客观、可衡量的基础。

4) 作为关键经营活动的绩效的反映，KPI 帮助各职位员工集中精力处理对企业战略有最大驱动力的方面。

5) 通过定期计算和回顾 KPI 执行结果，管理人员能清晰了解经营领域中的关键绩效参数，并及时诊断存在的问题，采取行动予以改进。

具体来看 KPI 有助于：根据组织的发展规划/目标计划来确定部门/个人的业绩指标；监测与业绩目标有关的运作过程；及时发现潜在的问题，发现需要改进的领域，并反馈给相应部门/个人；KPI 输出是绩效评价的基础和依据。

当企业、部门乃至职位确定了明晰的KPI体系后，可以把个人和部门的目标与企整体的目标联系起来；对于管理者而言，阶段性地对部门/个人的KPI输出进行评价和控制，可引导正确的目标发展；可以集中测量企业所需要的行为；可以定量和定性地对直接创造利润和间接创造利润的贡献作出评估。

【例7-1】 某企业项目经理关键绩效考核指标见表7-1。

表7-1　某企业项目经理关键绩效考核指标

KPI	考核目的	绩效标准
对合同单位违约处理的及时性、合理性	严格监督各合同单位按照合同进行工作	在项目组处理权限内的违约行为处理时间不超过（ ）天，处理不当的不超过（ ）次
对与合同单位结算所提建议的合理性	保证结算的合理性	对合同结算所提合理化建议不少于（ ）条
对合同单位考核评价所提建议的合理性、准确性	客观公正地对合同单位进行评价，有利于考核的公正性、有效性	对合同单位考核评价所提合理化建议不少于（ ）条
提出项目采购计划的准确性、合理性	根据实际需要，及时合理提出采购计划	采购计划与实际不符之处不超过（ ）处
对项目目标完成情况进行测定的准确性、科学性	科学测定项目质量、成本、工期、安全文明、费用目标，做好项目考核	所测目标发现与实际不吻合之处不超过（ ）处
图纸会审和设计交底工作的严密性	为顺利施工打下良好的基础	提出合理化建议不少于（ ）条
制订项目月度工作计划的及时性、科学性	定期制作月度工作计划，保证项目的进度	未按期制订月度工作计划次数不超过（ ）次，计划出现不合理之处不超过（ ）处
执行项目组职责、制度的标准性	通过对项目组职责、制度的有力执行，保证项目管理工作的有效性	项目组职责执行不当之处不超过（ ）处，制度执行有疏漏之处不超过（ ）处
工程量审查的准确性	严把质量审查关，质量不过关不算工作量	对未符合质量标准而被确认为工程量的不超过（ ）处
监督检查工程建设质量的力度	发挥现场监督的作用，做好工程质量监督	发现工程质量问题不少于（ ）处
项目进展情况公布的及时性	准确公布项目进展情况，让各部门及时了解进度	未能及时公布的次数不超过（ ）次，公布有误不超过（ ）次
质量事故和突发事件处理的及时性	及时解决问题，保证项目及时安全地进行	未能及时处理的次数不超过（ ）次，处理不当不超过（ ）次

7.2 工程项目成本考核的实施

7.2.1 工程项目成本考核的意义

工程项目成本考核是指项目经理部在施工过程中和工程项目竣工时对工程预算成本、计划成本及有关指标的完成情况进行考核、评比。通过考核，使工程成本得到更加有效的控制，更好地完成成本降低任务。

工程项目成本考核的目的在于贯彻落实责、权、利相结合的原则，促进成本管理工作的健康发展，更好地完成工程项目的成本目标。在工程项目的成本管理中，项目经理和所属部门、施工队直到生产班组都有明确的成本管理责任，而且有定量的责任成本目标。通过定期和不定期的成本考核，既可对他们加强督促，又可调动他们对成本管理的积极性。

工程项目成本管理是一个系统工程，而成本考核则是系统的最后一个环节。如果对成本考核工作抓得不紧，或者不按正常的工作要求进行考核，前面的成本预测、成本控制、成本核算、成本分析都将得不到及时正确的评价。这不仅会挫伤有关人员的积极性，而且会给今后的成本管理带来不可估量的损失。

工程项目的成本考核，特别要强调施工过程中的中间考核，这对具有一次性特点的工程项目来说尤为重要。因为通过中间考核发现问题，还能"亡羊补牢"，而竣工后的成本考核虽然也很重要，但对成本管理的不足和由此造成的损失已经无法弥补。

工程项目的成本考核可以分为两个层次：①企业对项目经理的考核；②项目经理对所属部门、施工队和班组的考核。通过层层考核，督促项目经理、责任部门和责任者更好地完成自己的责任成本，从而形成实现项目成本目标的层层保证体系。

7.2.2 工程项目成本考核的原则

工程项目成本考核除了遵循绩效考核的一般原则外，还需遵循以下原则。

(1) 以国家的方针政策、法规和成本管理制度为考核的依据。要使项目经理提高施工经营管理水平、搞活经济、降低成本、提高竞争能力，首先要遵守国家的政策、法规，施工管理和成本管理条例及实施细则，严格执行国家规定的成本开支范围和费用开支标准，确保工程质量和用户满意。因此，对工程项目成本进行考核时，必须以国家的政策法令为依据，检查、评价工程项目成本控制和管理工作。

(2) 以工程项目成本计划为考核的依据。工程项目成本计划是项目经理和职工的奋斗目标。因此，成本考核必须以计划为标准，检查成本计划的完成程度，查明成本升降的原因，从而更好地做好成本控制工作，促使项目经理更好地完成和超额完成成本计划规定的指标。

(3) 以真实可靠的工程项目成本核算资料为考核的基础。考核项目成本必须依据真实、可靠的成本核算资料。如果成本核算资料不全面、不真实，也就失去考核控制的基础。因此，在成本考核控制之前，首先要对成本核算所提供的各项数据进行认真的检查和审核，只有在数据真实、准确、可靠的基础上，才能对成本进行考核、评价和控制。

(4) 以降低成本、提高经济效益为考核目标。全面成本管理和成本控制的最终目的是降低成本，使项目经理能以最少的施工耗费，取得最大的经济效益。因此，通过成本核算考核控制，要有利于调动职工的积极性、创造性，挖掘一切内部潜力，使获得最佳经济效益。对于能够节约消耗，有效控制成本的，应根据其贡献大小给予奖励；对于浪费资财，控制不力的应追究其经济责任。

7.2.3 工程项目成本考核的内容

工程项目成本考核的内容应该包括责任成本完成情况的考核和成本管理工作业绩的考核。从理论上讲，成本管理工作扎实，必然会使责任成本更好地落实，但是，影响成本的因素很多，而且有一定的偶然性，往往会使成本管理工作得不到预期的效果，因此，为了鼓励有关人员对成本管理的积极性，应该通过考核对他们的工作业绩作出正确的评价。

根据工程项目成本考核的层次，确定对应的工程项目成本考核的内容。

（一）企业对项目经理考核的内容

（1）项目成本目标和阶段成本目标的完成情况。

（2）建立以项目经理为核心的成本管理责任制的落实情况。

（3）成本计划的编制和落实情况。

（4）对各部门、各施工队和班组责任成本的检查和考核情况。

（5）在成本管理中贯彻责权利相结合原则的执行情况。

（二）项目经理对所属各部门、各施工队和班组考核的内容

（1）对各部门的考核内容。

1）本部门、本岗位责任成本的完成情况。

2）本部门、本岗位管理责任的执行情况。

（2）对各施工队的考核内容。

1）对劳务合同规定的承包范围、承包内容的执行情况。

2）劳务合同以外的补充收费情况。

3）对班组施工任务单的管理情况以及班组完成施工任务后的考核情况。

（3）对生产班组的考核内容（平时由施工队考核）。以分部分项工程成本作为班组的责任成本，以施工任务单和限额领料单的结算资料为依据，与施工预算进行对比，考核班组责任成本的完成情况。

7.2.4 工程项目成本考核的实施

（一）工程项目成本考核采取的方法

工程项目成本考核可采取评分制，具体方法：先按考核内容评分，然后按7：3的比例加权平均，即责任成本完成情况的评分为7，成本管理工作业绩的评分为3。这是一个假设的比例，工程项目可以根据自己的具体情况进行调整。

（二）工程项目成本考核应注意的问题

（1）工程项目的成本考核要与相关指标的完成情况相结合。成本考核的评分是奖罚的依据，相关指标的完成情况为奖罚的条件，也就是在根据评分计奖的同时，还要参考相关指标的完成情况进行嘉奖或扣罚。成本考核相结合的相关指标一般有进度、质量、安全和现场标

准化管理。下面以质量指标的完成情况为例来说明：

1）质量达到优良，按应得奖金加奖 20%。

2）质量合格，奖金不加不扣。

3）质量不合格，扣除应得奖金的 50%。

（2）强调项目成本核算的中间考核。项目成本的中间考核可从以下两方面考虑。

1）月度成本考核。一般是在月度成本报表编制以后，根据月度成本报表的内容进行考核。在进行月度成本考核时，不能单凭报表数据，还要结合成本分析资料和施工生产、成本管理的实际情况，然后才能作出正确的评价，带动今后的成本管理工作，保证项目成本目标的实现。

2）阶段成本考核项目的施工阶段一般可分为基础、结构、装饰、总体等阶段。如果是高层建筑，可对结构阶段的成本分楼层考核。

阶段成本考核的优点在于能对施工告一段落后的成本进行考核，可与施工阶段其他指标（如进度、质量等）的考核结合得更好，也更能反映工程项目的管理水平。

（3）正确考核工程项目的竣工成本。工程项目的竣工成本是在工程竣工和工程款结算的基础上编制的，它是竣工成本考核的依据。工程竣工表示项目建设已经全部完成，并已具有交付使用的条件（即已具有使用价值）。而月度完成的分部分项工程只是建筑产品的局部，并不具有使用价值，也不可能用来进行商品交换，只能作为分期结算工程进度款的依据。因此，真正能够反映全貌而又正确的项目成本是在工程竣工和工程款结算的基础上编制的。工程项目的竣工成本是项目经济效益的最终反映，它既是上缴利税的依据，又是进行职工分配的依据。由于工程项目的竣工成本关系到国家、企业、职工和利益，必须做到核算正确、考核正确。

（4）及时合理地进行工程项目成本完成情况的奖罚。工程项目的成本考核，可分为月度考核、阶段考核和竣工考核三种，对成本完成情况的经济奖罚也应分别在上述三种成本考核的基础上立即兑现，不能只考核不奖罚，或者考核后，拖了很久才奖罚。因为职工所担心的就是领导对贯彻责、权、利相结合的原则执行不力，忽视群众利益。

由于月度成本和阶段成本都是假设性的，正确程度有高有低。因此，在进行月度成本和阶段成本奖罚的时候不妨留有余地，然后再按照竣工成本结算的奖金总额进行调整（多退少补）。

工程项目成本奖罚的标准应通过经济合同的形式明确规定。一方面，经济合同规定的奖罚标准具有法律效力，任何人都无权中途变更，或者拒不执行；另一方面，通过经济合同明确奖罚标准以后，职工群众就有了争取目标，因而也会在实现项目成本目标中发挥更积极的作用。

在确定工程项目成本奖罚标准的时候，必须从本项目的客观情况出发，既要考虑职工的利益，又要考虑项目成本的承受能力。在一般情况下，造价低的项目，奖金水平要定得低一些；造价高的项目，奖金水平可以适当提高。具体的奖罚标准应该经过认真测算再确定。

此外，企业领导和项目经理还可对完成项目成本目标有突出贡献的部门、施工队、班组和个人进行随机奖励。这是项目成本奖励的另一种形式，不属于上述成本奖罚范围，而这种奖励形式往往能起到立竿见影的效用。

7.2.5 项目岗位成本考核

（一）项目岗位成本考核的意义

项目岗位成本考核是项目施工成本考核的一个重要部分，是项目落实成本控制目标的关键；是将项目施工成本总计划支出，在结合项目施工方案、施工手段和施工工艺，追求技术进步和成本控制的基础上提出的；是针对项目不同的管理岗位人员而作出的成本耗费目标要求。企业项目施工成本控制总额落实给项目，根据项目人员组成和岗位配备情况，按一定的方法分解给各个管理岗位或主要管理者。在此基础上按管理岗位分解指标，责任到人，实行风险抵押、按期考核。

项目施工成本责任总额一经确定，仅仅是项目施工成本控制的开始。项目施工成本只有把控制指标通过一定的方法和手段分解到每个岗位和每个管理者，并通过风险抵押和严格奖罚措施，使项目总的成本控制指标变成若干个分项指标，变项目经理一个人的压力为群体压力，才能实现项目施工成本的分层控制和把握。只有这样，项目施工成本管理和项目施工成本控制的目标才能实现。因此项目岗位成本考核是项目施工成本考核，特别是项目施工成本控制的基础。没有这个基础，项目施工成本控制就得不到落实，就会导致项目施工成本控制目标得不到实现。

（二）项目岗位成本考核的内容

项目岗位成本考核是项目施工成本管理的职责，其内容是项目内部在工程规模、人员安排和管理方式不同的情况下，在落实岗位成本责任和以此进行考核兑现前提下的各岗位考核内容和工作内容。项目岗位责任成本考核的具体内容和方法见第8章。

7.2.6 工程项目成本考核指标

（一）企业的项目成本考核指标

（1）项目设计总成本降低额和项目设计总降低率。

项目设计总成本降低额 = 项目承包合同成本 − 施工图设计预算成本

项目设计总成本降低率 = 项目设计成本降低额 / 项目承包合同成本

（2）施工成本降低额和施工成本降低率。

施工成本降低额 = 项目施工合同成本 − 项目施工图预算成本

施工成本降低率 = 项目施工成本降低额 / 项目施工合同成本

（二）企业对项目经理部的成本考核指标

企业对项目经理部的成本考核，宜设置以下可控责任成本考核指标：

（1）项目经理责任目标总成本降低额和项目经理责任目标总成本降低率。

项目经理责任目标总成本降低额 = 项目经理责任目标总成本 − 项目竣工结算总成本

项目经理责任目标总成本降低率 = 目标总成本降低额 / 项目经理责任目标总成本

（2）施工责任目标成本实际降低额和施工责任目标成本降低率。

施工责任目标成本实际降低额 = 施工责任目标总成本 − 工程竣工结算总成本

施工责任目标成本实际降低率 = 施工成本实际降低额 / 施工责任目标总成本

（3）施工计划成本实际降低额和施工计划成本降低率。

施工计划成本实际降低额 = 施工计划总成本 − 竣工结算总成本

施工计划成本实际降低率 = 施工计划成本实际降低额 / 施工计划总成本

小　结

（1）随着建筑施工企业向管理型、效益型企业的发展转变，过程管理绩效考核也越来越体现出其必要性和紧迫性，而成本管理绩效考核是绩效考核中的重中之重，是建筑施工企业生存的命脉。

（2）实施绩效考核时要坚持公开性原则、客观性原则、开放沟通原则、差别性原则、常规性原则、发展性原则、立体考核原则和及时反馈原则。

（3）一个绩效管理的过程，就是一个绩效沟通的过程。绩效沟通主要体现在四个方面，即目标制订沟通、目标执行沟通、绩效反馈沟通和绩效改进沟通。四个方面相互配合，层层递进，共同构成了企业的沟通系统。

（4）绩效定量考核采用了三类评价方法，即相对评价法、绝对评价法和描述法。

（5）关键绩效指标来自于对企业战略目标的分解，是对绩效构成中可控部分的衡量，是对重点经营活动的衡量，是企业上下认同的。

（6）工程项目成本考核是指项目经理部在施工过程中和工程项目竣工时对工程预算成本、计划成本及有关指标的完成情况进行考核、评比。通过考核，使工程成本得到更加有效的控制，更好地完成成本降低任务。工程项目的成本考核可以分为两个层次：一是企业对项目经理的考核；二是项目经理对所属部门、施工队和班组的考核。工程项目成本考核的内容应该包括责任成本完成情况的考核和成本管理工作业绩的考核。

（7）工程项目成本考核除了遵循绩效考核的一般原则外，还需以国家的方针政策、法规和成本管理制度为考核的依据，以工程项目成本计划为考核的依据，以真实可靠的工程项目成本核算资料为考核的基础，以降低成本提高经济效益为考核目标。

（8）工程项目成本考核可采取评分制。工程项目成本考核应注意以下问题：工程项目的成本考核要与相关指标的完成情况相结合，强调项目成本核算的中间考核，正确考核工程项目的竣工成本，及时合理地进行工程项目成本完成情况的奖罚。

（9）项目岗位成本考核是项目施工成本管理的职责，其内容是项目内部在工程规模、人员安排和管理方式不同的情况下，在落实岗位成本责任和以此进行考核兑现前提下的各岗位考核内容和工作内容。项目岗位成本考核内容一般按项目管理岗位而定。项目岗位成本的考核方法一般采用表格法，主要分开工前的总量落实、施工过程中分阶段的考核和完工后的总考核及其奖罚兑现。

（10）工程项目成本考核指标包括企业的项目成本考核指标、企业对项目经理部的成本考核指标。

思 考 题

1. 工程项目成本考核与绩效考核的关系如何？
2. 绩效考核原则有哪些？
3. 绩效沟通主要表现在哪些方面？
4. 绩效定量考核方法有哪些？

5. 什么是关键绩效指标？特点是什么？
6. 什么是工程项目成本考核？包括哪几个层次？
7. 工程项目成本考核应遵循的原则有哪些？
8. 工程项目成本考核的内容如何？
9. 采取什么方法对工程项目成本进行考核？
10. 工程项目成本考核应注意什么问题？
11. 工程项目成本考核指标包括哪些内容？

第8章 工程项目责任成本管理

学 习 目 标

(1) 熟悉项目责任成本的基本概念；
(2) 了解影响工程项目责任成本的因素；
(3) 掌握项目责任成本计划的编制方法及项目责任成本的控制与考核。

8.1 工程项目责任成本管理概述

工程项目是施工企业获取经济效益的源泉，是施工企业赖以生存和发展的基本条件。在经过激烈的投标竞争承揽到工程项目的施工任务后，如何优质、高效地完成施工任务，特别是有效地加强工程项目的成本管理和控制，获取较好的盈利，已成为企业能否发展和壮大的关键所在。目前多数施工企业的成本管理仍沿用传统的计划体制下的管理方法，导致项目连连亏损，企业不能适应激烈的市场竞争。而采用将成本层层分解落实、动态控制的责任成本管理方法，往往在工程项目中会取得较好的收益。

8.1.1 项目责任成本的概念

项目责任成本是按照项目的经济责任制要求，在项目组织系统内部的各个责任层次，进行分解项目全面的预算内容，形成了"责任预算"，称为责任成本。责任成本划清了项目成本的各种经济责任，对责任预算的执行情况进行计量、记录、定期作出业绩报告，对于项目管理是非常必要的，也是加强工程项目成本管理的一种科学方法。

从总体上讲，工程项目的责任成本也就是项目的目标成本，即项目部对企业签订的经济承包合同规定的造价，再减去税金和项目的盈利指标，即

合同价－企业上交经济指标－税金－项目盈利指标＝项目目标成本

工程项目责任成本管理是按照项目的经济责任制要求，在项目组织系统内部的各个责任层次，分解项目的全面目标成本，形成各个项目组织各个责任层次的目标成本，在项目实施全过程管理中，由各个责任层次及时主动检查实际成本与目标成本的偏差，及时采取措施减小偏差，从而对整个工程项目进行动态的成本管理和控制。

为了更深入地理解责任成本的概念，下面介绍有关的几个概念。

(一) 责任会计

责任会计是把会计资料同有关责任中心紧密联系起来的信息系统，是为了适应经济责任制的要求，在企业内部建立若干责任中心，并对他们分工负责的经济活动进行规划与控制的一套专门制度。责任会计的内容，归纳起来主要有四个方面，即划分责任中心，进行目标和任务分解，核算和业绩报告，总结分析和采取措施。

(二) 责任中心

企业管理通常都采用统一领导、分级管理的原则。至于分级管理的具体形式，则依企业

组织机构不同而各异。但是，要实行责任会计制度，就必须对每个责任层次所进行的经济活动进行明确的责任范围划分，这个能够使各个责任层次严格进行控制的活动范围，就称“责任中心”。

（三）可控成本与非可控成本

可控成本必须符合以下三个条件：

（1）责任中心有办法知道将发生什么样的耗费；

（2）责任中心有办法计量它的耗费；

（3）责任中心有办法控制它的耗费。

凡不符合上述三个条件的，称为不可控成本。某责任中心的各项可控成本之和，即为该责任中心的责任成本。

8.1.2　工程项目责任成本的确定与划分

确定合理的责任成本并准确地划分落实是责任成本管理的基础。责任成本过高，容易造成浪费、减小收益；责任成本过低，在具体施工过程中将无法保证工程项目的进度、质量等，或导致工程项目无法正常实施。

（一）责任成本的确定

（1）可比工程项目。可比工程项目是与以前做过的工程项目类似的工程项目，此时，可以根据以往的实际成本，结合生产能力和实际情况的变化加以确定责任成本。

（2）不可比工程项目。对于企业从未生产过的新结构、新工艺，可以通过历史成本分析确定责任成本。首先根据历史成本报表资料中各组产品总成本 y 和相应的产量 x，利用直线回归法计算出固定成本总额 a 和单位变动成本 b；其次，根据本次计划产量 X 按直线回归法求得总成本 Y 的发展趋势。

（二）责任成本的划分

责任成本的划分通常按照项目的组织系统进行，一般的项目组织系统按照分级和活动范围的不同，包括项目经理、职能部门、施工队和施工班组。各级组织的责任成本划分如下。

（1）项目组织各职能部门的责任成本。

1）施工技术部门：制订的项目施工方案必须是在技术上先进、操作上切实可行，按其施工方案编制的预算不能大于项目的成本目标。

2）材料部门：对项目所用材料的采购价格基本不超过项目的成本目标中的材料单价；材料的供应数量不能超过成本目标所列数量；材料质量必须保证工程质量的要求，即材料成本。

3）机械设备部门：供应项目施工所用机械设备类型满足施工方案；机械组织施工做到充分发挥机械的效率；保证机械施工的“三率”指标（出勤率、完好率、利用率），保证机械使用费不超过成本目标的规定，即机械使用成本。

4）质量安全部门：保证工程质量一次达到交工验收标准，没有返工现象，不出现列入成本的安全事故，也就是质量事故成本、安全事故成本。

5）财务部门：负责项目成本目标中可控的间接费成本，负责制订项目分年、季度间接费计划开支，不得超过规定标准。

（2）施工队的责任成本。施工队是责任成本管理的基本责任主体，根据项目划分的责任中心，承担责任中心管理范围内的所承担的分项工程或者分部工程以及单位工程成本中的可控成本，即可控直接材料成本和可控直接工费成本以及项目拨给施工队的间接成本（即责任预算中的间接费）。

（3）施工队班（组）的责任成本。施工队班（组）的责任成本是施工队责任中心范围内的分部工程或者是分项工程的“责任预算”中的可控制直接人工费和材料费，也就是班组的人工费及材料费。

8.1.3 项目责任成本管理的特点和优点

责任成本管理显然区别于传统的成本管理模式，具有突出的特点和优点。

（一）责任成本管理的特点

与传统成本管理模式相比，责任成本管理的特点主要表现在以下几方面。

（1）传统的成本管理是静态的管理，工程完成后算账，即使亏损也无法弥补；责任成本管理是市场经济下的，贯穿施工全过程的动态的成本管理，可及时协调成本计划，保证项目责任成本目标的实现。

（2）传统的成本管理是单一地算账，具有单一性；责任成本管理是包括工、料、机、质量、安全、进度等在内的全面管理，具有综合性。

（3）传统的成本管理是业务部门算账，算、干分离，职责不清；责任成本管理是责任层层分解落实，参加工程项目的全体人员参加算账，参加管理，真正的生产第一线的管理和控制。

（二）责任成本管理的优点

由上述责任成本管理的模式及特点可以看出，责任成本管理具有以下的优点。

（1）可以促进全体职工和基层领导转变思想观念，克服那种只管干不管算，重完成产量不重视资源投入，重产值不重视效益的现象，扭转要我管，变成我要管，增产节约，不断提高经济效益。

（2）可以提高全体职工的全面管理意识，从而达到提高工程质量，加快工程进度，确保安全生产的目的，正确处理成本与质量、进度、安全等的关系。

（3）可以调动全体职工的积极性，提高工作效率，降低工程项目成本中的工费成本。

8.2 影响工程项目责任成本的因素

8.2.1 施工方案与责任成本的关系

施工方案的优劣直接影响工程项目的目标成本和工程项目的利润，方案有多个，其中只有一个最优方案。按最优方案施工可降低成本、加快进度、保证质量和安全，实现工程项目投入最少、产出最大，提高经济效益。

（一）施工方案制订的原则

（1）制订施工方案首先必须从实际出发，切实可行，符合现场的实际情况，有实现的可能性。

（2）满足合同要求的工期。

（3）确保工程质量和施工安全。

（4）在合同价控制下，尽量降低工程项目成本，使方案更加经济合理，增加施工生产的盈利。

以上几点是一个统一体，是不可分割的。

（二）施工方案的内容及要求

施工方案包括的内容很多，主要有施工方法的确定，施工机具、设备的选择，科学的施工组织，施工顺序的安排，现场的平面布置和各种技术组织措施。施工方案前两项属于施工技术问题，后四项属于科学施工组织和管理问题。施工技术是施工方案的基础，同时又要满足科学施工组织与管理方面的要求，科学施工组织与管理又必须保证施工技术的实现，两方面是相互联系、相互制约的关系。为了把各种关系更好地协调起来，互相创造条件，施工技术组织措施成为施工方案各项内容必不可少的延续和补充。

（1）施工方法的确定。施工方法是施工方案的核心内容，具有决定性作用。施工方法一经确定，施工机具、设备的选择就只能以满足它的要求为基本依据，施工组织也在这个基础上进行，因此。确定施工方法应考虑以下四个方面：

1）确定的施工方法必须具备实现的可能性；

2）确定的施工方法考虑对工期的影响，也就是保证合同工期的要求；

3）确定的施工方法应进行多种可能方案的经济比较，力求降低成本；

4）确定的施工方法能够保证施工质量和安全。

对以上几点必须进行全面的衡量，确定施工方法。

（2）施工机具的选择。正确拟订施工方法和选择施工机具是合理地组织施工的关键，二者有相互紧密的联系。施工方法在技术上必须满足保证施工质量、提高劳动生产率、加快施工进度及充分利用机械的要求，做到技术上先进，经济上合理；而正确地选择施工机具能使施工方法更为先进、合理，又经济。因此施工机具选择得好与否很大程度上决定了施工方案的优劣。所以，在选择机具时应按照以下原则：

1）在现有的或可能争取获得的机具中选择。尽管某种机械在各方面都很合适，对工期的缩短、人力的节省都很好，但不能得到，就不能作为可供选择的一个方案。

2）从施工条件选择机械的类型。选择的机械类型必须符合施工现场的地质、地形条件，工程量及施工进度的要求等。这也是合理选择机械的重要依据。

3）固定资产损耗费与运行费是否经济。固定资产损耗费与施工机具的投资成正比，机械运行费可视为与完成的工程量成正比的费用。这些费用是在机具运行中需重点考虑的因素，也是选择施工机具必须考虑的一项原则。

4）施工机具的合理组合。选择机械时要考虑到各种机械的合理组合，这是决定所选择的施工机具能否发挥效率的重要因素。

5）从全局出发统筹考虑选择施工机具。从全局出发就是不仅考虑本项工程需要，也要考虑所承担的同一现场上其他项工程施工的需要。

6）购置机械与租赁机械的选择。根据工程量的大小与企业资金情况，对施工需要的机械是购置还是租赁，必须进行比较。为此，应采用定量分析，其计算原理是以设备的有效使用期为分析期，计算自有（购置）与租赁两者总费现值相等的利用率，求出企业购置该项设备所必需的利用率为经济界限。

（3）施工组织。施工组织是研究施工项目施工过程中各种资源合理组织的科学。施工项目是通过施工活动完成的，进行这种活动即施工，需要大量各种各样的建筑材料、施工机具和具有一定生产经验和劳动技能的劳动者；并且要把这些资源按照施工技术规律与组织规律，以及设计文件的要求，在空间上按照一定的位置，在时间上按照先后顺序，在数量上按照不同的比例，将它们合理地组织起来，让劳动者在统一的指挥下行动，即由不同的劳动者运用不同的机具以不同的方式对不同的建筑材料进行加工。施工项目就是通过这种施工活动建造的。研究组织施工活动就是对施工作业、劳动者、材料、机械等资源及施工顺序和现场平面的组织。

（4）施工顺序的安排。施工顺序安排是编制施工方案的重要内容之一，施工顺序安排得好，可以加快施工进度，减少人工和机械的停歇时间，并能充分利用工作面，避免施工干扰，达到均衡的、连续的施工，实现科学组织施工，做到不增加资源，加快工期，降低工程项目成本。

（5）现场平面布置。科学地布置现场可使施工机械、材料减少工地二次搬运和频繁地移动施工机械产生的费用，可节省现场搬运的费用。

（6）技术组织措施。技术组织是保证选择的施工方案实施的措施。它包括加快施工进度，保证工程质量、施工安全，降低工程项目成本的各种技术措施。

（三）施工方案与工程项目责任成本的关系

从施工方案制订的原则和内容可以看出：①施工方法确定的正确可反映施工技术水平，也可加快施工进度；②机械选择得合理可充分发挥机械的使用效率；③劳动组织合理可充分发挥工人的工作效率；④作业组织和施工顺序合理可组织立体交叉作业，充分利用工作面和空间及时间，在不增加资源的前提下，大大地缩短工期，这样可直接节省工费、机械使用费，从而达到降低成本的目的。因此，施工方案与工程项目责任成本二者之间存在着互相依赖和相互制约的统一整体的关系。

8.2.2　施工进度与责任成本的关系

加快工程项目施工进度、缩短工期、早日竣工投产，可早发挥投资效益。但是，在规定的工程造价内，做到按规定的工期提前完成工程项目是一项复杂的工作，必须从技术、管理和经济等各个方面综合采取措施，使之协同动作，才能达到既缩短工期，又减少成本费用支出的目的。否则，盲目地缩短工期，加快施工进度，会增加更多的人力、物力和财力的支出，加大工程项目造价，提高工程项目的成本。工期—成本的关系可用图 8-1 来表示。

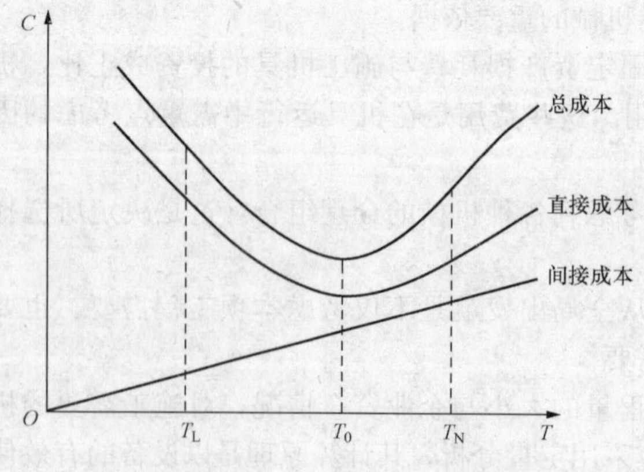

图 8-1　工期—成本关系图

T_L—最短工期；T_0—最优工期；T_N—正常工期

由图 8-1 可看出，加快施工进度，缩短工期需要投入更多的人力、资金和机械设备，从而导致工程项目直接成本的增加；工期延长导致了工程项目间接成本的增加。因此，合理工期的确定必须考虑直接成本和间接成本的支出，以在 T_0 点附近为合适。在实际工作中，项目开工前，必须结合项目的具体情况和资源供给的可能性，采用先进合理的施工技术、施工工艺，采取各种技术组织措施。以优化配置施工生产的诸要素，达到既缩短工期，又不提高成本的目的；项目施工过程中，及时准确地进行经济核算，充分利用现代管理技术（如网络计划技术）对施工过程进行实时的控制，同时采取各种措施，调动广大职工的劳动积极性和主动性，做到人尽其才、物尽其用，保证工期目标的实现。

因此，施工进度加快是在不增加资源（人力、机械等）的条件下越快越好，否则按着工期要求完成即可。但是，有时必须通过增加资源加快施工进度时，要进行经济比较，比较后有价值和必需时，才能决策。增加工程项目成本加快工期有两种情况。

(1) 接受的施工项目，需要大量的人力、设备等，这时如果为比较新项目创造效益的成本大于在老项目为加快进度而增加的工程项目成本时，可决策加快施工进度。

(2) 业主（或甲方）要求早竣工早投产，同意增加施工成本，加快施工进度，达到缩短工期，早投产、早发挥投资效益。另外，有时为某种要求，再通过增加工程项目成本来加快施工进度，如领导的要求、政治上的需要等。

施工进度和责任成本的关系：在保证要求工期的前提下尽量降低工程项目成本；在项目目标成本控制下尽量加快施工进度，二者是相互联系、相互制约的统一整体，切不可孤立对待。

8.2.3　施工质量与责任成本的关系

项目质量成本是 20 世纪末在西方国家出现的保证和提高产品质量的一种方法，也是全面质量管理的经济基础。过去，人们认为，质量在成本方面无法计量，质量成本难以纳入到原有的会计体系中，把质量成本的概念仅仅理解为质量不好而造成浪费，并由此而引起的成本，或者令人满意的质量带来了资源的有效使用，从而实现了较低的成本。随着质量管理科学的发展，这一理解已被人们所摒弃，现在通过定量分析方法分析质量，使质量成本为企业及项目管理决策服务，且质量成本也成为一个先进会计系统中不可缺少的组成部分。

(一) 项目质量成本的概念和内容

质量成本，是指项目组织为保证和提高产品质量而支出的一切费用，以及因未达到质量标准而产生的一切损失费用之和。质量成本包括控制成本和故障成本两个主要方面(见图 8-2)。

(1) 预防成本。预防成本是为了防止质量缺陷和偏差的出现，保证产品质量而耗费的一切费用。通常包括以下内容。

1) 质量规划费，是指进行质量规划所需的费用。如可靠性研究、质量分析，为试验、检验和工序控制编写规程或贯彻落实规程的耗费，制订质量规划等费用，这里所发生的费用主要是工时消耗费用。

2) 工序控制费，是指为了控制和改进现有工序生产能力，对现有工序进行调查、研究、评价，对有关工作人员进行技术指导、示范操作以及生产过

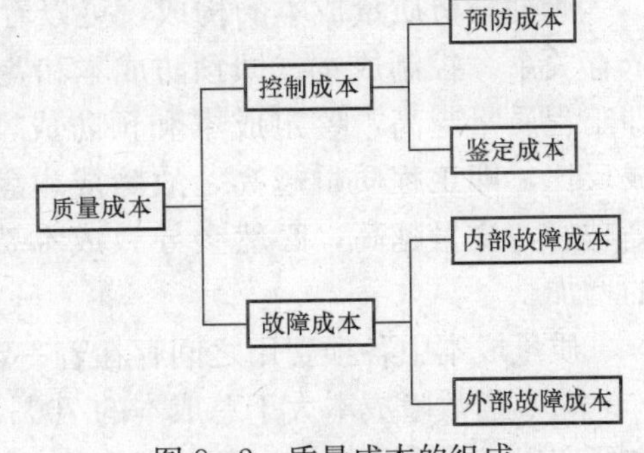

图 8-2　质量成本的组成

程中工序质量控制所发生的费用。

3）新产品鉴定费，是指新产品、新施工工艺、技术革新项目的鉴定费用。

4）质量培训费，是指培训职工提高其操作技能和提高工作质量所支出的费用。

5）质量信息设备费，是指收集、整理、分析、储存全部质量信息的活动费用，但不包括设备本身的购置费和折旧费。

6）其他预防成本，如质量管理活动的行政费用、存量信息资料费用，以及有的项目为创优致使质量超标准而多消耗的工、料、机费用等是其他预防成本。

（2）鉴定成本。鉴定成本是指在一次交验合格的情况下，为检验产品、工程质量而发生的一切费用的总和，通常包括以下内容：

1）采购材料的试验和检验费；

2）工序监测和其他计量服务费用；

3）评价产品或零配件、施工用的构配件质量所支出的试验、检验费用；

4）质量评审活动费，包括工程交工前的评审费等其他质量评审活动的费用；

5）其他鉴定成本，如约请外单位鉴定人员的酬金、破坏性试验所耗用的材料费用等。

（3）内部故障成本。内部故障成本是项目在施工生产过程中，由于产品、工程质量的缺陷而造成的损失，以及为处理质量缺陷而发生的费用总和，包括以下内容：

1）废品损失，指在施工生产过程中，产品或工序在质量上达不到设计的规定和要求，必须“推倒”重建而发生的费用。废品损失从形成原因上可分为项目施工生产过程的责任和材料供应单位的责任。

2）返修损失，指检测、修复不合格工程或次品，使之达到质量合格而支付的费用。

3）停工损失，指在施工生产过程中，因处理质量事故而导致停工和延误工期的损失。

4）材料采购的损失费，指采购人员在处理所采购的材料质量不合格时，所发生的申诉和处理损失的费用。

（4）外部故障成本指用户在使用过程中，发现工程质量缺陷而应由施工单位负责的一切费用总和，包括以下内容：

1）保修费，指工程在保修期内对用户提供技术服务的费用。

2）赔偿费，指由于工程质量原因，按合同规定应赔偿给用户的经济损失费用，以及由此而产生的诉讼费用。

3）在施工生产过程中，因违反环境保护法所引起的罚款等。

（二）质量成本与项目责任成本的关系

通过分析质量成本的构成，可以看出，项目成本与其产品质量水平存在着密切的相互依存关系。控制成本（即预防成本和鉴定成本）属于质量保证费用，和质量水平成正比，即工程质量越高，鉴定成本和预防成本就越大；故障成本属于损失性费用，和质量水平成反比，即工程质量越高，故障成本就越低。对工程质量进行控制，并不是要求质量越高越好，质量越高，必然会导致成本费用的增加；反之质量过低，也将会导致成本费用的增加。

质量成本中各项费用之间存在着一定的比例关系，以下是国外资料中的介绍：

（1）当故障成本大于总成本的70%、预防成本小于总成本的10%时，工作的重点应放在研究提高质量的措施和预防性上。

(2) 当故障成本接近总成本的 50%时，工作的重点应放在维持现有的质量水平，它表明接近理想成本控制点。

(3) 当故障成本小于总成本的 40%、鉴定成本大于总成本的 50%时，工作重点应放在巩固现有质量水平，减少检验程序。

(4) 某些企业的经验表明，预防成本增加 3%～5%，可使质量总成本降低 30%左右。

8.2.4　施工安全与责任成本的关系

安全施工是项目管理的重要目标之一。安全工作越好，处理安全事故支出的费用就越少，施工所受的干扰也就越小，因而费用支出也越少。否则，如出现重大安全事故，不但给国家、集体和职工个人都带来重大损失，也影响施工情绪，导致劳动生产率下降，施工进度势必受到影响。从而会加大施工费用的支出。施工安全直接影响工程项目的责任成本，因此，加强安全工作与责任成本有着密切的关系，施工安全制约着责任成本，责任成本依赖着施工安全，二者是统一的。

8.2.5　施工现场平面管理与责任成本的关系

施工现场是建筑产品的施工场地，是确定项目生产要素（即人力、材料、机械设备、临时设施）的各自的空间位置，确保项目施工过程互不干扰、有序施工，达到各项资源与服务设施相互间的有效组合和安全运行，可提高劳动生产率，减少二次搬运费用，降低责任成本。

(一) 施工现场平面管理的内容

(1) 施工所用的水、电、通信等。

(2) 施工场内的道路，排水系统畅通。

(3) 材料、机械设备停放位置（包括仓库及露天）。

(4) 立体交叉作业施工场地的安排。

(5) 土石方填挖平衡及调配（包括横向、纵向）。

(6) 生活住房、生产房屋设置的位置及管理。

(二) 施工现场平面管理与责任成本的关系

从施工场地平面管理的内容看出，管理的好坏与责任成本有着直接的关系：统一指挥，科学管理，可节约工程项目成本中的措施费和人工费、机械使用费，否则产生的浪费也是不可忽视的。因此，施工现场的平面布置和管理也是制约责任成本的重要因素，二者也是相互制约和互相依赖的整体。

8.3　项目责任成本计划的编制

在工程项目中标、项目组织开展工作之后，首先要做的重要工作之一就是确定该项目的责任成本，这是进行成本控制的起点，也是项目管理的起点之一。有了责任成本，就有了评价和判断工作完成的效率和尺度，从而在项目施工的全过程中，都能对各项费用的发生加以监督、限制和引导；从分析各项费用的使用效果来衡量其支出的合理性，及时发现和纠正脱离责任成本的偏差，总结经验、发扬成绩，以保证项目成本目标的顺利实现。

8.3.1 项目责任成本计划的编制依据和程序

（一）项目责任成本计划编制的依据

（1）项目经理与企业本部签订的内部承包合同及有关材料，包括企业下达给项目的降低成本指标、目标利润值等其他要求。

（2）与业主单位签订的工程承包合同。

（3）项目的实施性施工组织设计，如进度计划、施工方案、技术组织措施计划、施工机械的生产能力及利用情况等。

（4）项目所需材料的消耗及价格等，机械台班价格及租赁价格等。

（5）项目的劳动效率情况，如各工种的技术等级、劳动条件等。

（6）历史上同类项目的成本计划执行情况以及有关技术经济指标完成情况的分析资料等。

（7）项目的设计概算或施工图预算。

（8）其他有关的资料。

（二）项目责任成本计划的编制程序

项目责任成本计划的编制程序如图 8-3 所示。

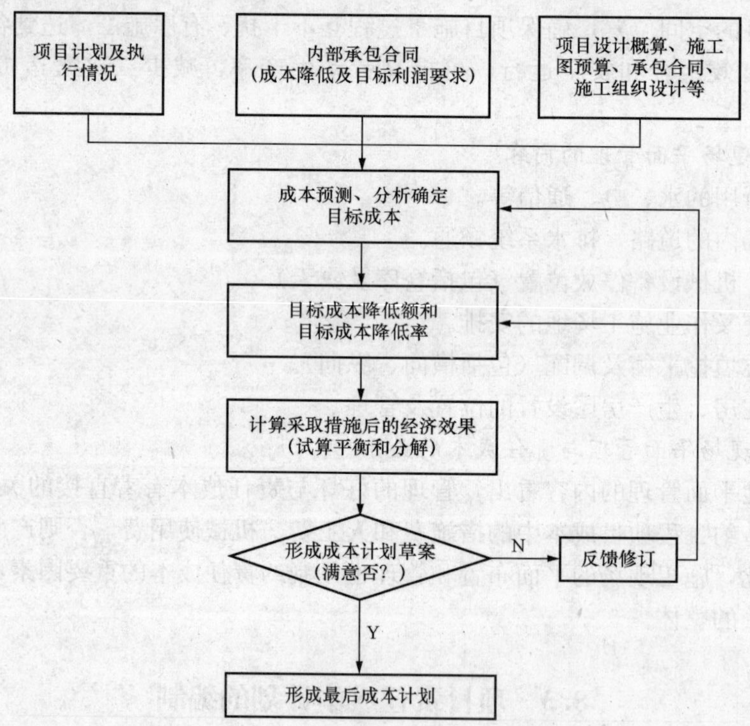

图 8-3 项目责任成本计划的编制程序

8.3.2 项目责任成本计划的编制方法

编制项目责任成本计划的具体方法随项目不同而不完全相同。通常可以大致分成五个阶段，即确定目标成本及目标成本降低率（额）；编制项目责任成本计划；分解项目责任成本计划；项目年度、季度、月责任成本计划的限制；项目责任成本计划的调整。

（一）确定目标成本及目标成本降低率（额）

项目目标成本是在对有关资料进行分析、预测，以及对项目用资源（劳动力、材料、机械设备等）进行优化的基础上，经过努力可以实现的成本，它是项目成本管理工作奋斗的目标。确定目标成本及目标成本降低率（额）的具体步骤如下：

（1）依据项目的合同、预算资料，企业本部对项目的要求，施工组织设计，成本预测结果等，初步估算出项目降低成本的目标。这个目标值应大于或等于企业下达的降低成本目标。

（2）将项目合同价减去税金、目标利润和降低成本的目标值，即可得出项目的总目标成本。

（3）计算出项目的目标成本降低额和目标成本降低率。

（二）项目责任成本计划表

某项目责任成本计划表见表 8-1。

表 8-1　　某项目责任成本计划表

工程名称：　　编制日期：　　单位：元

成本费用项目	预算成本	计划成本	计划成本降低额	计划成本降低率
直接费用： 人工费 材料费 机械使用费 措施费				
间接费用： 规费 企业管理费				
利润				
税金				
合计				

（三）项目责任成本计划的分解

项目成本计划，可以认为是在完成项目合同任务前提下的全面费用预算。为了保证成本计划的实现，必须按照经济责任制的要求，将成本计划或全面预算的内容在项目组织系统内部的各个责任层次进行分解，形成所谓的“责任预算”。然后对责任预算的执行情况进行计量与记录定期作出业绩报告，以便于进行评价和考核；同时也有利于对整个项目的各种活动进行控制。这些在管理会计中被称为责任会计制度。虽然在项目管理中，并不需要去套用企业的责任会计制度（这是由项目管理的特点决定的），但是，划清项目中各种经济责任，对于项目管理来说却是非常必要的。

项目责任成本在分解时可按年度进行，也可按整个项目完成期来进行。项目内可按各个责任层次进行分解，项目组织系统各职能部门可按年度或整个项目完成期进行分解，施工队级可按承担项目的任务按年、季度分解，班组级按承担任务按月分解等。

(1) 项目责任成本计划垂直分解。项目责任成本计划垂直分解，主要是指直接费用中可控成本按项目垂直组织系统进行分解，由于材料采购成本对工程队而言为不可控成本，故不能进行垂直分解。措施费的分解则视具体情况而定。

考虑到项目的特点，在分解时应将按工程实体结构和按责任中心分解结合起来。

表 8-2 作为示例表现了项目成本计划的垂直分解的大体思路。

表 8-2　　某项目成本计划垂直分解表

编制日期：　　　　费用单位：

<table>
<tr><th rowspan="3">编号</th><th rowspan="3">工程名称</th><th rowspan="3">实物单位</th><th rowspan="3">数量</th><th colspan="8">直接费用</th><th rowspan="3">责任单位</th></tr>
<tr><th colspan="2">人工费</th><th colspan="2">材料费</th><th colspan="2">机械费</th><th colspan="2">措施费</th></tr>
<tr><th>预算</th><th>计划</th><th>预算</th><th>计划</th><th>预算</th><th>计划</th><th>预算</th><th>计划</th></tr>
<tr><td></td><td>单位工程 1
分部分项 工程 1
分部分项 工程 2
…
单位工程 2
…</td><td></td><td></td><td></td><td></td><td></td><td></td><td></td><td></td><td></td><td></td><td></td></tr>
<tr><td></td><td>临时设施</td><td></td><td></td><td></td><td></td><td></td><td></td><td></td><td></td><td></td><td></td><td></td></tr>
<tr><td></td><td>合计</td><td></td><td></td><td></td><td></td><td></td><td></td><td></td><td></td><td></td><td></td><td></td></tr>
</table>

(2) 项目责任成本计划横向分解。项目责任成本计划横向分解，主要是将成本中的部分间接费用（如管理费等）和材料采购成本等在项目的有关职能部门中进行分解，横向分解表见表 8-3。

表 8-3　　部分间接费及材料采购成本分解表

单位：

编号	费用项目	办公室	施工技术	安全质量	预算计划统计	财务会计	材料供应	机械设备
	工　资 奖　金 …							
	合　计							
	材料采购成本							

（四）项目年度、季度、月责任成本计划

(1) 项目年度责任成本计划。因施工队年度责任成本计划中完成任务项目多，所以，要求按成本费用分类编制。完成的工程项目名称可根据工程概预算章节名称，列出计算直接工程费。措施费及间接费按确定措施费及间接费率计算。直接费用的计算按责任预算中确定的定额标准及人工、材料、机械责任单价及工程计算，见表 8-4。

表 8 - 4 **某施工队年度责任成本计划表**

编制日期： 费用单位：

编号	工程名称	实物单位	工程数量	直接工程费									措施费费率（%）	间接费费率（%）
				人工费			材料费			机械费				
				定额	定额数量	责任单价	定额	定额数量	责任单价	台班定额	台班定额数量	台班责任单价		
1 2 ⋮ n	2 栏													
合 计														

（2）项目季度责任成本计划。项目季度责任成本计划是根据项目部下达的季度施工计划安排、要求完成的投资、工程量及施工进度要求和形象进度、设计图纸及要求，来编制季度责任成本计划。项目季度责任成本计划不计算间接费，只计算措施费。根据具体情况重新测定费率。某施工队季度责任成本计划表见表 8 - 5。

表 8 - 5 **某施工队季度责任成本计划表**

编号	工程名称	实物单位	工程数量	直接工程费									措施费费率（%）
				人工费			材料费			机械费			
				定额	定额数量	责任单价	定额	定额数量	责任单价	台班定额	定额台班数量	台班责任单价	
1	单位工程 1 分部工程 1 … 分部分项工程 1 … 单位工程 2 分部工程 2 …												
合 计													

（3）项目月责任成本计划。施工队月责任成本计划只编制直接工程费，不考虑措施费。施工队责任成本计划要求工程划分要细，一般细到分部工程或分部分项工程，见表 8 - 6。

表 8 - 6 **某施工队月责任成本计划表**

编制日期： 费用单位：

编号	工程名称	实物单位	工程数量	直接工程费								
				人工费			材料费			机械费		
				定额	定额数量	责任单价	定额	定额数量	责任单价	定额	定额数量	责任单价
	2 栏											
合 计												

（五）项目责任成本计划的调整

由于项目施工责任成本在确定时条件的局限性，同时，由于客观条件的变化可能造成确定依据的变化，因此，项目施工责任成本在执行过程中有可能要进行调整。但是，施工过程中发生的项目施工责任成本的调整应以实现收入为原则。

(1) 设计变更、政策性调整、施工方案修改或企业与业主签订的施工合同、劳务合同变更，按变更的规定计算。

(2) 由于测算人员的失误而造成的少项、漏算应按时调整。

以上变更发生时或工程竣工后，由项目经理根据实际情况申报，经企业有关部门审核后，经合议组评议，按上述原则和方法如实调整项目施工责任成本。

8.4 工程项目责任成本控制

8.4.1 项目责任成本控制的概念

工程项目责任成本控制是对企业内部一个完整的工程项目，通过确定优化的施工组织设计方案、划定收入与支出配比责任层次、编制各层次的责任成本预算，以及各责任层次的责任中心制订各种控制措施，对各项工作进行过程性奖励兑现，从而提高项目整体经济效益的一种管理行为。

实施责任制成本控制是施工企业管理的一项极为重要的内容，按照成本费用责任层次和管理环节，制订考核标准，开展全员、全过程、全工期、全项目的管理，实行工资与绩效挂钩，按规定兑现奖罚，把目标责任成本费用管理责任通过企业的管理控制系统落到实处，以较少的物化劳动和活劳动耗费，取得较大的经济效益，不断降低工程成本，提高企业管理水平。

8.4.2 项目责任成本控制系统

工程质量责任成本总的控制流程如图 8-4 所示。

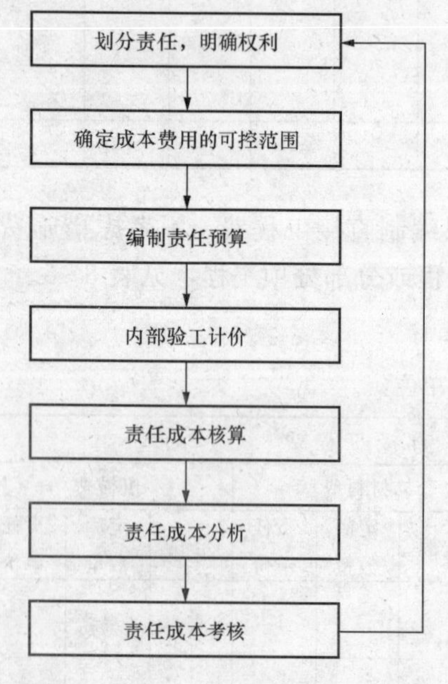

图 8-4 工程质量责任成本控制流程

8.4.3 项目责任成本控制过程

（一）划分责任，明确权利

项目责任成本控制应以班组的制造成本为基础，以项目经理部为基本责任主体。要根据职能简化、责任单一的原则，合理划分可控成本范围，赋予项目经理部相应的责、权、利，实行责任成本一次包干。公司既是本级的责任中心，又是项目经理部责任成本的汇总部门和管理部门，形成三级责任中心，即班组责任中心、项目经理部责任中心、企业责任中心。

（二）确定成本费用的可控范围

项目责任成本控制需要按照责任单位的责权范围大

小，确定可以衡量的责任目标和考核范围，形成各级责任成本中心。

(1) 班组—制造成本，即人工费、材料费和机械使用费，共计三项费用。

(2) 项目经理部—责任成本，即人工费、材料费、机械费和措施费，共计四项费用。

(3) 公司—目标责任成本，即人工费、材料费、机械费、企业管理费、企业其他间接费、企业不可控成本费用和上交企业费用，共计七项费用。

(三) 编制责任成本预算

根据上述两条作为依据，编制责任成本预算。注意责任成本预算中既要有人工、材料、机械台班等数量指标，也要有按照人工、材料、机械台班等的固定价格计算的价值指标，以便利于基层操作。

(四) 内部验工计价

验工即为工程队当月的目标责任成本，计价即为项目经理部当月的制造成本。各项目经理部验工仍以验工报表的形式上报当月验工资料供企业审批；计价细分为大小临时工程计价，桥隧路工程计价（其中又分班组计价、民工计价），大堆料计价，运杂费计价，机械队机械费计价和企业材料费计价。其中机械队机械费、企业材料费一般采取转账方式。细分计价方式有利于成本核算及实际成本费用的归集。

(五) 责任成本核算

通过责任成本核算，可以反映施工耗费和计算工程实际成本，为企业管理提供信息。通过对各项支出的严格控制，力求以最少的施工耗费取得最大的施工成果，并以此计算所属施工单位的经济效益。为分析考核、预测和计划工程成本提供科学依据。

(六) 责任成本分析

责任成本分析主要是利用成本核算资料及其他相关资料，全面分析了解成本变动情况，系统研究影响成本升降的各种因素及其形成的原因，挖掘降低成本的潜力，正确认识和掌握成本变动的规律性。通过成本分析，可以对成本计划的执行过程进行有效的控制，及时发现和制止各种损失和浪费，为预测成本、编制下期成本计划和经营决策提供重要依据。成本分析的内容分为事前的成本预测分析、日常的成本分析、事后的成本监控。成本分析的范围分为工程成本预测分析、综合分析、单位工程成本分析、竣工工程成本分析。所采取的主要方式是项目经理部相关部门与企业指挥部相关部门每月共同审核分析，再据此进行季度、年度成本分析。

(七) 责任成本考核

责任成本考核需要每月对工程预算成本、计划成本及相关指标的完成情况进行考核、评比。其目的在于充分调动职工的自觉性和主动性，挖掘内部潜力，达到以最少的耗费，取得最大的经济效益。为总结成功与失败，改善经营管理提供依据和动力。成本考核的方法有以下四个方面：

(1) 对降低成本任务的考核，主要是对成本降低率的考核。

(2) 对项目经理部的考核，主要是对成本计划的完成情况进行考核。

(3) 对班组成本的考核，主要是考核材料、机械、工时等消耗定额的完成情况。

(4) 对施工管理费的考核，企业与项目经理部分别考核。

8.4.4　项目责任成本控制的原则

(一) 节约的原则

节约就是项目施工用人力、物力和财力的节省。它表示用较少的人力、物力和财力的投入可以得到较多的产出。节约是提高项目经济效益的核心，是成本控制的一项基本原则。节约绝对不应是消极的限制与监督，而是要积极创造条件，从提高项目的科学管理水平入手来节约。在实际工作中，不少企业（或项目组织）只注重于严格执行成本开支范围和有关规章制度，强调事后的分析和检查。它实际上属于“亡羊补牢”的防护性控制。这种思想对具有一次性特点的项目组织来说，在成本控制方面造成的危害尤其重大。因此，为了更好地贯彻节约原则，不但要加强成本的反馈控制和事后检查分析，还要着眼于成本的事前控制，优化施工方案，深入研究项目的设计文件和具体施工条件，拟订有关预防成本失控的技术、组织和经济措施，消灭成本控制工作的先天性不足，做到防患于未然，有效地发挥前馈控制的作用。

（二）全面性原则

项目成本控制中要遵循的全面性原则，有以下两个含义：

(1) 项目全员成本控制。成本是一项综合性很强的指标，它涉及项目组织中的所有部门、单位和每一个职工的工作业绩。要降低成本，实现成本计划，就必须充分调动每个部门或单位（从项目经理部到工程队、班组）和每个职工（从项目经理到技术人员、管理人员和工人）控制成本、关心成本的积极性和主动性。在加强专业成本管理的基础上，要求在项目中，人人、处处、事事都要按照费用标准、定额、预算（或计划）来进行成本控制，做到专群结合控制成本。只有这样，才能有效地降低成本。

(2) 项目全过程成本控制。系统工程思想给成本控制工作的启迪之一就是成本控制工作的全过程，在工程项目确定之后，成本控制工作要从施工准备开始，经施工过程至竣工移交后的保修期结束。首先，成本控制工作要伴随项目施工的每一阶段，而不能等到“花钱”的时候才想到或进行成本控制；其次，成本控制工作要考虑项目整个寿命周期的总成本，如在施工准备阶段制订最佳的施工方案，按照设计要求和技术规范施工，不但能充分利用项目组织现有的资源，减少施工过程中的成本支出，而且由于工程质量的提高，减少了工程竣工移交后的保修费用，进而，可能减少了用户在使用阶段的维修保养支出。可以说，这样的节约才是真正的节约。

（三）责、权、利相结合的原则

要使成本控制真正有效，必须严格按照经济责任制的要求，贯彻责、权、利相等的原则。要在项目中确定各成本中心，让它们都负有控制成本的责任，从而形成整个项目的成本控制责任系统。但是，责任同时也是一种权利。显然，如果没有这种权利，也就没有能力在他们规定的范围内决定某项费用是否能够开支、如何开支和开支多少，从而谈不上能够控制成本，也更谈不上负控制成本的责任。此外，为充分调动每个成本中心的主动性和积极性，还必须定期对人们的业绩进行考评，并同其工资分配紧密挂钩，做到奖惩分明。

（四）目标管理原则

目标管理是一种贯彻执行计划的方法，它把计划的方针、任务、目标和措施等加以逐一分解，提出进一步的具体要求，并分别落实到执行计划的有关部门、单位甚至个人。目标管理的内容包括目标的设定和分解、检查目标执行结果、修正目标和评价目标。

成本控制作为目标管理的一项重要内容，其工作的开展要遵循目标管理的原理。它必须以目标成本（标准成本）为根据，作为对项目各种经济活动进行控制和指导的准绳，力求做到以最少的成本支出，获得最佳的经济效益。

（五）例外管理原则

在工程项目建设过程的诸多活动中，有许多活动是例行的，如限额领料、使用机械的程序等，这些活动通常是通过制度来保证其顺利进行的。对于那些不经常出现的问题，称为“例外问题”，乃是一些关键性的问题，它们对成本目标的顺利完成影响重大，必须予以高度重视。目前，例外管理方法被更多地用于成本指标的日常控制。

8.4.5　工程项目责任成本日常控制

（一）工程项目责任成本控制的对象

工程项目成本控制的对象可从下列几方面来考虑：

（1）以项目成本形成过程作为控制对象。对工程项目成本的形成进行全过程、全面的控制，包括：①工程投标阶段的工程成本预测控制；②施工准备阶段，结合图纸的自审、会审和其他资料，编制实施性施工组织设计，通过多方案的技术经济比较，从中选择经济合理、先进可行的施工方案，编制成本计划，进行成本目标风险分析，对成本进行事前控制；③在施工阶段，以施工预算、施工定额和费用标准对实际发生的费用进行控制；④在竣工移交及保修期阶段，对验收过程发生的费用及保修费支出进行控制。

（2）以项目的职能部门、工程队和班组作为成本控制对象。成本控制的具体内容是日常发生的各种费用和损失。它们都发生在项目的各个部门、工程队和班组。因此，成本控制也应以部门、工程队和班组作为成本控制对象，将项目总的成本责任进行分解，形成项目的成本责任系统，明确项目中每个成本中心所承担的责任，并据此进行控制和考核。

（3）以分部分项工程作为成本控制对象。为了把成本控制工作做得扎实、细致，落在实处，还应以分部分项工程作为成本控制对象，编制施工预算、分解成本计划，按分部分项工程分别计算工、料、机的数量及单价，以此作为成本控制标准，对分部分项工程进行成本控制。

（二）工程项目责任成本控制的内容

工程项目的各责任中心按工程项目成本的形成分，包括直接成本和间接成本，即材料、燃料、采购储存成本、固定资产、动力购入成本。按施工全过程发生的费用分包括直接费用和间接费用，即人工费、材料费、机械费、措施费以及管理费用、销售费用和财务费用。不论是从成本构成的角度还是从成本费用构成的角度出发，对责任成本进行日常控制必须全员参加，根据各自的分工不同对各自成本控制的内容负责。

（1）施工技术和计划经营部门或职能人员。

1）根据实施性施工组织设计的进度安排及业主或发包单位的要求合理安排施工计划，合理地、科学地组织与动态地管理施工。及时组织验收计价、收回工程价款，保证施工所用资金的周转，避免建设单位在不拨款的条件下要求加快施工进度，占用资金。

2）根据业主或发包单位工程价款到位情况组织施工，避免垫付资金施工。

（2）材料、设备部门或职能人员。

1）严格控制材料、配件的储备量，处理超储积压的材料、配件。可盘活储备资金，加速流动资金的周转。

2）控制材料、配件的采购成本。尽量就地取材；选择最经济的运输方式；选择最低费用的包装费；尽量做到采购的材料、配件直接进入施工现场，减少中间环节，减少业务提成。

3）控制采购材料配件的质量。坚持做到“三证”不全不入施工现场和仓库，确保材料、配件的质量，同时也减少了不合格产品的损失。

4）坚持限额领发料、退料制度，达到控制材料超消耗的目的。

（3）财务部门或职能人员。

1）控制间接费用按照制定间接费使用计划执行。特别是财务费用及责任中心不可控的成本费用。如上交管理费、固定资产折旧费、税金、提取的工会会费、劳动保险费、待业保险费、固定资产大修理费、养路牌照费和机械退场费等。财务费用主要是控制资金的筹集和使用，调剂资金的余缺，减少利息的支出，增加收入。

2）严格其他应收预付款的支付手续。如购买材料、配件、分包工程等预付款。手续完善，有支付依据，有预付款对方开户银行出具的资信证明，预付款不得超过合同价的80%，并经项目部领导集体研究确定。

3）其他费用控制按照规定的标准、定额执行。

4）对分包商、施工队支付工程价款时，应手续齐全。必须有技术部门及计划验工计价单，项目部领导签字方可拨款。

（4）其他职能部门或职能人员。其他职能部门或职能人员，根据分工不同严格控制工程项目成本。如安全质量管理部门必须做到质量、安全不出大事故；劳资部门对临时工应严格管理控制发生的工费等。

（5）施工队（含机械队）班组（含机组）。施工队（含机械队）的班组（含机组）主要是控制工费、料费和机械使用费。要求做到严格限额发料和退料手续，加强管理，避免窝工、返工，从而提高劳动效率。机组主要是控制燃料、动力费和经常修理费，坚持机械的维修保养制度，保持设备的完好率、利用率和出勤率，达到提高设备效率的目的。

（6）施工队（含机械队）。施工队（含机械队）主要控制人工费、材料费、机械使用费，可控的间接费。

（三）项目责任成本控制的标准与分解

成本控制标准的具体表现形式，依成本控制对象不同而异。一般有成本计划指标，费用支出预算，费用支出限（定）额（如工、料、机消耗标准）等，确定项目成本控制标准的方法常用以下几种。

（1）计划指标分解法。计划指标分解法是将项目成本计划的各项指标，进行层层分解，落实到工程队、班组，甚至个人，作为成本控制的依据。

（2）预算法。在每一项单位工程开工之前，根据设计文件、施工定额和施工组织设计的要求编制责任预算，并分解落实到分部分项工程和承担施工的相应班组，以此作为成本控制的标准。

（3）定额法。定额法将工程成本中的直接费按标准（计划或定额规定）落实到施工任务单上，以施工任务单为标准控制生产费用中的直接费支出；将工程成本的间接费用，按费用支出的部门编制间接费使用计划，以此来控制间接费用的支出。降低成本的技术组织措施分解表见表8-7。

表 8-7　　降低成本的技术组织措施分解表

措施内容摘要	涉及对象	降低费用内容	降低额	执行者	考核者
合计					

（四）工程项目施工过程责任成本控制

根据项目施工所处的阶段，其每一阶段的成本控制工作主要有以下内容：

（1）施工准备阶段。

1）进行成本预测，确定成本目标。

2）优化施工方案，对施工方法、施工顺序、机械设备的选择、作业组织形式的确定、技术组织措施等方面进行认真研究分析，运用价值工程思想，制订出科学先进、经济合理的施工方案。

3）编制成本计划并进行分解。

4）在保证施工生产能顺利进行的条件下，尽量减少库存，合理组织物资供应。

5）对施工队伍、机械的调迁、临时设施建设等其他间接费用的支出，作出预算，进行控制。

6）划分成本中心、落实成本责任、制订成本控制工作制度。

（2）施工阶段。

1）进行标准成本的分解、落实。

2）及时准确地记录、整理、核算实际发生的费用，计算实际成本。

3）经常进行成本差异分析，采取有效的纠偏措施，在充分注意不利差异的基础上，认真分析有利差异产生的原因，以防对后续作业成本产生不利影响或因质量低劣而造成返工的现象。

4）注意质量成本。

5）注意工程变更、项目设计及不可预计的外部条件（如交通突然中断）对成本控制的影响。

6）经常检查各成本中心的成本控制情况，检查成本控制权、利的落实情况，分析成本目标。

（3）验收移交阶段。

1）工程移交后，要及时结算工程款，进行成本分析，总结经验，并将此反馈给在建工程的成本控制工作。

2）控制保修期的保修费用支出，并将此问题反馈至有关责任者。

3）进行成本控制考评，落实奖惩制度。

8.4.6　工程变更与成本控制

（一）工程变更的概念和内容

工程项目的建造要满足业主单位的要求，这一要求有时会发生变化。工程项目的施工和项目所在地的自然地理条件密切相关，如地形、地质、地表水、地下水、雨、雪、气温等。工程项目的设计是依据历史上的水文地质资料和现场的勘察资料等进行的。因此，工程变更是项目施工过程中经常发生的事情，不以人们的意志为转移。工程变更必然影响到施工组织、施工方法的改变，从而也必然影响到项目成本费用的支出。所以，正确做好工程变更内容的估价，合理组织工程变更部分的施工，准确确定费用的承担者，对项目的业主单位和承包单位都是非常有益的。

工程变更，一般是指施工条件和设计的变更，根据国际咨询工程师联合会（FIDIC）制订"土木工程施工合同条件"，其中所述变更工程通常有下列几种情况：

(1) 增加或减少合同中所包括的任何工作的数量。

(2) 省略任何这类工作（但被省略的工作由业主或其他承包商实施者除外）。

(3) 改变任何这类工作的性质或质量或类型。

(4) 改变工程任何部分的标高、基线、位置或尺寸。

(5) 实施工程竣工所必需的任何种类的附加工作。

(6) 改变工程任何部分的任何规定的施工顺序或时间安排。

（二）工程变更的处理方法

当发生工程变更时，常常对项目的投资和工程成本产生很大影响，如果不能正确、及时地将费用和费用承担者予以合理确定，势必影响项目双方的和谐协作关系，直接影响项目的顺利完成。无论是发生设计变更，还是施工条件发生变化，对项目承包方既定的施工方法、机械设备使用、材料供应、劳动力调配，甚至工期目标的顺利达成都有不同程度的影响，况且，变更内容的实施，往往还要付以特别的资源使用。所以，当工程变更发生时，必须适当处理，以明确工程项目双方的责任。工程变更的处理方法如下。

(1) 工程变更的内容有大小之分。关于工程建筑物的构造、位置等重大变更时，则需要先办理合同变更手续，然后再进行处理；关于很小的变更，工程中时有发生，则可在监理工程师的同意下先变更内容，到一定时期再统一办理合同变更手续。在变更合同时，应协商好费用增减的范围和程度，这有利于减少日后的麻烦，即使是小的变更，次数一多费用也很可观，也会影响到工期，故需慎重处理，不能草率从事。我国目前工程设计变更分甲、乙、丙三类，其分工为：丙类变更设计由承包方提出设计，监理工程师和设计单位同意即可；乙类变更设计由设计单位提出设计，业主（或监理工程师）、承包方同意即可；甲类变更设计由设计单位提出，业主、监理工程师、承包方共同协商一致后方可实施。

(2) 通常，工程变更由业主单位提出要求的，相应费用由业主承担；由于客观条件的影响（如施工条件、天气等）而产生的，在合同规定范围的，按合同规定处理，否则应由双方协商解决。

(3) 在明确费用承担者的情况下，要尽可能准确地统计已造成的损失和变更后可能带来的损失。

(4) 经双方协商同意的工程变更，应有书面材料作为正式文件；涉及设计变更的，还必须有设计单位的意见（如丙类设计变更），以此作为工程价款结算的依据。

(5) 如果工程变更部分费用的增减超过原合同价的一定百分数时，这对既定的施工方案、资源有效利用可能带来较多不利的影响，承包方可以据此要求调整合同价格。

目前，有的建设项目是采取投资包干的形式，一般不变更设计，若有变更设计则按上述方法处理。

8.5　项目岗位责任成本考核

8.5.1　项目岗位责任成本考核概要

(一) 项目岗位责任成本考核的重要性

项目岗位责任成本考核是工程项目成本考核的一个重要部分，是项目落实成本控制目标的关键；是将工程项目成本总计划支出，在结合项目施工方案、施工手段和施工工艺，追求技术进步和成本控制的基础上提出的；是针对项目不同的管理岗位人员，而作出的成本耗费目标要求。企业将工程项目成本控制总额落实给项目，根据项目人员组成和岗位配备情况，按一定的方法分解给各个管理岗位或主要管理者。在此基础上按管理岗位分解指标，责任到人，实行风险抵押、按期考核。

确定工程项目成本责任总额，仅仅是工程项目成本控制的开始。工程项目成本只有把控制指标通过一定的方法和手段分解到每个岗位和每个管理者，并通过风险抵押和严格的奖罚措施，使项目总的成本控制指标变成若干个分项指标，变项目经理一个人的压力为群体压力，才能实现工程项目成本的分层控制和把握。只有这样，工程项目成本管理和工程项目成本控制的目标才能实现。因此项目岗位责任成本考核是工程项目成本考核，特别是工程项目成本控制的基础。没有这个基础，工程项目成本控制就得不到落实，工程项目成本控制目标也就得不到实现。

(二) 项目岗位责任成本考核人员的基本要求

(1) 项目管理人员的选配要满足项目管理的要求。项目管理很大部分是企业管理内容的浓缩，可谓是麻雀虽小，五脏俱全。不能因为要控制成本开支，就不加考虑地压缩人员，使项目实际运行过程中，大量工作无人做，或者由不懂本专业的人员去做，致使项目各项工作运行不好，甚至不能很好地履行与业主的合约。因此，对于项目人员的选配，既要精干，又要保证施工生产和项目管理工作的日常进行。

(2) 生产过程中项目经理对人员的管理要到位。针对每个管理岗位制订岗位责任制和项目管理程序和管理要求，以及相应的考评和奖罚规定。使项目整个管理工作按规定程序和规定时间，由规定人员去按质按量地完成所规定的工作内容。

(3) 要正确认识企业项目成本核算。项目的成本核算是企业工程成本核算的一个部分。工程成本核算中所需的大量的第一手资料依赖于项目提供。工程项目成本核算和成本考核工作，需要向企业提供相关核算资料进行核算和计量工作；项目的成本核算和项目岗位成本考核也需要企业进行指导、把握和要求。所以项目的核算工作必须是，也只能是企业核算的一个部分，必须按企业的规定正确组织工程项目成本的岗位核算和考核。

(三) 项目岗位责任成本考核人员的责任

(1) 项目经理。项目经理对工程项目成本计划总支出承担责任，并按合适的方法组织项目相关管理人员，在工程项目成本责任总额基础上，测算工程项目成本计划总支出，并按管理岗位将工程项目成本计划总支出分解成若干个分项指标。与相关管理岗位的人员或者负责人商量、落实、签订项目的岗位成本费责任控制指标、考核方法和奖罚方法。

（2）成本会计或成本员。成本会计或成本员要对工程项目成本核算的准确性承担责任，对项目的开支承担责任。成本会计要按企业规定的方法，正确开展工程项目成本核算，按规定的程序收付款项，保证款项支付的合理规范和真实准确。一方面，在工程项目成本的现场施工费用的总额内，实施分清耗费对象的项目现场施工费用控制。另一方面，根据项目岗位责任成本考核对象，建立岗位成本的台账，按期组织项目岗位责任成本考核。岗位考核内容结束后，要立即组织汇总和反映，为兑现和奖罚及时提供其实际耗费数据。

（3）预算人员。预算人员要对项目的分包成本支出总额承担责任。项目预算人员除了在工程项目成本核算中要承担责任外，还要对项目的分包成本支出承担责任。一般情况下的较大分包行为，由企业组织洽谈其单价和合同价，但这个合同价企业在与项目的成本责任合同中，都给予了补偿，项目的主要工作是在其总量和总价范围内实施控制。这个责任往往是由项目的核算人员来完成。在专业分包越来越多的情况下，分包成本的控制又往往具体落实到施工员或工长的头上，预算人员的责任就是与各个施工员一起，把分包成本控制在公司给予的额度内，而且在保证质量的前提下，越低越好。由于项目施工员只能对其本责任范围内的分包成本进行把握，因而项目内众多分包成本的总控制，就必须由预算人员完成。预算人员对分包成本核算的控制，主要包括每个分包内容的价、工日数和分包结算数，以防止施工员对分包费用多签、分包单价和分包工日数多签。控制基数就是项目分部分项岗位成本责任或岗位成本的额度。所以对于分包结算，预算人员要在施工员确认的基础上进行审核并承担最后把关的责任。当然对外分包结算由于是两个法人之间的行为，最终还需要到企业审定和确认，但就工程项目成本和岗位成本考核而言，预算人员对项目本身的分包成本也必须承担最后责任。

（4）材料人员。材料人员对项目材料管理、项目所采购的材料单价和项目租赁的周转料具总支出负责。材料人员（较大项目有几个材料人员时，则为材料负责人）要掌握项目总的各种材料的消耗量，以及工程施工过程中，由于设计变更和工程签证而引起的材料计划消耗量的变化，并根据施工过程中的定额消耗，分析材料消耗的合理性，要根据项目的管理岗位的分工，分清各个工长和其他管理岗位，不同管理范围内材料的计划消耗和实际消耗，以及它的合理性。

材料人员在实际施工过程中往往要控制项目的部分材料采购单价。按照项目的定位，从一般要求上项目是成本中心，并且项目不承担市场风险，不承担市场风险就不应该采购材料、从而不需要实施对材料采购单价的控制。但实际运行中由于项目所耗用材料包罗万象，企业不可能对每种材料都能及时的供应，因而，实际操作中企业往往把小型的、零星的那些数量不便把握，也算不清的材料，以一个经验数值算给项目，让其包干，对于这一块部分，项目在实际工作中就存在一个材料采购单价的控制问题。项目经理也往往把这部分内容，在其岗位成本考核和控制中，交材料人员或者材料负责人员，所以材料人员对其小型的、零星的材料采购单价和量的消耗要在岗位成本考核中给予体现。

周转料具的租赁费用控制，同样是材料人员的责任，所以这也是材料人员的岗位成本考核内容（也可以由项目安排给其他相关管理人员负责）。企业一般情况下根据其收入、施工方案和施工组织设计有关内容，计算出来交给项目的周转料具的可支配总额。实际施工过程可能由于设计变更和签证，会引起调整，所以工程竣工后的实际结算时，要调整其周转料具的项目收入。说到底就是项目不得突破企业给定的总额。另外，材料人员还要分清不同的耗费对象，以便落实各工长的岗位成本责任，揭示周转料具收支节超的原因和奖罚对象。

（5）机械管理员。机械管理员对租赁的机械设备和自有小型机械设备工具的耗费总额承担责任。项目在测定工程项目成本支出计划时，要根据其专业分工情况，计算出机械管理员的岗位成本考核范围和考核额度。一般情况下机械管理员管理范围主要有对外租入的机械设备和可开支总额、自有小型机械设备的可使用量和使用时间和施工用水电费的控制金额。

（6）工长或施工员。工长或施工员要对管理或责任范围的成本耗费承担责任。项目的施工员或者叫工长，在项目的岗位责任成本考核过程中，责任重大。施工员的岗位成本考核内容，主要是在其管理范围内岗位成本收支考核。施工员的岗位成本考核是项目最基本的岗位成本考核，而其他的专业岗位成本考核，主要是项目防止总量的超支和单价的控制，而平时最有效的控制则主要落实在施工员的身上。

（7）劳资、统计人员。对各岗位考核责任成本的收入承担责任。由于项目施工过程中，现在大都实行两层分离，项目没有很多的工人，即使有，也只是一些专业技工人员。因此实际工作中许多单位把劳资员与统计员的工作合在一起，由一人承担。项目的劳资工作较少，其统计工作往往占主要内容。统计人员在项目岗位责任成本考核工作中，重点要落实每个核算期，各个工长和各个岗位的岗位成本考核的收入，以便成本会计计算各个岗位的成本考核情况。另外，统计员在计算各个岗位的成本考核收入时，其整个项目岗位责任成本考核的总额，不得大于竣工后经调整的项目施工成本计划总支出。

8.5.2　项目岗位责任成本考核内容

项目岗位责任成本考核内容一般按项目管理岗位而定，工程项目有大有小，大的可有几亿，小的只有几百万，项目经理部人员和管理者的数量，一般按规模大小和工作岗位要求进行人员配备。工程量大的，特别是项目有多个单体组成的，则人员多一些。如有多个工长组成，每个工长负责一个项目的施工组织。项目由两个财务人员组成，分别负责出纳工作和核算工作。材料部门有几个人员组成，分别负责大宗材料、仓库保管、周转材料及租赁材料的保管和材料总负责等。而工程量小一些的项目可能只有一个工长，甚至项目经理也可兼任，项目不需开展成本直接核算。会计人员只要一个成本员即可，材料员也是同理，只需要一个材料人员就能完成本职工作。另由项目安排一人或多人兼职对其材料验收和耗费进行监督即可。因而项目人员配备不是一成不变的而是要根据工程项目的规模和体量，灵活安排。

8.5.3　项目岗位责任成本考核流程

（1）落实项目责任成本。企业与项目之间在开工前，或者在开工后尽量短的一段时间内计算项目的标准成本，同时与项目经理部谈判项目责任成本。经双方确认后，签订项目责任成本合同。

（2）落实项目管理人员安排和工作岗位。一般情况下，施工企业在实施项目责任成本管理工作中有一套制度规范项目的成本管理工作，其中就会有一项关于不同项目的人员配备要求和岗位设置要求。这些指导性文件或规定，也是计算项目中的管理人员工资的基础。因此企业要与项目部一起，计算、落实项目管理人员数量、岗位设置，包括工资标准和工资总额。同时对每个管理人员落实管理岗位和管理工作范围。如合约副经理兼统计收入工作，会计人员兼项目办公室负责人等。项目有些关键管理岗位的工人或班组长有时也承揽相应的管理责任。

（3）分解项目责任成本，测算项目的内控成本。按照项目的管理情况和管理人员及其岗位的配置情况，分解成本指标，这个指标分解应该是全面性而且是覆盖性的，即项目责任在每个岗位分配指标后，应与项目的成本目标一致，不留缺口。

（4）根据管理岗位设置，计算不同岗位的成本考核指标。岗位责任成本考核指标设定和考核的额度，主要是根据岗位相关人员，什么岗位管理什么内容，经测算应有什么样的成本支出，才能达到目标，而且这种成本支出需要进一步的细化、优化才能进行决定。根据每个岗位的管理者，填列成本考核指标，并与岗位责任者签订岗位成本考核责任书，应具有工作内容、阶段指标、考核方法、时间安排、奖罚办法等明细内容。

（5）实施项目施工过程的计量和核算工作。岗位责任成本考核，应本着干什么、管什么、算什么的原则，进行过程的控制和考核。岗位成本的计量工作，会计上的成本核算，以前都很难实现，随着会计电算化的快速进步，现在已是非常简单了，通过成本科目在收支的相关科目中实行部门或个人的辅助核算，就能达到区分和计量的目的。但会计上核算的东西，都是沉没成本，属于过去时。还需要设计一套专用账簿进行实时核算和计量，及时向有关责任者提供信息。

（6）项目岗位责任成本考核的评价工作。岗位工作一旦结束，或者取得明确的阶段计量，就可以进行阶段考核和业绩评价，评价可以是某岗位工作全部完成的时候，也可以采用分阶段进行对比，但必须有一条，就是要计量清楚，另外一点是阶段考评和结果只能是部分兑现，因为全部工作尚未完成，偶然性的问题，还会可能出现。

8.5.4 项目岗位责任成本考核方法

项目岗位责任成本的考核，一般采用表格法，主要分为开工前的总量落实、分阶段的考核和完工后的总考核及其奖罚兑现。

（一）岗位责任成本的考核总量的计算和落实

项目班子组建完成后，根据企业下达的项目施工成本总额和项目在改进施工方案和控制方案后计算和制订的项目施工成本支出总计划。

（1）同时要立即着手根据人员的构成情况，依据项目施工成本支出总计划，进行岗位成本的考核内容分工。

（2）岗位责任成本的考核在项目的成本控制中都能留有余地，也就是说，工程项目成本总计划的每项预计支出，都要落实到人。

（3）每项岗位责任成本控制和考核不仅有内容、有范围，还要有指标、有奖罚方法。通常情况下，项目在测定了各管理岗位的成本考核指标后，或者某个岗位成本考核指标后，由项目经理与岗位的责任人商定并签订岗位的成本考核指标，并以内部合同形式予以确定。

合同的内容一般有项目名称、岗位成本考核范围、岗位成本考核的具体方法和指标、奖罚方法、风险抵押金额、岗位成本考核的责任人、项目负责人、考核时间和内部合同签订时间。

其岗位考核成本指标计算表，一般有以下结构组成：

1）表头。主要有表格名称、项目名称、岗位责任范围、工期。

2）主表。主要有分工序名称、工程量、单价、造价、各具体工作（工序）的时间安排。

3）表尾。主要有项目岗位责任成本责任总额，项目经理签字，预算人员签字，岗位责任人签字、签订时间。以工长的钢筋混凝土岗位成本责任考核指标为例，其表格形式见表 8 - 8。

表 8-8　钢筋混凝土岗位成本责任考核指标计算表

项目名称：　　　岗位责任范围：　　　工期：　　　年　月　日至　年　月　日

序　号	分部分项名称	单　价	总　价	时间安排
合　计				

项目的岗位成本责任一经签订就要严格执行，岗位成本责任书一般情况下，一式 3～4 份，其中岗位责任人至少 1 份。

（二）项目施工过程中分阶段的考核

项目施工过程中分阶段的考核主要由两部分构成：①岗位成本责任因签证或设计变更，而引起的调整；②分阶段的收支考核，考核期一般同会计核算期限一致，即每月一次。

（1）考核指标的调整。根据项目岗位责任考核的双方合同中，所规定的岗位成本责任的调整方法，项目收入一旦发生调整，相关管理范围或岗位对象，也应作出相应调整。一般按因素调节法，计算和确认工程项目成本收入调整中属于某岗位的调整额。

（2）分阶段的考核。在项目确定工程收入中属于项目的成本收入后，项目统计员要根据各岗位所完成的工程量和岗位考核方法，计算各岗位的成本核算期的岗位成本收入，经预算员确认后，报项目会计处。工程项目成本会计根据各要素提供者所提供的相关报表或资料，计算各岗位成本的耗费和其相应的指标节约情况，其表格形式见表 8-9。

表 8-9　项目岗位责任成本分阶段考核情况表

岗位成本责任人：　　　考核时间：　年　月　日　　　单位：元

原始签约额		本期岗位成本收入额	
调整额		本期岗位成本支出额	
完工确认额		本期岗位成本节超额	
		累计岗位成本收入额	
		累计岗位成本支出额	
		累计岗位成本	

项目经理：　　　预算员：　　　成本会计：

（三）完工后岗位责任成本的总考核与总兑现

一般在该岗位工作内容完成后计算确认，主要由工程项目成本会计召集相关人员，计算而定。基本步骤如下：

（1）取得和确认原始的岗位的考核指标。

（2）从统计员特别是预算人员处取得岗位成本考核的调整数。

（3）汇总该岗位的累计成本收支数或收支量。

（4）完成完工岗位成本总考核表的编制。

(5) 根据岗位成本考核合同书中相关内容，计算该岗位的奖罚和比例。

(6) 劳资员计算，项目经理签认其奖罚书。

(7) 工程竣工后，补差各岗位成本责任考核的奖罚留存数。

(8) 项目通知企业财务退还相关岗位责任者的风险抵押金。

8.5.5 项目岗位责任成本考核方式

(一) 按成本消耗对象明确主要责任岗位者

根据每个消耗对象确定管理岗位责任成本和相应的责任群体，这就改变了以管理人员的岗位定责任成本的方法。

(二) 区分管理责任大小，建立合理的考核责任

根据每个成本消耗对象所涉及的相关管理人员，以及他们的责任大小，建立责任群体和相应的责任权数。即按责任大小设定主要责任者、次要责任者和一般责任者。严格讲任何一项管理行为，所涉及的范围都是较广的，不可能界定得非常准确，所以只能根据成本消耗对象所涉及的直接责任者设计责任群体和考核方法。

(三) 实施合理的定期奖励

这种方式的岗位责任成本考核，宜采用节点考核的方法。在项目责任成本测算前，根据施工过程，将工程项目分成若干阶段进行考核，称为节点考核。通常将一个项目在土方施工结束、垫层施工前为第一个节点，将主体施工作为第二节点，项目体量大的，可以将主体分为正负零以下和以上两个部分，工程后期的围护和粗装修工程作为第四或第五个节点考核。每个节点结束后，按照责任成本的收支情况和责任群体岗位成本考核完成情况进行部分兑现。由于项目施工期长，施工过程的阶段考核兑现应及时进行，以免挫伤管理人员的积极性，但也不能全部兑现。考虑工程的连续性和成本不可能做到精确的事实，可先兑现一半，剩余部分待工程竣工后一并兑现。针对不同岗位责任群体的兑现，辅以节点阶段部分考核的方法，可达到“责任明确、主次分清、共同管理、提倡合作、节点考核、竣工兑现”的目的。

(四) 建立多个利益主体协同管理的责任体系

项目的成本消耗是一个复杂的过程，消耗管理只有与使用者产生利益关联，责任成本控制才能落实到实处。具体来说有以下两个方面。

(1) 周转料具的数量管理。由于施工场地大、工序穿插较多，从管理经验上看，钢管、扣件最易丢失，安全防护设施、竹木夹板最易损坏，而这部分主要使用者应是分包商。但由于分包商从事劳务分包，对料具的保管没有责任，所以许多企业的周转料具丢失严重，并造成严重的成本负担。这既有门卫管理不到位的责任，也有施工过程中的丢失和被掩埋的问题。总之，超过一定比例的丢失，都是管理手段和管理水平不高的具体表现。现在许多企业或项目将周转料具的保管责任，交给模板施工的分包商，同时给一定的保管费用和维修费用，促使其认真管理、文明施工，减少损坏，同时企业和项目的效益也能得到保证。

(2) 大宗材料的消耗控制。大宗材料主要是钢材、木材、水泥和砖、灰、砂石等材料。这些材料，主要是露天堆放，即使是有库房，其库房由于施工的连续性，也是敞开管理。这时的消耗管理就变得较为困难。因此许多企业将这些材料的耗用节余与分包商挂钩，即发生材料消耗节余，将按一定比例，通常是四六分成或五五分成，与分包商进行节余分配，从而调动其管理的积极性。从实践来看，由于存在利益关系，分包商对这些大宗材料从进场验

收、治安、消耗、出门等都参与了管理。甚至分包商也派出门卫，协同管理，材料进出现场，都由双方门卫或管理者共同签字。这样通过效益和责任主体的共同管理、彼此制衡，实现了企业控制消耗的成本管理目标。

小　　结

（1）项目责任成本是按照项目的经济责任制要求，在项目组织系统内部的各个责任层次，进行分解项目全面的预算内容，形成了“责任预算”，称为责任成本。责任成本划清了项目成本的各种经济责任，对责任预算的执行情况进行计量、记录、定期作出业绩报告，对于项目管理是非常必要的，也是加强工程项目成本管理的一种科学方法。

（2）影响工程项目责任成本的因素有施工方案、施工进度、施工质量、施工安全和施工现场平面管理等。

（3）编制项目责任成本计划的具体方法随项目不同而不完全相同。通常可以大致分成四个阶段：根据有关资料确定目标成本及目标成本降低率（额）；试算平衡和目标成本分解；编制成本计划表；成本目标风险分析。

（4）工程项目责任成本控制是对企业内部一个完整的工程项目，通过确定优化的施工组织设计方案，划定收入与支出配比责任层次，编制各层次的责任成本预算，各责任层次的责任中心制订各种控制措施，对各项工作进行过程性奖励兑现，从而提高项目整体经济效益的一种管理行为。

（5）项目岗位责任成本考核是项目施工成本考核的一个重要部分，是项目落实成本控制目标的关键；是将项目施工成本总计划支出，在结合项目施工方案、施工手段和施工工艺，追求技术进步和成本控制的基础上提出的；是针对项目不同的管理岗位人员，而作出的成本耗费目标要求。企业将项目施工成本控制总额落实给项目，根据项目人员组成和岗位配备情况，按一定的方法分解给各个管理岗位或主要管理者。在此基础上按管理岗位分解指标，责任到人，实行风险抵押，按期考核。

思　考　题

1. 项目责任成本的概念是什么？
2. 工程项目责任成本的确定与划分是什么？
3. 项目责任成本管理的优点有哪些？
4. 影响工程项目责任成本的因素有哪些？
5. 项目责任成本计划的编制依据和程序是什么？
6. 项目责任成本计划的编制方法有哪些？
7. 项目责任成本控制的概念是什么？
8. 项目责任成本控制过程有哪些？
9. 项目岗位责任成本考核的重要性是什么？
10. 项目岗位责任成本考核人员的基本要求有哪些？
11. 项目岗位责任成本考核内容有哪些？

第9章　工程项目融资成本管理

学　习　目　标

(1) 了解工程项目融资的概念，特点；
(2) 熟悉工程项目融资模式；
(3) 熟悉工程项目融资成本，掌握工程项目融资的资金结构。

9.1　工程项目融资概述

9.1.1　工程项目融资的概念

工程项目融资，是一个金融术语，到目前为止，还没有一个准确公认的定义。广义地说，为了建设一个新的工程项目，收购一个现有工程项目或者对已有的工程项目进行债务重组所进行的融资活动都可以被称为"项目融资"。彼得·内维特在其所著的《Project Financing》(1989年第5版）一书中给工程项目融资所作的定义是："项目融资就是在向一个具体的经济实体提供贷款时，贷款方首先察看该经济实体的现金流和收益，将此视为偿还债务的资金来源，并将该经济实体的资产视为这笔贷款的担保物，若这两点可以作为贷款的安全保障则予以贷款。"

根据彼得·内维特的定义，可以进一步来理解工程项目融资。工程项目融资指的是对需要大规模资金的项目所采取的金融活动。借款人原则上将项目本身所拥有的资金及其收益作为还款的资金来源，并且将其项目资产作为抵押条件来处理，而该项目事业主体的一般性信用能力则通常不被作为重要因素来考虑。

工程项目融资通常包括四个方面的要素：①在一定程度上依赖于项目的资产和现金流量，贷款人对项目的发起人没有完全的追索权；②贷款人需要对项目的技术和经济效益、项目发起人和经营者的实力进行评估，并对正在建设或运营中的项目本身进行监控；③贷款和担保文件很复杂，并且经常需要对融资结构进行创新；④贷款人因承担项目风险而要求较高的资金回报和费用。

9.1.2　工程项目融资的基本特点

工程项目融资作是近年来出现的新型融资方式，它与传统的公司融资有很大区别，具有以下基本特征。

（一）项目的经济强度是项目融资的基础

项目融资的一个显著特点是项目能否获得贷款完全取决于项目的经济强度，即贷款人在贷款决策时，主要考虑项目在贷款时期内能产生多少现金流量用于还款，贷款的数量、利率和融资结构的安排完全取决于项目本身的经济效益，这完全有别于传统融资主要依赖于投资者或发起人的资信。项目融资的这些特征使得缺乏资金而又难以筹措资金的投资者，可以依靠项目的经济强度，通过项目融资方式实现融资。同时，由于贷款人关注的是项目本身的经济实力，因此，他必然要密切关注项目的建设和运营状况，对项目的谈判、建设、运营进行全过程的监控。从这个意义上讲，采用项目融资方式有利于项目的成功。

（二）追索的有限性

是完全追索，还是有限追索或无追索，这是项目融资与传统的公司融资的最主要区别。追索是指借款人未按期偿还债务时，贷款人要求借款人用除抵押资产之外的其他资产偿还债务的权利。如前所述，项目融资属于有限追索或无追索性质的融资，所谓有限追索是指贷款人可以在某个特定阶段或者规定的范围内，对项目的借款人追索，除此之外，无论项目出现任何问题，贷款人均不能追索到借款人除该项目资产、现金流量以及所承担义务之外的任何财产。有限追索融资的特征是"无追索"融资，即融资百分之百地依赖于项目的经济实力。实际工作中，无追索的项目融资很少见。由于有限追索或无追索的实现，使投资者的其他资产得到有效的保护，这就调动了大批具有资金实力的投资者参与开发与建设的积极性。

传统的公司融资方式属于完全追索。所谓完全追索是指借款人必须以本身的资产作抵押。如果违约时该项目不足以还本付息，贷款方则有权把借款方的其他资产也作为抵押品收走或拍卖，直到贷款本金及利息偿清为止。可见，完全追索与有限追索的区别十分明显，人们往往把这点作为区别项目融资与公司融资的最主要标准。

（三）风险分担的合理性

任何项目的开发与建设都必然存在着各种风险。项目融资与传统的公司融资方式比较，在风险分担方面有三点显著不同：①通过项目融资的项目都是大型项目，它具有投资数额巨大、建设期长的特点，因而与传统的融资项目相比，投资风险大。②项目融资大多是一种利用外资形式，因此，项目融资的风险种类多于传统融资的风险，如政治风险和法律风险等。③传统融资的项目风险往往集中于投资者、贷款者或担保者，风险相对集中，难以分担；而项目融资的参与者有项目发起人、项目公司、贷款银行、工程承建商、项目设备和原材料供应商、项目产品的购买者和使用者、保险公司和政府机构等多方，通过严格的法律合同可以合理分担责任和风险，从而保证项目融资的顺利实施。

（四）融资的负债比例较高

在传统的公司融资方式下，一般要求项目投资者的出资比例至少要达到30%～40%及以上才能融资，其余的不足部分由债务资金解决。而项目融资是有限追索融资，通过这种融资形式可以筹集到高于投资者本身资产几十倍甚至上百倍的资金，而对投资者的股权出资所占的比例要求不高，一般而言，股权出资占项目总投资的30%即可，其余由贷款、租赁、出口信贷等方式解决。因此可以说，项目融资是一种负债比率较高的融资。

9.1.3　工程项目融资的程序

从项目的投资决策算起，到选择采用项目融资的方式为项目的投资筹集资金，一直到最后完成该项目融资，大致上可以分为五个阶段，即投资决策分析、融资决策分析、融资结构分析、融资谈判和项目融资的执行。

（一）投资决策分析

从严格的意义上讲，投资决策分析也可以不属于项目融资所包括的范围。对于任何一个投资项目，在决策者下决心之前，都需要经过相当周密的投资决策分析，这些分析包括宏观经济形势的判断，工业部门的发展以及项目在工业部门中的竞争性的分析，项目的可行性研究等标准内容。然而，一旦作出投资决策，接下来的一个重要工作，即确定项目的投资结构，则是与将要选择的融资结构和资金来源有着密切的关系。同时，在很多情况下项目投资决策也是与项目能否融资以及如何融资紧密联系在一起的。投资者在决定项目投资结构时需要考虑的因素很多，其中主要包括项目的产权形式、产品分配形式、决策程序、债务责任、现金流量控制、税务结构和会计处理等方面的内容。投资结构的选择将影响到项目融资的结构和资金来源的选择，反过来，项目融资结构的设计在多数情况下也将会对投资结构的安排作出调整。

（二）融资决策分析

在融资决策分析这个阶段，项目投资者将决定采用何种融资方式为项目开发筹集资金。是否采用项目融资，取决于投资者对债务责任分担上的要求、贷款资金数量上的要求、时间上的要求融资费用上的要求以及诸如债务会计处理等方面要求的综合评价。如果决定选择采用项目融资作为筹资手段，投资者就需要选择和任命融资顾问，开始研究和设计项目的融资结构，有时，项目的投资者自己也无法明确判断采取何种融资方式为好，在这种情况下，投资者可以聘请融资顾问对项目的融资能力以及可能的融资方案作出分析和比较，在获得一定的信息反馈后，再作出项目的融资方案决策。

（三）融资结构分析

设计项目融资结构的一个重要步骤是完成对项目风险的分析和评估。项目融资的信用结构的基础是由项目本身的经济强度以及与之有关的各个利益主体与项目的契约关系和信用保证所构成的。因此，能否采用以及如何设计项目融资结构的关键点之一就是要求项目融资顾问和项目投资者一起对于项目有关的风险因素进行全面的分析和判断，确定项目的债务承受能力和风险，设计出切实可行的融资方案。项目融资结构以及相应的资金结构的设计和选择必须全面反映出投资者的融资战略要求和考虑。

（四）融资谈判

在初步确定了项目融资的方案之后，融资顾问将有选择地向商业银行或其他一些金融机构发出参加项目融资的建议书，组织贷款银团，着手起草项目融资的有关文件。这一阶段会经过多次的反复，在与银行的谈判中，不仅会对有关的法律文件作出修改，在很多情况下也会涉及融资结构或资金来源的调整问题，有时甚至会对项目的投资结构及相应的法律文件作出修改，以满足贷款银团的要求。在这一阶段，融资顾问、法律顾问和税务顾问的作用是十分重要的。强有力的融资顾问和法律顾问可以帮助加强项目投资者的谈判地位，保护投资者的利益，并在谈判陷入僵局时，及时地、灵活地找出适当的变通办法，绕过难点，解决问题。

（五）项目融资的执行

在正式签署项目融资的法律文件之后，融资的组织安排工作就结束了，项目融资将进入其执行阶段。在传统的融资方式中，一旦进入贷款的执行阶段，借贷双方的关系就变得相对简单明了，借款人只要求按照贷款协议的规定提款和偿还贷款的利息和本金。然而，在项目融资中，贷款银团通过其经理人（一般由项目融资顾问担任）将会经常性地监督项目的进展，根据融资文件的规定，参与部分项目的决策程序，管理和控制项目的贷款资金投入和部分现金流量。贷款银团的参与可以按项目的进展划分为三个阶段，即项目的建设期、试生产期和正常运行期。在项目的建设期，贷款银团经理人将经常性地监督项目的建设进展，根据资金预算和建设日程表，安排贷款的提取。如果融资协议包括有多种货币贷款的选择，贷款银团经理人可以为项目投资者提供各种资金安排上的策略性建议。在项目的试生产期，贷款银团经理人监督项目试生产情况，将实际的项目生产成本数据和技术指标与其融资文件的规定指标进行比较，确认项目是否达到了融资文件规定的商业完工标准。在项目的正常运行期，项目的投资者所提供的完工担保将被解除，贷款的偿还将主要地依赖于项目本身的现金流量。贷款银团经理人将按照融资文件的规定管理全部或一部分项目的现金流量，以确保债务的偿还。除此之外，贷款银团经理人也会参与一部分项目生产经营决策，在项目的重大决策问题上（例如，新增资本支出、减产、停产和资产处理等）有一定的发言权。由于项目融资的债务偿还与其项目的金融环境和市场环境密切相关，所以帮助项目投资者加强对项目风险的控制和管理，也成为贷款银团经理人在项目正常运行阶段的一项重要的工作。

9.1.4　工程项目融资的框架结构

工程项目融资的框架由四大模块构成，即项目的投资结构、项目的融资结构、项目的资金结构以及项目的信用保证结构。

（一）项目的投资结构

项目的投资结构即项目的资产所有权结构，是指投资者对项目资产权益的法律拥有形式和投资者之间的法律合作关系。项目融资中，投资者之间的合作形式有多种，因而形成了不同种类的投资结构。各种不同的投资结构中的投资者对其资产的拥有形式，对项目产品、项目现金流量的控制程度，以及对所承担的债务责任和所涉及的税务结构是不同的。这些差距直接影响着项目融资整体结构的设计。实践中，项目投资结构的设计是多种多样的。就一个具体项目而言，究竟如何确定一个最优的投资结构，还很难找到一个统一的标准。通常的做法是要求投资者依据项目的特点和合资各方的发展战略和利益追求、融资方式、资金来源等条件综合考虑。

（二）项目的融资结构

融资结构是项目框架结构中的核心部分。在项目融资中，当投资、融资决策分析完成后，一项极为重要的工作就是聘请融资顾问设计融资结构，并由投资者选择合适的融资结构。所谓融资结构的设计，是融资顾问按照投资者的要求，对几种融资模式进行组合、取舍、拼装，以实现预期的目标。国际上常用的项目融资的基本模式有直接融资模式、项目公司融资模式、杠杆租赁融资模式、“设施使用协议”融资模式、“生产支付”融资模式、BOT 项目融资模式、PPP 项目融资模式和 ABS 项目融资模式等。具体到每一个国家，项目融资的模式又可以按下列标志区分：①按照项目公司的类型，可分为中外合资项目融资模式和外商融资项目融资模式；②按照运营期后果是否移交，可以分为 BOT 模式和其他项目融资模式；③按照抵押品的类型，可以分为以未来现金流量抵押融资模式和产品支付项目融资模式等。

（三）项目的资金结构

资金结构是指融资方案中各种资金的比例关系。融资方案设计与分析中，资金结构的选择与分析是一项重要内容，资金结构包括项目资本金与项目债务资金的比例、项目资本金内部结构比例和项目债务资金内部结构比例。项目资本金与项目债务资金的比例是项目资金结构中最重要的比例关系。项目投资者希望投入较少的资本金，获得较多的债务资金，尽可能降低对股东的追索。而提供债务资金的债权人则希望项目能够有较高的资本金比例，以降低债权的风险。当资本金比例降低到银行不能接受的水平时，银行将会拒绝贷款。资本金和债务资金的合理比例需要由各个参与方的利益平衡来决定。项目资本金内部结构是指项目投资各方的出资比例。不同的出资比例决定各投资方对项目建设和经营的决策权和承担的责任，以及项目收益的分配。项目债务资金结构反映债权各方为项目提供债务资金的数额比例、债务期限比例、内债和外债的比例，以及外债中各币种债务的比例等。

（四）项目的信用保证结构

信用保证结构的设计在一定程度上可以说是项目融资的生命线，项目融资的根本特征体现在项目风险的分担上，而信用保证结构正是实现这种风险分担的一个关键所在。信用保证结构的核心是融资的债权担保，用于支持贷款的信用结构的安排是灵活的和多样化的，一个成功的项目融资，可以将贷款的信用支持分配到与项目有关的各个参与方，典型的方法包括：在市场方面，可以要求对项目产品感兴趣的购买者提供一种长期购买合同作为融资的信用支持；在工程建设方面，为了减少风险，可以要求工程承包公司提供固定价格、固定工期的合同，或“交钥匙”工程合同，可以要求项目设计者提供工程技术保证等；在原材料和能源供应方面，可以要求供应方在保证供应的同时，在定价上根据项目产品的价格变化设计一定的浮动价格公式。所有这些做法，都可以成为项目融资强有力的信用支持，提高项目的债务承受能力，分散项目的风险。

9.2 工程项目融资模式

9.2.1 直接融资模式

（一）直接融资方式在结构安排上的操作思路

（1）由投资者面对同一贷款银行和市场直接安排融资。在这一融资模式中，首先，投资者根据合资协议组成非公司合资结构，并按照投资比例合资组建一个项目管理公司负责项目的建设和生产经营，项目管理公司同时也作为项目发起人的代理人负责项目的产品销售。项目管理公司的这两部分职能分别通过项目的管理协议和销售代理协议加以规定和实现。其次，根据合资协议规定，发起人分别在项目中投入相应比例的自有资金，并统一筹集项目的建设资金和流动资金，但是由每个发起人单独与贷款银行签署协议。在建设期间，项目管理公司代表发起人与工程公司签订工程建设合同，监督项目的建设，支付项目的建设费用；在生产经营期间，项目管理公司负责项目的生产管理，并作为发起人的代理人销售项目产品。最后，项目的销售收入将首先进入一个贷款银行监控下的账户，用于支付项目的生产费用和资本再投入，偿还贷款银行的到期债务。最终，按照融资协议的规定将盈余资金返还给发起人。

（2）由投资者各自独立地安排融资和承担市场销售责任。在这一融资模式中，两个投资者组成非公司型合资结构，投资于某一项目，并由投资者而不是项目管理公司组织产品销售和债务偿还。首先，项目发起人根据合资协议投资合资项目，任命项目管理公司负责项目的建设生产管理。然后，发起人按照投资比例，直接支付项目的建设费用和生产费用，根据自己的财务状况自行安排融资。项目管理公司代表发起人安排项目建设、安排项目生产、组织原料供应，并根据投资比例将项目产品分配给项目发起人。最后，项目发起人以“或付或取”合同的规定价格购买项目产品，其销售收入根据与贷款银行之间的现金流量管理协议进入贷款银行监控账户，并按照资金使用优先序列的原则进行分配。

（二）直接融资模式的特点

任何一种融资模式在满足投资者某些方面需要的同时，难免会存在某些方面的缺陷。直接融资模式也是如此，既有其优点，也有其不足。直接融资的优点主要体现在：①选择融资结构及融资方式比较灵活。发起人可以根据不同需要在多种融资模式、多种资金来源方案之间充分加以选择和合并，比如资信较好的公司可以很便宜地融通到资金，而对于一些小公司却必须付出很高的融资成本。②债务比例安排比较灵活。发起人可以根据项目的经济强度和本身资金状况较灵活地安排债务比例。③可以灵活运用发起人在商业社会中的信誉。同样是有限追索的项目融资，信誉越好的发起人就可以得到越优惠的贷款条件。

直接融资模式的不足之处，主要表现在将融资结构设计成有限追索时比较复杂：①如果组成合资结构的投资者在信誉、财务状况、市场销售和生产管理能力等方面不一致，就会增加项目资产及现金流量作为融资担保抵押的难度，从而在融资追索的程度和范围上会显得比较复杂。②在安排融资时，需要注意划清投资者在项目中所承担的融资责任和投资者其他业务之间的界限，这一点在操作上更为复杂。③通过投资者直接融资很难将融资安排成为非公司负债型的融资形式，也就是说在安排成有追索的融资时难度很大。

9.2.2　以“设施使用协议”为基础的项目融资模式

（一）以“设施使用协议”为基础的项目融资模式的含义

以“设施使用协议”为基础的项目融资模式，是指围绕着一个工业设施或者服务性设施的使用协议作为主体安排的项目融资。这种设施使用协议，在工业项目中有时也称为“委托加工协议”，是指在某种工业设施或服务性设施的提供者和这种设施的使用者之间达成的一种具有“无论提货与否均需付款”性质的协议。利用以“设施使用协议”为基础的项目公司安排融资，主要应用于一些带有服务性质的项目，例如石油、天然气管道项目、发电设施、某种专门产品的运输系统以及港口、铁路设施等。20 世纪 80 年代以来，由于在很长一个时期内国际原材料市场不景气而导致与原材料有关的项目投资风险过高，这种融资模式也开始被引入到工业项目中，其中典型的实例包括 20 世纪 80 年代中期在澳大利亚和加拿大兴建的几个世界级的电解铝厂。

（二）以“设施使用协议”为基础的项目融资模式的运作

利用“设施使用协议”安排项目融资，其成败的关键是项目设施的使用者能否提供一个强有力的具有“无论提货与否均需付款”（在这里也可以称为“无论使用与否均需付款”）性质的承诺。这个承诺要求项目设施的使用者在融资期间定期向设施的提供者支付一定数量的预先确定下来的项目设备使用费。这种承诺是无条件的，不管项目设施的使用者是否真正地利用了项目设施所提供的服务。在项目融资中，这种无条件承诺的合约权益将被转让给提供贷款的银行，通常再加上项目投资者的完工担保，就构成为项目信用保证结构的主要组成部分。理论上，项目设施的使用费在融资期间应能够足以支付项目的生产经营成本和项目债务还本付息。

（三）以“设施使用协议”为基础的项目融资模式的特点

（1）投资结构的选择比较灵活，既可以采用公司型合资结构，也可以采用非公司型合资结构、合伙制结构或者信托基金结构。投资结构选择的主要依据是项目的性质、项目投资者和设施使用者的类型及融资、税务等方面的要求。

（2）项目的投资者可以利用与项目利益有关的第三方（即项目设施使用者）的信用来安排融资、分散风险、节约初始资金投入，因而特别适用于资本密集，收益相对较低但相对稳定的基础设施类型项目。

（3）具有“无论提货与否均需付款”性质的设施使用协议是项目融资的不可缺少的组成部分。这种项目设施使用协议在使用费的确定上至少需要考虑到项目投资在以下三个方面的回收：

1）生产运行成本和资本再投入费用。

2）融资成本，包括项目融资的本金和利息的偿还。

3）投资者的收益。在这方面的安排可以较前两方面灵活一些。在安排融资时，可以根据投资者股本资金的投入数量和投入方式作出不同的结构安排。

（4）采用这种模式的项目融资，在税务结构处理上需要比较谨慎。虽然国际上有些项目将拥有“设施使用协议”的公司的利润水平安排在损益平衡点上，以达到转移利润的目的，但是有些国家的税务制度是不允许这样做的。

9.2.3 以“杠杆租赁”为基础的项目融资模式

以“杠杆租赁”为基础的项目融资模式是指在项目投资者的要求和安排下，由杠杆租赁结构中资产出租人融资购买项目的资产，然后租赁给承租人（项目投资者）的一种融资结构。

（一）项目参加主体

（1）资产出租人。资产出租人至少由两个“股本参加者”组成的合伙制结构（在美国也可以采用信托基金结构）作为项目资产的法律持有人和出租人。合伙制结构是专门为某一个杠杆租赁融资结构组织起来的，其参加者一般为专业租赁公司、银行和其他金融机构，在有些情况下，也可以是一些工业公司。合伙制结构为杠杆租赁结构提供股本资金（一般为项目建设费用或者项目收购价格的20%～40%），安排债务融资，享受项目结构中的税务政策（主要来自项目折旧和利息的税务扣减），出租项目资产收取租赁费，在支付到期债务、税收和其他管理费用之后取得相应的股本投资收益（在项目融资中这个收益通常表现为一个预先确定的投资收益率）。

（2）贷款人。贷款人即“债务参加者”（其数目多少由项目融资的规模决定）。债务参加者为普通的银行和金融机构。债务参加者以对股本参加者无追索权的形式为被融资项目提供绝大部分的资金（一般为60%～80%）。由债务参加者和股本参加者所提供的资金应构成被出租项目的全部或大部分建设费用或者购买价格。通常，债务参加者的债务被全部偿还之前在杠杆租赁结构中享有优先取得租赁费的权利。对于债务参加者来说，为杠杆租赁结构提供贷款和为其他结构的融资提供贷款在本质上是一样的。

（3）“项目资产承租人”。“项目资产承租人”是项目的主办人和真正投资者。项目资产承租人通过租赁协议的方式从杠杆租赁结构中的股本参加者手中获得项目资产的使用权，支付租赁费作为使用项目资产的报酬。由于在结构中充分考虑到了股本投资者的税务好处，所以与直接拥有项目资产的融资模式比较，项目投资者可以获得较低的融资成本。具体地说，只要项目在建设期和生产前期可以有相当数额的税务扣减，这些税务扣减就可以被用来作为支付股本参加者的股本资金投资收益的一个重要组成部分。与其他模式的项目融资一样，项目资产的承租人在多数情况下，也需要为杠杆租赁融资提供项目完工担保、长期的市场销售保证、一定形式和数量的资金投入（作为项目中真正的股本资金）以及其他形式的信用保证。由于其结构的复杂性，并不是任何人都可以组织起来以杠杆租赁为基础的项目融资。项目资产承租人本身的资信状况是一个关键的评断指标。

（4）“杠杆租赁经理人”。杠杆租赁融资结构通常是通过一个“杠杆租赁经理人”组织起来的。这个杠杆租赁经理人相当于一般项目融资结构中的融资顾问角色，主要由投资银行担任。在安排融资阶段，杠杆租赁经理人根据项目的特点，项目投资者的要求设计项目融资结构，并与各方谈判组织融资结构中的股本参加者和债务参加者，安排项目的信用保证结构。如果融资安排成功，杠杆租赁经理人就代表股本参加者在融资期内管理该融资结构的运作。

（二）以“杠杆租赁”为基础的项目融资模式的运作程序

（1）项目投资者确定或参加一个项目的投资，并设立项目公司或专设公司。

（2）项目投资者将项目资产及其在投资结构中的全部权益转让给资产出租人，并提供具有“无论提货与否均需付款”或“提货与付款”性质的产品承购协议。资产出租人——合伙制结构通过转让销售合同、应收款形式和建立项目现金流量控制账户形式获得担保，将融资安排成有限追索形式，同时与项目公司或专设公司签订项目租赁协议。

（3）项目建设期，项目投资者为融资安排提供完工担保，承担项目的全部责任。合伙制结构从贷款人和股本参加者处获得项目建设期费用和流动资金，与工程承包公司签订工程建设合同，支付项目的建设费用。

（4）项目经营阶段，项目公司在拥有项目资产使用权的基础上进行生产经营，并按租赁协议逐年支付租赁费用。杠杆租赁经理人按照生产费用、项目资本性开支、杠杆租赁经理人的管理费额、到期债务偿还、股东投资收益等先后顺序分配和使用项目现金流量。

（5）租赁期末，项目投资者的一个相关公司需要以事先商定的价格将项目的资产购买回去，但该相关公司不能为投资者本人或其设立的项目公司，否则此项交易的性质变为委托购买，不能享受杠杆租赁融资中的税务好处。

（三）以“杠杆租赁”为基础的项目融资模式的特点

（1）融资模式比较复杂。由于杠杆租赁融资结构中涉及的参与者数目较多，资产抵押以及其他形式的信用保证在股本参加者与债务参加者之间的分配和优先顺序问题也比一般项目融资模式复杂，再加上税务、资产管理与转让等问题，造成组织这种融资模式所花费的时间要相对长一些，法律结构及文件也相对复杂一些，因而比较适合大型项目的融资安排。

（2）杠杆租赁由于充分利用了项目的税务好处作为股本参加者的投资收益，所以降低了投资者的融资成本和投资成本，同时也增加了融资结构中债务偿还的灵活性。利用税务扣减一般可以偿还项目全部融资总额（包括股本参加者贷款和债务参加者贷款）的30%～50%。

（3）杠杆租赁融资应用范围比较广泛，既可以作为一项大型项目的项目融资安排，也可以为项目的一部分建设工程安排融资，例如用于购置项目的某一专项大型设备。

（4）项目的税务结构以及税务扣减的数量和有效性是杠杆租赁融资模式的关键。杠杆租赁结构的税务扣减主要包括设备折旧、贷款利息和其他一些费用开支，这些扣减与项目投资者可以从一个项目投资中获得的标准扣减没有任何区别。然而，一些国家对于杠杆租赁的使用范围和税务扣减有很具体的规定和限制，在设计融资结构时需要掌握当地法律和具体的税务规定。通常在融资结构中的贷款银行不承担任何税务政策变化的风险，而是要求项目资产的承租人（即项目的投资者）补偿由此造成的税务损失。为了降低资产承租人的融资风险，一种行之有效的做法是在融资结构最后完成之前，申报有关税务部门取得批准。

(5) 由于以上几种复杂因素的影响，杠杆租赁融资模式一经确定，重新安排融资的灵活性以及可供选择的重新融资余地就变得较小。项目投资者在选择杠杆租赁项目融资模式时应该注意到这一特点。

9.2.4 以“生产支付”为基础的项目融资模式

（一）以“生产支付”为基础的项目融资模式的含义

生产支付是项目融资的早期形式之一，起源于20世纪50年代美国的石油天然气项目开发的融资安排。一个生产支付的融资安排是建立在由贷款银行购买某一特定矿产资源储量的全部或部分未来销售收入的权益的基础上的。在这一安排中提供融资的贷款银行从项目中购买到一个特定份额的生产量，这部分生产量的收益也就成为项目融资的主要偿债资金来源。这种形式实际上是针对项目贷款的还款方式而言的。借款方在项目投产后不以项目产品的销售收入来偿还债权，而是直接以项目产品来还本付息，当然，这并不意味着贷款银行真正拥有项目的产品。在绝大多数情况下，产品支付只是产权的转移而已，而非产品本身的转移，贷款方通常会要求项目公司重新购回它们的产品或充当它们的代理人来销售这些产品。

（二）以“生产支付”为基础的项目融资模式的运作程序

(1) 由贷款银行或者项目投资者建立一个“融资的中介结构”（一般为信托基金结构）从项目公司购买一定比例项目资源的生产量（如石油、天然气、矿藏储量）作为融资的基础。

(2) 贷款银行为融资中介机构安排用以购买这部分项目资源生产量的资金，融资中介机构再根据生产支付协议将资金注入项目公司作为项目的建设和资本投资资金；作为生产支付协议的一个组成部分项目公司承诺按照一定的公式（购买价格加利息）安排生产支付。同时，以项目固定资产抵押和完工担保作为项目融资的信用保证。

(3) 在项目进入生产期后，根据销售代理协议项目公司作为融资中介机构的代理销售其产品，销售收入（即生产收入）将直接进入融资中介机构用来偿还债务。

（三）以“生产支付”为基础的项目融资模式的特点

(1) 由于所购买的资源储量及其销售收益被用作为生产支付融资的主要偿债资金来源，因此，融资比较容易被安排成为无追索或有限追索的形式。

(2) 融资期限将短于项目的经济生命期。换句话说，如果一个资源性项目具有20年的开采期，生产支付融资的贷款期限将会大大短于20年。

(3) 在生产支付融资结构中，贷款银行一般只为项目的建设和资本费用提供融资，而不承担项目生产费用的贷款，并且要求项目投资者提供最低生产量、最低产品质量标准等方面的担保。

9.2.5　其他模式

（一）BOT 融资模式

BOT（建设—经营—移交，Build-Operate-Transfer）模式是以项目建设、经营的特许权协议为融资基础，由项目公司为项目的投资者、经营者安排融资、承担风险、开发建设项目，在特许权协议期限内，通过经营项目获得利润，并在到期后将项目移交给业主的一种项目融资模式，特许权协议期限一般为 15～20 年。BOT 模式在 20 世纪 80 年代由英国的石油公司成功运用并得以推广，现已成为发展中国家进行基础设施及重大项目建设的一种重要的项目融资模式，我国在 20 世纪 90 年代也开始运用 BOT 模式进行基础设施等项目建设。BOT 模式具有以下特征。

（1）BOT 模式运作的基础是特许权协议，关键是政府及其代理机构的支持与积极参与；BOT 模式的核心理念是，资本的投入必须得到可预见的回报。

（2）BOT 模式是以项目的未来收益为融资基础的，其最大的吸引力来自 BOT 项目独特的定位优势和资源优势，以及由此产生的稳定的市场份额和资本回报率；因此，特许权协议须对投融资的资金回报问题作出可预见性的安排，使项目获得满意的投资回报。

（3）BOT 模式可以解决基础设施等准公益性重大项目建设资金缺口问题，调动社会资本参与基础设施建设的积极性，使公益性建设获得更多的资金支持；同时，可以促进基础设施建设、管理水平的提高，形成社会效益、经济效益双赢的大好局面。BOT 模式在操作过程中必须做到“公开、公平、公正、规范”，做到利益共享风险共担。

（二）PPP 融资模式

PPP（Private-Public Partnership）融资模式是以项目为主体的融资活动，是项目融资的一种实现形式，主要根据项目的预期收益、资产以及政府扶持措施的力度而不是项目投资人或发起人的资信来安排融资。项目经营的直接收益和通过政府扶持所转化的效益是偿还贷款的资金来源，项目公司的资产和政府给予的有限承诺是贷款的安全保障。双方共同对项目运行的整个周期负责。PPP 融资模式的操作规则使民营企业参与到项目的确认、设计和可行性研究等前期工作中来，这不仅降低了民营企业的投资风险，而且能将民营企业在投资建设中更有效率的管理方法与技术引入项目中来，还能有效地实现对项目建设与运行的控制，从而有利于降低项目建设投资的风险，较好地保障国家与民营企业各方的利益。这对缩短项目建设周期，降低项目运作成本甚至资产负债率都是有利的。

私营部门的投资目标是寻求既能够还贷又有投资回报的项目，无利可图的基础设施项目是吸引不到民营资本的投入的。而采取 PPP 融资模式，政府可以给予私人投资者相应的政策扶持作为补偿，如税收优惠、贷款担保、某些土地的优先开发权等，从而很好地解决了这个问题。

（三）ABS 融资模式

ABS（Asset Backed Securities）融资即资产收益证券化融资。它是以项目资产可以带来的预期收益为保证，通过一套提高信用等级计划在资本市场发行债券来募集资金的一种项目融资方式。证券化可分为融资证券化和资产证券化。融资证券化是指资金短缺者采取发行证券（债券、股票等）的方式在金融市场向资金提供者直接融通资金的过程。融资证券化多为信用融资，只有资信等级较高的公司或企业或政府才能以较低成本采用这种方式融资。习惯上，一般又将融资证券化称为“一级证券化”。而资产证券化是指将缺乏流动性但又能产生可预期的稳定现金流的资产汇集起来，通过一定的结构安排对资产中风险与收益要素进行分离与重组，在加以信用评级和增级后，将其转变成可以在金融市场上出售和流通证券的过程。资产证券化注重资产运作，是从信用融资的基础上发展起来的，其又称为“二级证券化”。

证券化兴起于美国的住宅抵押贷款证券化，当市场积累了不动产抵押贷款债权证券化的大量成功经验后，金融界很自然地将住宅抵押贷款证券化的技巧应用到其他金融资产，创造了很多金融资产种类。资产证券化在广度上不断扩展的同时，在深度上也取得了明显进展，这突出地表现在各国证券化规模的不断扩大上。在资产证券化的发展过程中，资产担保证券成为其发展的主要形式。

随着国际经济合作的发展，ABS 融资方式受到了越来越多的筹资者和投资者的重视。凡是可预见未来收益和持续现金流量的基础设施和公共工程开发项目，都可利用，ABS 融资方式筹资。很多国家和地区将 ABS 融资方式重点用于交通运输部门的铁路、公路、港口、机场、桥梁、隧道建设项目，能源部门的电力、煤气、天然气基本设施建设项目，公共事业部门的医疗卫生。供水、供电和电信网络等公共设施建设项目，并取得了很好的效果。如美国雷曼兄弟公司（Lehman Brothers Holdings）以项目融资专门公司的身份，通过公开在证券市场发行债券，为墨西哥的 IDLUCA 收费公路建设项目筹资 2.05 亿美元，使该项目提前服务于社会。ABS 融资方式作为一种国际筹资方式，在不到 3 年的时间，就以其涉及环节少、风险分散、筹资成本低、融资证券化等优势而成为国际金融市场上为大型工程项目筹措资金的重要方式。

9.3 工程项目融资的资金成本和资金结构

9.3.1 工程项目融资的资金成本

设计筹资方案应重视的成本可分为资金成本和非资金成本。资金成本是指为筹集和使用资金所付出的代价。对工程项目筹资而言，资金成本主要指长期的资金成本，包括债券成本、优先股成本、普通股成本、保留盈余成本和加权平均成本。非资金成本主要有财务拮据成本、代理成本和税务成本。

（一）资金成本的概念

资金成本包括资金筹集费用和资金占用费用两部分。资金筹集费用指资金筹集过程中支付的各项费用，如发行股票、债券所支付的印刷费、发行手续费、律师费、资信评估费、公证费、担保费和广告费等。而资金占用费用指占用资金支付的费用，如股票的股息，银行借款、发行债券的利息等。资金占用费是经常发生的，资金筹集费通常是在资金筹集时一次发生的。

资金成本是评价项目可行性时的重要依据，工程投资项目只有在投资收益率高于投资的资金成本时才可接受，否则工程项目在经济上是不可行的。

为了便于比较分析，常把资金成本表示为相对数，即资金占用费与实际筹集资金的比率。用公式表示如下

$$K = D/(P - F)$$

式中　K——资金成本率；

D——资金占用费；

P——筹资金额；

F——资金筹集费。

（二）资金成本的种类

在比较各种筹资方式时，使用个别资金成本，包括债券资金成本、长期借款资金成本、优先股资金成本、普通股资金成本和保留盈余资金成本。在进行资金结构决策时，使用加权平均资金成本。债券和长期借款资金成本为债务资金成本，优先股、普通股及保留盈余资金成本属权益资金成本。

（三）非资金成本

与融资有关的非资金成本主要有财务拮据成本、代理成本和税务成本等。

(1) 财务拮据成本。财务拮据成本是指当发生财务拮据时，产生大量的额外费用或机会成本。财务拮据是指公司没有足够的偿债能力，不能及时偿还到期债务。当财务拮据发生时，可能会出现以下情况。

1）大量债务到期，债权人纷纷上门讨债，公司不得不以高利率借款来偿债。

2）当供应商或客户意识到某公司陷入财务困境时，它们往往不再向该公司供应材料或购买产品，导致该公司的财务状况恶性循环，以致破产。

3）当公司出现严重的财务拮据时，为解燃眉之急，管理人员会更多地作出短期行为，如变卖有用的机器设备以获取现金，降低产品质量以节省成本开支，不顾公司信誉恶性欠账。这些短期行为必然导致公司市场价值的下降。

4）当破产案件发生时，所有者与债权人长期争执不休，致使公司固定资产、流动资产受损或过时，降低公司的市场价值。

5）当破产案件发生时，律师费、诉讼费及大量的其他相关开支，也会降低公司的价值。

总之，即使公司最终不破产，也会出于财务拮据而发生大量的成本费用，降低公司的价值。因此，在设计融资方案时，要考虑负债过高的风险，尽量避免出现财务拮据。

(2) 代理成本。代理成本分为股权代理成本和债务资金代理成本。这主要是由在现代公司中，存在着经理和股东、股东和债权人之间的利益冲突。

1）股权的代理成本。由于经理没有拥有公司的全部股权或剩余追索权，当经理增加努力时，他承担了全部努力成本，却只获得他追加努力所创造收入增量的一部分；当他增加在职消费时，他可获得全部的好处，却只承担部分成本。当经理持股比例减小时，他偷懒和谋求私利的欲望就会增加。所以，部分所有制下公司的价值会小于完全所有制下公司的价值，这两种价值的差额称为股权的代理成本。为减少代理成本，在设计融资方案时，应当考虑让经理人员持有项目公司的股份；另外，在经理对公司的绝对投资不变的情况下，增大投资中债务资金的比例将相对增大经理的股权比例，从而降低代理成本。

2）债务资金的代理成本。在债务融资的情况下，如果某项目的投资产生很高的收益，则股东会大获其利，而债权人仍只能获得固定利息；由于资金主要由债权人提供，当项目投资失败时，损失将主要由债权人承担。这一效应被称为资产替代效应，它使股东在债务融资比例较高的情况下倾向于选择风险高的项目。然而，由于理性的债权人会预期到资产替代效应，随着债务资金承担的风险增大，必然要求更高的利息收入，必将导致债务融资成本的上升。这就是债务资金的代理成本。如果公司能向放款人证明，它只是投资于安全项目，它就可以享受到较低的债务利息。由于放款人只能观察到公司拖欠债务的历史，所以公司就可以通过不拖欠债务而建立起良好的信誉，从而降低债务资金的代理成本。随着债务融资比例的增大，股权的代理成本会下降，债务资金的代理成本会上升。因此，应均衡考虑股权的代理成本，寻求总代理成本最小化，从而优化融资结构。

(3) 税务成本。税收负担的高低，直接影响项目的经济效益。在税收法规许可的范围内，如何通过对经营活动和财务活动的安排，来尽可能地规避或减轻税收负担，是项目融资方案设计中所要考虑的重要因素。相同规模的项目投资，不同的融资方案，会有不同的税务负担，甚至差别还相当大。忽视这一成本因素的影响，可能会导致工程项目融资的失败。因此，有必要将税务负担作为一项重要的成本因素进行考虑。

1) 注册资本与投资总额的比例可以影响税务成本。一般情况下，项目投资总额与注册资本的差额通过贷款解决。减少注册资本，加大贷款规模，可以加大列入当期费用的利息支出，使利润减少而节税。这要求在选择股本融资与贷款融资的比例结构时要慎重考虑。尽管现行税法及其他有关法规规定，投资总额与注册资本必须保持一定比例，但在具体执行过程中，却并非如此。其原因：①中外双方为了便于得到政府的许可和批准，也为了避税，故意压低投资总额，使注册资本与投资总额仅在形式上成比例；②一些地方领导急于引进外资、多上项目，政府审批部门有意放松对项目的审批。

2) 通过税务亏损以降低资金的综合成本。许多国家的税法都规定亏损可以冲抵盈利：①结转到以后若干年冲抵未来的应纳税所得额；②合并集中，纳税时以亏损冲抵盈利。一个有盈利的公司，为一个新项目进行融资设计时，可以考虑收买有累计亏损的另一企业，通过合并或其他方法，可以达到表面上是用利润抵扣亏损，实质上是隐蔽利润，减少税收负担。也可以将盈利业务转移到亏损公司，利用其累计亏损抵消将来的利润，从而达到减轻税赋的目的。在一个项目公司发展新项目时，可以考虑设立分支机构，也可以考虑设立子公司，各有利弊。如以独立的法人身份出现的子公司，可以选择税收更优惠的注册地，可以享受新办企业的减免税优惠等；分支机构作为总公司的组成部分，一般不能享受更多的税收优惠政策，但在发生亏损时可以与总公司集中纳税而节税。这样，可以考虑在新项目初建易发生亏损阶段，选择设立分支机构，发生亏损与总公司的利润互抵，从而减少纳税；在项目盈利能力增强时，设立子公司，享受当地政府提供的税收优惠。

3) 要认真避免双重纳税。不对同一项业务重复征税是许多国家税法的立法原则之一。但如果融资方案设计不当，就会导致双重纳税。比如，没有电信经营权的B企业投资建设了一个“大哥大”电信网络，交给有电信经营权而缺乏投资资金的A企业经营。A企业与B企业约定按一定比例分配折旧和税后利润。但在方案设计时，A企业将税后利润的分配以租赁费名义支付给B企业，其结果是B企业所得部分将被多征收一次营业税和所得税，结果是严重的。事实上，A企业与B企业是同一项目的合作伙伴，多缴一次所得税显然不合理，多缴一次营业税同样应当设法避免。由于受特定的电信政策制约，设计避免双重纳税的方案并非易事。

9.3.2 工程项目融资的资金结构

在项目融资模式确定以后，如何确定项目的资金结构就成为项目融资结构整体设计工作的下一个关键环节。一般来讲，项目融资的资金结构由两大部分组成，即股本资金和债务资金。二者的比例就形成了一个项目的资本结构。虽然这两个部分的资金在一个项目中的构成以及相互之间的比例关系在很大程度上受制于项目的投资结构、融资模式和项目的信用保证结构，但资金结构的安排和资金来源的选择在项目融资中起到了特殊的重要作用。对于项目融资者来说，灵活巧妙地安排项目的资金构成比例，选择适当的资金形式，既可以减少项目投资者自有资金的直接投入，又能够提高项目综合经济效益的双重目的。在项目资金结构的确定过程中，主要应考虑债务资金和股本资金的比例关系、项目资金的合理使用结构以及税务安排对融资成本的影响三个因素对项目资金结构的影响，多方权衡后合理确定。

（一）债务资金和股本资金的比例关系

债务资金成本应比股本资金成本低得多，贷款利息的税前支付构成了对这一结论的支持。但这并不意味着一个项目的资金构成可以完全是债务资金。理论上讲，一方面，如果一个项目使用的资金全部是债务资金，它的资金成本应该是最低的；但另一方面，项目的财务状况和抗风险能力则会由于承受如此高的负债率而变得相对脆弱起来。相反，如果一个项目使用的资金全部是股本资金，那么项目将会有一个非常稳固的财务基础，而且项目的抗风险能力也会由于减少了资金成本而得以加强，但这却大大提高了资金使用的机会成本，从而使综合资金成本变得十分昂贵。因此，对于绝大多数的项目，资金安排中实际的资金构成和比例必须在以上两个极端中间合理选择。项目融资中的资金安排没有一个绝对的债务股本资金比率作为标准以供参照，确定一个项目债务资金与股本资金比例的主要依据是该项目的经济强度，而且这个比例也会随着部门、投资者状况、融资模式等因素的不同相应变化，并在一定程度上反映出安排资金结构时借贷双方在谈判中的地位、金融市场上资金供求关系和竞争状况以及贷款银行承受风险的能力等。项目融资方式的重要特点之一是可以增加项目的债务承受能力。在项目融资过程中，贷款银行所面对的只是一个相对简单的独立项目，贷款确定时需要通过项目的全面风险分析，落实项目的最小现金流量水平和债务承受能力；通过对项目整体融资结构，包括资金结构的综合设计，来减少和排除风险因素和不确定性因素，并对潜在的风险建立起较为清醒的认识。虽然采用项目融资方式可以获得较高的债务资金比例，但项目的投资永远不可能完全通过贷款等债务资金途径解决，投资者还必须投入一定比例的股本资金，他们所能做的只能是最大限度地利用项目的信用保证结构来支持项目的经济强度，来搞好项目的建设和经营，保证项目的成功。

（二）项目资金的合理使用结构

全面考虑项目资金的合理使用结构，无论是对于投资者还是对于提供融资的贷款机构而言，都是非常重要的一个方面。确定项目资金的合理使用结构，须建立在债务资金与股本资金比例关系合理的基础之上，除此之外，还应考虑以下四个方面。

（1）资金需求准确的总量。制订项目的资金使用计划来确保项目资金的需求总量，是项目融资工作的基础。融资工作开始前，投资者必须周密地确定项目的资金使用计划并在资金使用计划中留有充分的余地。一个新建项目的资金计划至少包括以下三部分内容：

1）项目资本投资。项目资本投资包括土地、基础设施、厂房、机器设备、工程设计和工程建设等费用。

2）投资费用超支准备金。投资费用超支准备金即不可预见费用，它一般占到项目总投资的10%～30%。

3）项目流动资金。项目流动资金是为了保证项目生产经营活动的顺利开展而安排的资金。为满足项目不同阶段和不同用途的资金需求，项目总的资金计划以及项目建设期和试生产期的项目现金流量计划必须做细、做好。

(2) 资金使用期限。投资者的股本资金是项目资金结构中使用期限最长的资金，它们多与项目的生命周期紧密相连。但项目资金结构中的债务资金大都是有固定期限的，这就要求投资者根据项目的现金流量特点、不同项目阶段的资金需求，采用不同的融资手段，安排不同期限的债务资金，以优化项目的债务结构，降低项目的债务风险，并使融资资金的使用期限与融资项目的需要及融资项目的效益紧密联系在一起。

(3) 资金成本及其构成。项目的股本资金成本是相对意义上的成本概念，对投资者而言，它只是一种机会成本。在评价股本资金成本时，一方面要参照投资者获取该部分股本资金时的实际成本，以及当时当地的资本市场利率因素和在可供选择的投资机会之间的比较利益和比较成本等客观因素；另一方面还要参照投资者的长期发展战略以及一些潜在的相关投资利益。而项目的债务资金成本则是一种绝对成本，它主要是指项目贷款的利息成本。利息成本与利率风险紧密相关，在项目债务资金融通过程中必须考虑利率风险的控制问题，应根据外部经济环境状况，采用固定利率、浮动利率或者两种利率相结合的形式和利率封顶、限底等手段，达到降低利率风险的目的。利率结构的选择既需要考虑项目现金流量的性质，也应考虑利率的发展变化趋势，投资者应在全面权衡的基础上合理安排利率结构。

(4) 融资结构确定。适宜的融资结构是保证项目资金使用结构合理的必要前提。对于大多数融资项目而言，混合结构融资是其合理的选择。混合结构融资是指不同利率结构、不同贷款形式或者不同货币种类的债务资金的组合。混合结构融资如果安排得当，不同性质资金的结合可以起到降低项目融资成本、减少项目风险的作用，在一定程度上可促进资金使用结构趋于合理。

(三) 税务安排对融资成本的影响

目前，世界上许多国家大都实行从源课税原则，即不管纳税人的国籍属于哪个国家，也不管其居住在哪国，只要他的收入来源于某个国家，该国就有权对他在该国取得的收入课税。利息预提税就是其中的一例。这里所说的税务安排对融资成本的影响，主要就是指利息预提税对融资成本的影响。预提税是一个主权国家对外国资金的一种管理方式，预提税可以分为红利预提税和利息预提税两大类，其中以利息预提税应用最为广泛。利息预提税是对非本国居民在其司法管辖地获取的利息收入进行征税，它一般由借款人缴纳，其应付税款金额可以从向境外支付的利息总额中扣减，也可以在应付利息总额之上增加一个附加成本，具体采取哪种方式取决于借贷双方之间的安排。利息预提税率通常为贷款利息的10%～30%，对于以国际债务资金作为重要来源的项目融资，利息预提税无疑增加了项目的资金成本。作为贷款人，所关心的只是如何保证所获取的利息收入不受到或尽可能少地受到利息预提税的影响，或使利息预提税成本以不同的形式转嫁到借款人身上，并不关心投资者的成本高低。因此，在项目融资过程中，融资者在考虑项目的资金结构时应参照国际惯例，运用各种手段，如避免双重征税、债务资金公众化、境外融资转化成境内融资等，将该税种对融资成本的影响程度降到最小。

小　结

（1）工程项目融资的概念即工程项目融资指的是对需要大规模资金的项目所采取的金融活动。

（2）工程项目融资的基本特点：项目的经济强度是项目融资的基础；追索的有限性；风险分担的合理性；融资的负债比例较高。

（3）工程项目融资的程序，从项目的投资决策算起，到选择采用项目融资的方式为项目的投资筹集资金，一直到最后完成该项目融资，大致上可以分为五个阶段，即投资决策分析、融资决策分析、融资结构分析、融资谈判和项目融资的执行。

（4）主要融资模式：直接融资模式；以“设施使用协议”为基础的项目融资模式；以“杠杆租赁”为基础的项目融资模式；以“生产支付”为基础的项目融资模式；BOT 融资模式；ABS 融资模式；PPP 融资模式。

（5）工程项目融资的资金成本，设计筹资方案应重视的成本可分为资金成本和非资金成本。资金成本是指为筹集和使用资金所付出的代价。对工程项目筹资而言，资金成本主要指长期的资金成本，包括债券成本、优先股成本、普通股成本、保留盈余成本、加权平均成本。非资金成本主要有财务拮据成本、代理成本、税务成本。

（6）债务资金和股本资金的比例关系，项目资金的合理使用结构以及税务安排对融资成本的影响三个因素对项目资金结构的影响。

思　考　题

1. 什么是工程项目融资？
2. 工程项目融资的特点有哪些？
3. 工程项目融资模式主要有几种，有何特点？
4. 工程项目融资的成本包括哪些？如何运用？
5. 工程项目融资的资金结构包括哪些内容？

第10章 工程项目采购成本管理

学习目标

(1) 了解工程项目采购的概念、种类及其重要性;
(2) 熟悉货物采购成本构成内容及影响因素;
(3) 掌握工程项目采购成本的控制方法。

10.1 工程项目采购

10.1.1 工程项目采购意义

(一) 工程项目采购的概念

工程项目采购管理的采购,与一般概念上的商品购买含义不同,它是指以不同方式从项目组织外部获得货物、工程和咨询服务的整个采购过程,采购的不仅仅是货物,而且还包括雇佣承包商来实施的工程和聘用咨询专家来从事的咨询服务。

(1) 货物采购。货物采购属于有形采购,是指购买项目建设所需的投入物,如机械,设备,仪器,仪表,办公设备,建筑材料(钢材、水泥、木材等)和农用生产资料等,并包括与之相关的服务,如运输、保险、安装、调试、培训和初期维修等。大宗货物,如药品、种子、农药、化肥、教科书、计算机等专项合同采购,一般采用不同的标准合同文本,也属于这类货物采购。这类采购既可以通过招标完成,也可以通过询价完成。

(2) 工程采购。工程采购,也属于有形采购,是指通过招标或其他商定的方式选择工程承包单位,即选定合格的承包商承担项目工程施工任务。如改扩建西直门立交桥、小浪底的土建工程等,还有与之相关的服务,如人员培训、维修等也包括在内。这类采购一般通过招标完成。

(3) 咨询服务采购。咨询服务采购不同于一般的货物或工程采购,它属于无形采购。咨询服务采购包括聘请咨询公司或单个咨询专家。咨询服务的范围很广,大致可分为以下四类:

1) 项目立项阶段的咨询服务,如项目的可行性研究;
2) 工程项目设计工作和招标文件编制任务;
3) 项目管理、施工监理等执行性服务;
4) 项目技术援助和培训等服务。

(二) 工程项目采购的重要性

(1) 采购是工程项目实施的前提条件。工程项目在各个阶段都有大量的工作需要进行委托,大量的物资需要采购,所以工程项目的采购管理是项目顺利实施的保证。

(2) 采购支付是工程项目成本(投资)的主要组成。控制采购费用是项目成本节约的主要途径。造成采购费用提高从而增加工程成本的原因有很多。例如,不能经济地使用资源;

不能获取更为廉价的资源造成成本增加；采购了不符合规定的材料，使材料或工程报废，或采购超量、采购过早造成浪费，造成仓库费用的增加等。因为采购对成本的影响很大，必须在采购供应和使用中加强成本控制，进行采购优化。例如，在保证项目目标的前提下，选择报价低的承包商和供应商；选择使用资源少的实施方案；均衡地使用资源；优化采购供应渠道，以降低采购费用；充分利用现有的企业资源，现有的人力、物力和设备；充分利用现场可用的资源、已有建筑和已建好但未交付的永久性工程等。

（3）项目的采购和供应影响项目的工期计划。在现代工程中由于采购计划失误会造成的损失很大，如由于工程发包不及时、供应不及时造成整个工程不能及时开工或停工，造成项目总计划不能实现。

（4）采购和供应能力是项目计划和实施的限制条件。

（5）对特殊工程和特殊资源，如大型的工业建设项目，采购方案常常是整个项目计划的主体。

10.1.2　工程项目采购分类

常用的工程项目采购种类：

（一）项目采购按对象分类

项目采购按对象可分为物料采购 、工程采购和咨询服务采购。

（1）物料采购。物料采购是指购买项目所需的各种机器、设备、仪器和仪表等物料，还包括与之相关的运输、安装、测试和维修等服务。

（2）工程采购。工程采购是指选择合格的承包单位来完成项目的施工任务，同时还包括与之相关的人员培训和维修等服务。

（3）咨询服务采购。咨询服务采购是指聘请咨询公司或咨询专家来完成项目所需的各种服务，包括项目的可行性研究、项目的设计工作、项目管理、施工监理、技术支持和人员培训等服务。

（二）项目采购按采购方式分类

项目采购按采购方式分为招标采购和非招标采购。

（1）招标采购。招标采购是由招标人发出招标公告，邀请潜在的投标人进行投标，然后由招标人对投标人所提交的投标文件进行综合评价，从而确定中标人，并与之签订采购合同的一种采购方式。招标采购又分为公开招标采购和邀请招标采购。公开招标采购是向所有的潜在合格投标者提供一个公平竞争的机会来竞标；邀请招标采购是为了减轻招标采购的工作量和成本，只邀请比较熟悉的投标者来竞标。

招标采购具有以下优点：

1）帮助招标者以最低的价格取得符合要求的物料、工程和服务；

2）符合要求的投标者都有机会在公平竞争的情况下参加投标；

3）公开办理各种手续，可避免贪污贿赂行为。

招标采购有以下缺点：

1）手续较烦琐，耗费时间也较多，不够机动灵活；

2）投标者可能把手续费等附加费用转移到购买的投标项目的价格中去；

3）可能发生抢标、围标等现象。

(2) 非招标采购。项目采购绝大多数是通过非招标采购进行的，非招标采购类似于日常运作的采购活动，在现实生活中的应用非常广泛。非招标采购一般适用于单价较低、有固定标准的产品的采购，主要包括询价采购、直接采购和自营工程。

1) 询价采购是指收集若干家供应商的产品报价，综合评价各供应商的条件和价格，并最终确定一个供应商。

2) 直接采购是指直接与供应商签订采购合同的采购方式。

3) 自营工程是指由于项目的特殊要求以及成本收益的限制，利用项目自身的人力、物力和财力，自己制造或提供所需的产品或服务。

10.1.3 工程项目采购原则

为了保证项目既定目标的实现，以及对每一笔项目资金的合理而有效的使用，项目实施组织在采购产品过程中应遵循以下四个原则：

(1) 经济性和效率性。由于采购是项目实施或执行阶段的关键环节和主要内容，所以项目的采购需要兼顾经济性和有效性两个方面，使这两者完美有机地结合起来。也就是说，为项目采购产品和服务应注意节约和效率，充分体现成本效益原则，既要费用低、质量好，又要在合理的时间内尽早完成，避免或减少延误，以满足项目期限的要求。认真遵循这些原则，就可以有效地降低项目成本，促进或保证项目的顺利实施和如期完成。

(2) 质量保证和及时性。采购的产品和服务要质量良好，适合项目的要求，所采购的产品应及时到达，服务应及时提供，采购时间与整个项目实施进度相适应。

(3) 公平竞争。在采购中应给合格竞争者提供均等的机会，所有来自合格竞争者的资格预审申请、投标文件和报价都必须受到公正对待。这不仅符合市场经济运行原则，而且也会进一步提高项目实施质量；同时，公平竞争又会促使报价降低，因而对项目的费用控制更为有利。

(4) 透明度。在采购过程中要坚持较高透明度的原则，以利于提高采购过程的客观性。如世界银行贷款和国际开发协会信贷采购指南中增加了一些如公共部门参与招标，必须是财务、法律自主的以及反欺诈、反腐败条款，都是增加透明度的具体措施。

10.1.4 工程项目采购程序

(一) 一般物料采购流程

原材料及其他各种物料是生产成本构成的主要因素，它的高低直接影响着产品的成本，也影响着企业流动资金的高低，其采购可以分成两个步骤：①报价；②合同签订与采购订单的建立。科学采购可以减少库存，降低采购成本，因此如何组织采购是每个企业都很关心的问题。在资金充足的情况下，采购数量的多少取决于四个因素：未来可预见期间的销售情况、现有的存货信息、在途存货、可预见期间的物料的市场价格。这些信息分别来自于销售、生产、采购部门，因此科学合理的采购决策要求这些部门信息协调，组织这些信息的方法有很多，最常用、也是最有效的方法就是定期组织这些部门召开例会，采购部门根据会议的最终决定提出采购申请，并提交总经理（在采购数量很大的情况下需总经理批准）。采购申请提出后，由专职人员负责询价，并在管理信息系统（Management Information System, MIS）中进行记录。根据询价与报价结果，选定供应商、签署采购合同。为了能够追踪采购信息，采购部门在合同签署后需要创建采购订单，采购订单相当于向供应商发出的采购要约，具有合同效力。货物的验收与发票的校对都应与采购订单上的基本内容相符。采购申请与采购订单的不同之处在于，采购申请用于内部审批，采购申请单上没有精确的金额，而采购订单上有较精确的采购金额，作为一种向供应商购买的要约，具有法律效力。之所以创建采购订单，还有一个目的就是用于归集各种采购费用，便于企业分析各项成本费用。

在采购数量确定后，采购部门应该做的工作就是询价。采购需要选择最适合的供应商与价格，因此供应商的选择需要一个询价、报价和选择的过程，或者称作招标过程。在系统中维护相应的供应商主数据，填写供应商登记卡，并向供应商询价，询价完毕后，在 MIS 中记录询价结果，以便于供应商的选择，也为将来采购提供有用的信息。通常情况下，在选择供应商时，需考虑价格、性能、产品对材料的质量要求等因素。最后综合各种因素选定供应商并拟订采购合同。

各项采购都应该有合同与采购订单作为保证。为了保证管理的有效性与安全性，企业应制订相应的采购权限表，采购人员根据权限表来签署合同并采购。通常情况下，采购人员或者采购部门经理具有一定的采购权限，选定供应商后，采购人员根据双方谈判，拟订采购合同（采购合同分为现货合同与期货合同），并在 MIS 中维护，采购经理根据自己的权限表审批合同。如果合同超出了采购经理的权限，合同必须经总经理批准。合同签署后，采购人员根据合同拟订相应的采购订单，并发给供应商。在货物发运前（采用离岸价）或货物将到厂前（采用到岸价）通知物流部门和生产部门准备货物的验收与内部物流工作。

（二）固定资产（包括在建工程）采购控制流程

固定资产是一个企业（特别是生产型企业）正常运转的基础。固定资产价格的高低、各种附加成本的大小都直接影响着固定资产的价值，也影响着今后摊销期内生产管理成本的高低。因此每一个企业都有严格的固定资产采购控制程序。一般来讲，固定资产的采购需要有预算。申请部门的采购申请要经过财务部门进行预算检查，满足预算，则送交财务总监和总经理审批。如果不满足预算，财务部门通知并将采购申请退回需求部门，有需求部门提出补充预算。采购申请批准后，如果是大型设备，需要招标、询价，选择供应商，然后创建采购订单以归集采购的各项费用。如果不需要询价，直接创建采购订单。

10.2　工程项目采购成本

10.2.1　工程项目采购成本构成

（一）采购成本的含义

采购成本，是指因采购而带来的或引起的成本，广义的采购成本不仅仅指采购活动的成本（包括取得物料的费用、采购业务的费用等），还有因采购带来的库存维持成本及因采购不及时而带来的缺料成本等。

（二）采购成本的构成

采购成本对很多制造类和流通类企业的利润水平有着重要的影响。采购成本的主要管理目标是缓解成本压力，有效地控制采购成本，从而提升企业经营效益。为了有效地进行采购成本控制，了解、分析采购成本的构成至关重要。

(1) 订购成本。订购成本是指向供应商发出采购订单的成本费用，也就是企业为了实现一次采购而进行的各种活动的费用支出。订购成本中有一部分与订购次数无关，如常设采购机构的基本开支等，称为订购的固定成本；另一部分与订购的次数有关，如差旅费、邮资等，称为订购的变动成本。

(2) 维持成本。维持成本是指为使物料保持在一定数量上而发生的成本。维持成本可以分为变动成本和固定成本。变动成本与持有数量的多少有关，如物料资金的应计利息、物料的损坏和变质损失、物料的保险费用等；固定成本与存货的多少无关，如仓库折旧、仓库员工的固定月工资等。在诸多企业中，维持成本往往占据着采购成本的大部分。

维持成本是根据平均物料价值估算持有成本百分比而产生的财务支持。因此，它需要从管理上作出判断，估算平均存货水平、评估与存货有关的各种费用，以及在一定程度上直接进行测量。传统上包括在持有物料成本账目中的项目有资本成本、保险、折旧、储存和税金。年度持有成本一般在20%左右，但是它的范围可以变动很大，主要取决于企业的存货政策。持有成本百分比是根据每一个存货单位或配送地点的平均存货价值评估出来的。由此产生的持有成本就能够与其他的采购成本构成进行优选，以便最后确定采购成本管理政策。

(3) 缺料成本。缺料成本是指由物料供应中断而造成的损失，包括延迟发货损失、停工待料损失和丧失销售机会损失，还包括商誉损失，如果损失客户，还可能给企业造成长期损失。

1) 延期交货及其成本。延期交货可以有两种形式：①缺货可以在下次规则订货中得到补充；②利用延期交货。如果经常缺货，客户可能就会转向其他企业。如缺货、延期交货，就会发生特殊订单处理和送货费用。由于延期交货经常是小规模装运，可能需要利用快速、昂贵的运输方式运送延期交付的货物，送货费用相对要高。因此，延期交货成本可根据额外订单处理费用和额外费用来计算。

2) 保险存货及其成本。许多企业都会考虑保持一定数量的保险存货，即缓冲存货，以防在需求提前等情况下的不确定性。但是困难在于确定任何时候需要保持多少保险存货，保险存货太多意味着多余的库存，而保险存货不足则意味着断料、缺货或失销。

企业保持保险存货是为了在需求率不规则或不可预测的情况下有能力供应。准备这些追加存货是要不失时机地为生产即内部需要服务，以保证企业的长期效益。

保险存货维持成本的计算与上面讲的方法一样，但有两点需要指出，即保险存货的风险大，储存成本高；保险存货水平的决策涉及概率分析。

3) 失销成本。尽管一些客户允许延期交货，但是仍有一些客户会转向其他企业。当一个企业没有客户所需的货物时，客户就会从其他企业订货，在这种情况下，缺货就会导致失销。企业的直接损失是这种货物的利润损失。这样，可以通过计算这种货物的利润乘以客户的订货数量来确定直接损失。在确定失销成本时，还需考虑：①除了利润损失，还包括当初负责这笔业务的销售人员的人力、精力浪费等，这就是机会成本损失。②很难确定在一些情况下的失销总量。许多客户习惯电话订货，只是询问是否有货，而未指出要订多少货，如果这种产品没有货，客户就不会说明需要多少，对方也就不会知道损失的总量。③很难估计一次缺货对未来销售的影响。④失去客户的成本。由于缺货失去客户，客户永远转向另一家企业，造成的损失很难估计，需要用科学管理的技术以及市场营销研究方法来分析和计算。除了利润损失，还有由于缺货造成的信誉损失。信誉在采购成本控制中常被忽略，但它对未来销售及客户经营活动非常重要。

10.2.2　工程项目采购成本影响因素

（一）采购批量和采购批次

物料采购的单价与采购的数量成反比，即采购的数量越大，采购的价格越低。企业间联合采购，可合并同类物料的采购数量，通过统一采购使采购价格大幅度降低，使各企业的采购费用相应降低。因此，采购批量和采购批次是影响采购成本的主要因素。

（二）采购价格和谈判能力

企业在采购过程中谈判能力的强弱是影响采购价格高低的主要因素。当前随着社会主义市场经济体制的深入，不同市场形态在供应、需求等方面的要素也不同，企业在实施采购谈判时，必须分析所处市场的现行态势，有针对性地选取有效的谈判议价手法。根据市场形势呈现的卖方市场、中性市场和买方市场等不同情况，分别采取“忍”、“等”、“狠”等不同的议价策略，以达到降低采购价格的目的。

（三）企业采购战略

对于一个企业，它的采购战略对采购成本的影响是根本性的，采购战略决定着采购成本的控制力度和控制措施、方法。毕竟，相对于采购部门来说，采购成本仅仅是采购活动中的一方面而已，而采购战略却统筹着采购活动的方方面面。因此，采购战略不仅仅直接影响着采购成本。

（四）企业成本结构和供应商成本结构

企业产品成本结构由于行业或产品类别的不同会有所差别，它包括原材料成本、制造成本和管理费用等。在一定程度上，采购成本中的很大一部分会转移到产品成本中去，因此，它们必然会相互影响。供应商会影响企业的采购活动，这一点毫无疑问。具体到采购活动中，供应商的成本结构也必然会或多或少地影响到采购企业的采购成本。

10.3　工程项目采购成本控制

10.3.1　经济订货量法

正确的订货数量要使同发出订单的次数有关的成本与同所发的订货量有关的成本达到最好的平衡。当这两种成本恰当地平衡时，总成本量最小。这时所得的订货量就称为经济批量或经济订货量。与储备存货有关的成本，包括以下三种。

（一）取得成本

取得成本是指为取得某种存货而支出的成本，通常用 TC_a 来表示。它又分为订货成本和购置成本。

（1）订货成本。订货成本是指取得订单的成本，如办公费、差旅费、邮费和电报电话费等支出。订货成本中有一部分与订货次数无关，如常设采购机构的基本开支等，称为订货的固定成本，用 F_1 表示；另一部分与订货次数有关，如差旅费和邮费等，称为订货的变动成本。每次订货的变动成本用 K 表示；订货次数等于存货年需要量 D 与每次进货量 Q 之比。订货成本的计算公式为

$$订货成本 = F_1 + \frac{D}{Q}K$$

（2）购置成本。购置成本是指存货本身的价值，经常用数量与单价的乘积来确定。年需要量用 D 表示，单价用 U 表示，于是购置成本为 DU。订货成本加上购置成本，就等于存货的取得成本。其公式可表示为

$$\begin{aligned} 取得成本 &= 订货成本 + 购置成本 \\ &= 订货固定成本 + 订货变动成本 + 购置成本 \end{aligned}$$

$$TC_a = F_1 + \frac{D}{Q}K + DU$$

（二）储存成本

储存成本是指为保持存货而发生的成本，包括存货占用资金所应计的利息（若企业用现有现金购买存货，便失去了现金存放银行或投资于证券本应取得的利息，视为“放弃利息”；若企业借款购买存货，便要支付利息费用，视为“付出利息”），仓库费用，保险费用，存货破损和变质损失等，通常用 TC_c 来表示。

储存成本也分为固定成本和变动成本。固定成本与存货数量的多少无关，如仓库折旧、仓库职工的固定月工资等，常用 F_2 表示。变动成本与存货的数量有关，如存货资金的应计利息、存货的破损和变质损失、存货的保险费用等，单位变动成本用 K_c 来表示。用公式表达的储存成本为

$$储存成本 = 储存固定成本 + 储存变动成本$$

$$TC_c = F_2 + K_c \frac{Q}{2}$$

（三）缺货成本

缺货成本是指由于存货供应中断而造成的损失，包括材料供应中断造成的停工损失、产成品库存缺货造成的拖欠发货损失和丧失销售机会的损失（还应包括需要主观估计的商誉损失）；如果生产企业以紧急采购代用材料解决库存材料中断之急，那么缺货成本表现为紧急额外购入成本（紧急额外购入的开支会大于正常采购的开支）。缺货成本用 TC_s 表示。

如果以 TC 来表示储备存货的总成本，它的计算公式为

$$TC = TC_a + TC_c + TC_s = F_1 + \frac{D}{Q}K + DU + F_2 + K_c \frac{Q}{2} + TC_s \qquad (10-1)$$

企业存货的最优化，即是使式（10-1）中 TC 值最小。

10.3.2 合同类型的选择

合同类型的选择是根据各采购物料、服务或工程的具体情况和各种合同类型的适用情况进行权衡比较，从而选择最合适的合同类型。一般合同有三种类型，即固定价格合同、成本补偿合同和单价合同。

（一）固定价格合同

固定价格合同（Form Fixed Price Contract）是经项目组织和供应商协商，在合同中订立双方同意的固定价格作为今后结算的依据，而不考虑实际发生的成本是多少。如果实际成本较低，对供应商有利，对项目组织不利；反之，如果实际成本较高，对项目组织有利，对供应商不利。固定价格合同对于项目组织来说风险比较小，只要计算好采购物料或工程的成

本，按照该成本签订合同，而不管供应商所花费的实际金额，也不必多付超过固定价格的部分。但是供应商有可能只获得较低的利润，甚至亏损，特别是当项目所需的资源价格发生大幅度上涨时，供应商就会面临着很大风险。因此，签订这类合同时，双方必须对产品成本的估计均有确切的把握。固定价格合同适用于技术不太复杂、工期不太长、风险不太大的项目，因为这种合同界定比较明确，超支的风险较低。

（二）成本补偿合同

成本补偿合同（Cost Reimbursement Contract）是以供应商提供资源的实际成本加上一定的利润或费用为结算价格的合同。成本补偿合同适用于那些不确定性因素较多，所需资源的成本难以预测又急于上马的项目。成本补偿合同包括成本加成合同、成本加固定费用合同和成本加奖励合同。

在成本加成合同（Cost Plus Earnings Contract）中规定在双方同意的合理范围内，以实际成本为基础，加上按合同规定的成本利润率计算的利润，作为今后的结算价格。相对而言，成本加成合同对于项目组织来说，风险较大，因为供应商所提供的资源花费很可能超过预定的价格。例如，若供应商提供 A 产品的实报实销成本为 98 000 元，合同规定供应商的成本利润率为 14%，则 A 产品的结算价格＝98 000×(1＋14%)＝111 720(元)。由此可见，实际成本越高，供应商获利越多。因此，采用这种定价方法容易造成供应商故意抬高成本，使项目组织蒙受损失，故在实际工作中很少采用这种合同。

成本加固定费用合同（Cost Plus Fixed Fee Contract）规定的结算价格由实际成本和固定费用两部分构成，成本是实报实销的，而固定费用则在合同中明确规定，与实际成本高低无关。相对于成本加成合同来说，这种合同可以避免供应商故意抬高成本，减少项目组织的风险，也能保证供应商获得一定的利润，但其不足之处在于不能促使供应商千方百计地去降低成本。

在成本加奖励合同（Cost Plus Incentive Fee Contract）中讲明预算成本和固定费用的金额，并约定当实际成本超过预算成本时，可以实报实销；实际成本如有节约，则按合同规定的比例由项目组织和供应商双方共同分享。奖励合同可以激励供应商想方设法降低成本。

（三）单价合同

单价合同（Unit Price Contract）的结算价格是供应商每单位产品付出的劳动与劳动单位价格的乘积。这种合同适用于那些比较正规，但是工作量难以预计的项目。

10.3.3　专家咨询法

采购专家是具有采购专门知识或经过训练的团体和个人，如咨询公司、专业技术团体、实业集团、有发展前景的承包商以及项目实施组织内部专门从事采购的职能部门（如合同部）等，都具备采购的专业知识，能够提供一些有关采购方面的有价值的专家判断。因此，基础上组织在编制采购计划时可聘请他们作为顾问，或直接邀请他们参加采购过程。

10.3.4　ABC 分类法

（一）ABC 分类法的概念

ABC 分类法，其基本点是对事物进行统计、排列与分类，借以反映出“关键的少数和次要的多数"，以找出管理重点的一种方法。它是 1897 年首先由意大利经济学家帕累托提出来的，通称帕累托法则。后经许多学者发展，1951 年应用于库存管理，定名为 ABC 分类法或 ABC 分析法。这种方法，应用于物资管理，有利于降低库存，加速资金周转，节约仓储费；应用于质量管理，可寻求影响质量的各类主次因素；应用于价值分析，也可寻求影响成本的各分部、分项工程和关键工序。

（二）ABC 分类法应用于库存管理

库存物资种类繁多，其供应量大小不同，物资价值高低不同，资金占用多少不同，对生产的重要程度也不同，这就提出了各类物资合宜的库存数量的问题。在库存管理中应用 ABC 分析法，基本做法有两种：①将全部物资品种按计划期折算金额，逐个由高到低排队列表进行分析；②对各物资品种按计划期内的数量分层列表进行分析。

具体步骤归纳如下：

（1）以每种物资的年度供应量（或年消耗量）乘以物资单价，求出各种物资全年供应金额（或全年消耗金额）。

（2）按各种物资全年金额的多少，顺序排列。

（3）计算每种物资全年供应金额占全部物资全年供应总金额。

（4）据上述资料，求出各种物资品种占全部品种的百分比。并适当地将各种物资品种划分三类。比如：把供应总金额 75%的物资品种划分为 A 类，占供应总金额 17%的物资品种划分为 B 类，占供应总金额 8%的物资品种划分为 C 类。

（5）列出 ABC 分类表并绘制出库存物资 ABC 分类图。

10.4 作业成本法应用

10.4.1 确认和计量资源成本

资源成本因完成各种作业而发生，为采购业务发生的所有费用都应计作采购耗费成本。它包括采购人员的差旅费、招待费、办公费、车辆费、电话费、薪金、福利费、运输费、检验费和海关费等。

10.4.2 采购作业的确认及成本动因分析

（一）采购作业的确认

作业成本计算也常应用于采购工作中。采购管理中，作业可以有很多分类方法，根据采购管理整个过程所涉及的工作可以将其作业分为：

（1）物料市场的分析。

（2）建立和开发与供应商的关系，包括对供应商的评估。

（3）询价、报价，如果采取招标方式采购，那么招标这一作业也应该包括在此项中。

（4）采购合同的签订。

（5）采购订单的处理工作，包括订单的填制、订单的送达。

（6）物料的装运。

（7）物料验收、入库。

（8）退货与索赔。

（二）成本动因分析

已经知道常用的三种选择确定作业动因的标准是因果关系、取得的收益和合理性因素，采购管理中作业动因的分析也离不开这三种标准。

（1）物料市场的分析。如果物料市场分析所针对的物料不仅仅是一种，那么该项成本应该在不同的物料之间进行分摊，如果能合理区分在各物料上所花费的时间，时间可以视为成本动因。如果不能合理确定时间，也可以将采购量作为成本动因。当然还有其他的成本动因。

（2）建立和开发与供应商的关系。

1）分析花费在每个供应商上的此项成本，可以明确界定到供应商的费用应该直接归集到该供应商。如果不能直接归集到某一供应商，则要具体问题具体分析。例如，A 地有 2 个供应商，采购人员为了对该 2 家供应商进行评估而出差到该地，为此花费了机票、住宿等差旅费。对于机票费用，可以将供应商的个数作为成本动因，将其均摊。对于住宿费用，可以将花费在供应商上的时间作为成本动因。

2）分析花费在某一物料、服务上的此项成本，如果可以明确界定到物料的费用，那么应该直接归集到该物料上；如果不能明确界定到物料的费用，经具体分析后，也可以将时间、供应商的数量等作为成本动因。

（3）询价、报价。在此，可以将订单数量作为成本动因。

（4）采购合同的签订。合同数量，应作为成本动因。如果花费在每个合同上的费用差别很大，也可以将时间等其他合理的因素作为成本动因。

（5）采购订单的处理工作。成本动因一般为订单数量，如果就某一订单所花费的费用在订单所标明的物料之间进行分配的话，物料种类则成为成本动因。

（6）物料的装运。通常情况下，成本动因为装运产品的数量、重量。

（7）物料验收、入库。通常情况下，验收货物的数量是一个非常简洁的成本动因，如果是抽检，还可以将检验次数作为成本动因。

（8）退货与索赔。订单数、花费时间等都可以作为成本动因。这里进行成本动因的分析，只是就一般情况而言，每个企业的运营及管理大相径庭，实际操作中应该具体问题具体分析。

10.4.3　成本实现过程——成本分配

成本分配是将归集的成本，按照成本动因分配到成本对象中。具体计算公式如下

$$B=\frac{Y}{A}$$

式中　Y——成本；

A——总成本动因动因数量；

B——分配率。

某动因负担的成本＝分配率×该成本动因

【例 10-1】　A 公司向 B 公司订购一批原料，其中水泥 2t 和白灰 1t，入库检验采取各检 5 袋的抽检方式，具体花费成本见表 10-1。

表 10-1 采购成本表

作业	成本（元）	作业	成本（元）
询价、报价	200	材料的装运	900
采购合同的签订	400	物料验收入库	100
采购订单的处理工作	200	总成本	1800

这一采购过程中经过了询价、报价→签订合同→采购订单处理→装运→验收、入库。各项成本动因、成本动因数量和成本见表 10-2。

表 10-2 各项成本动因、成本动因数量、成本

作业	成本动因	成本（元）	成本动因数量	分配率	成本（元）
询价、报价		2			
水泥	材料采购批次	200	1	100	100
白灰			1		100
采购合同的签订			2		
水泥	合同数量	400	1	200	200
白灰			1		200
采购订单的处理			2		
水泥	订单数量	200	1	100	
白灰			1		100
物料装运			3		
水泥	重量	900	2	300	600
白灰			1		300
物料验收、入库			10		
水泥	抽检次数	100	5	10	50
白灰			5		50
总成本					
水泥		1800			750
白灰					1050

小结

（1）工程项目采购管理的采购，与一般概念上的商品购买含义不同。它是指以不同方式从项目组织外部获得货物、工程和服务的整个采购过程，采购的不仅仅是货物，而且还包括雇佣承包商来实施的工程和聘用咨询专家来从事的咨询服务。

（2）采购是工程项目实施的前提条件；采购支付是工程项目成本（投资）的主要组成；项目的采购和供应影响项目的工期计划；采购和供应能力是项目计划和实施的限制条件；对特殊工程和特殊资源，如大型的工业建设项目，采购方案常常是整个项目计划的主体。

（3）工程项目采购原则：经济性和效率性，质量保证和及时性，公平竞争和透明度。

（4）采购成本的构成：取得成本，储存成本和缺货成本。

（5）工程项目采购成本影响因素：采购批量和采购批次，采购价格和谈判能力，企业采购战略，企业成本结构和供应商成本结构。

（6）工程项目采购成本控制方法包括经济订货量；合同类型选择；ABC 控制法；向专家咨询；作业成本法。

思　考　题

1. 什么是工程项目采购？分为几种？
2. 工程项目采购成本包括哪些内容？
3. 试述影响工程项目采购成本的主要因素。
4. 什么是 ABC 分类法？
5. 通常可以运用哪些方法进行货物采购成本控制？
6. 什么是资源成本？
7. 以采购过程的工作为依据如何确认作业的内容？

第11章　工程项目质量成本管理

学　习　目　标

(1) 了解工程项目质量成本管理的主要任务；
(2) 熟悉质量成本的内容，质量成本管理的构成和质量成本核算系统；
(3) 掌握工程项目质量成本控制内容和方法。

11.1　工程项目质量成本管理概述

11.1.1　质量成本概念内容

(一) 项目的质量

项目的质量是指项目的可交付成果能够满足客户需求的程度。良好的项目管理过程是取得令人满意的产品或服务和其他成果的保证。项目管理的质量，即项目管理各个过程的质量决定了项目成果的质量。很难想象，质量不合格的项目管理能够创造出满足项目各种要求的合格产品或服务。

项目管理的质量和项目成果的质量两者之中任何一方面不合格都会给任何或所有的项目利害关系者带来严重的消极后果。例如：①为了满足委托人的要求而导致项目班子不惜一切代价地追求进度，就可能过多地消耗班子成员的精力，进而造成消极的后果；②为了满足项目的进度目标，匆忙进行计划中的质量检查就可能因漏检错误而造成消极后果。关于产品和服务的质量，我国已经进行了几十年的努力。特别是近10多年来，推广ISO 9000质量管理系列标准的工作，使我们在这方面有了长足的进展。但是，关于项目质量管理，我国还有许多地方需要改进。说到项目质量管理，很多人都简单地将其理解为项目成果，即项目欲创造的产品或服务的质量。但是，这样的理解不全面，甚至可以说不正确。

我国建设工程的质量近些年来出现的问题比较严重，有些已由媒体公之于众。低劣的项目管理质量就是其中主要问题之一。有些人将项目视为获取个人"业绩"的手段，将项目的本来目的置之度外；很多人不重视人在项目管理中的作用，不进行项目班子建设；更多的公共项目不知道风险和风险管理为何物，不但大大损害了项目的质量，而且给人民和国家带来了巨额的损失，败坏了社会风气，造成了恶劣的影响。除此之外，弄虚作假的可行性研究报告，有缺陷的设计图纸或其他文件，错误百出的施工组织设计、网络图、横道图和其他投标文件等也屡见不鲜。

在我国加入世界贸易组织之后，咨询单位、设计单位、施工企业以及其他渴望获得他人合同的企业及其项目管理人员将面临要求越来越苛刻的顾客、委托人和用户，他们对卖方递交的建议书、报价或投标文件的要求都很严格。企业能否中标，取得合同，中标之后能否盈利，这在很大程度上取决于上述文件的质量，也就是项目管理的质量。因此，必须把注意力集中在项目管理的质量上，下工夫改进和提高其质量。

（二）质量管理和项目管理

现代的质量管理和项目管理都是为了提交令顾客和委托人满意的成果，两者实际上相辅相成的。例如，质量管理和项目管理这两个学科都认识到以下方面的重要性。

（1）要使顾客和委托人满意，就必须理解和满足他们的需要并施加影响，以便实现顾客和委托人的预期目标。这就要求既符合要求（项目必须拿出许诺的成果），又适合使用（拿出来的产品或服务必须满足实际要求）。

（2）预防胜于检查。防患于未然和发现错误后再行纠正，两者的代价显然前者要小得多。

（3）管理层应当负责。项目要获得成功，项目班子全体成员都必须参与，但是项目实施组织的高层管理人员仍然要负责为项目取得成功提供必需的资源。

（4）项目各阶段都要有质量管理的过程。即计划、执行、检查和处理（PDCA）循环同项目管理诸过程中已经说明过的各阶段和过程的结合极为相似。

显然，以上几个方面，项目管理人员都应当有清楚的认识，只有这样，才能正确地处理项目管理中的各种关系。

有的组织已经在其连续循环性日常业务中开展了各种各样的质量管理活动，有了较为成熟的做法。例如，全面质量管理、连续改善和其他方法。这些做法都可以用于改善项目管理和项目成果的质量。不少组织已经建立了良好的质量文化。质量文化是组织和社会长期形成的涉及质量的意识、规范、价值观念、思维方式、道德水平、行动准则、法律观念以及习惯等的总和。组织高层领导的战略、竞争和全员参与意识在建立良好的质量文化中发挥着重要作用。良好的质量文化有利于项目的质量管理。

（三）成本

成本是一个组织为达到其目标而有效地利用资源的能力的一个函数。因此，利用较少的资源和较低的成本完成同样的活动意味着该组织在不断提高效率。成本对企业经营是重要的，因为产品成本与价格之间存在着一定联系。在长期决策中，产品价格必须超过其成本，要不然该组织就将停业。如果所有其他条件都不变，为了保持较强的竞争优势，经济组织优先考虑的就是坚持低成本生产和经营。

顾客在对提供给他们的产品和他们想要的服务之间进行选择时，将以质量、服务、价格的偏好组合购买产品。如果两个产品提供的质量和服务相同，则顾客将选择价格较低的产品。

（四）质量成本

质量成本指为了达到产品或服务的质量而付出的所有努力的总成本，因而不但包括为确保产品或服务符合要求而完成的全部工作，而且也包括由于产品或服务不符合要求而做的所有工作。实际成本有 3 种类型，即失败成本、评价成本和外部成本。

（1）失败成本。失败成本可分成内部失败成本和外部失败成本。

1）内部失败成本就是应交付成果在交付以前，因成果已经存在缺陷而付出的代价；

2）外部失败成本就是在成果交付以后，因应交付成果存在缺陷而付出的代价。

（2）评价成本。评价成本是指为了查明应交付成果状况而支付的费用，主要发生在“第一次通过”期间。

（3）预防成本。预防成本是为了减少失败和评价成本而付出的成本。

表 11 - 1 是美国 20 世纪 90 年代不良产品质量的实际成本与合理成本的百分比。

表 11 - 1　美国 20 世纪 90 年代不良产品质量的实际成本与合理成本的百分比

成本类别	实际成本（%）	合理成本（%）	成本类别	实际成本（%）	合理成本（%）
防止成本	10	70	外部失败成本	7	5
评价成本	35	15	全部质量成本占销售收入的百分比	12～20	3～5
内部失败成本	48	10			

质量成本还可以划分为满足顾客需求而付出的成本和因为满足顾客需求而付出的成本。表 11 - 2 是这两种成本的构成情况。

表 11 - 2　为满足顾客需求而付出的成本和因为满足顾客需求而付出的成本

满足成本（质量成本）	未满足成本（非质量成本）	满足成本（质量成本）	未满足成本（非质量成本）
质量规划	废品	质量审计	赔偿诉讼
培训和宣传	返工	维护和标定	产品回收（召回）
过程控制	多用的材料和物品	现场试验	现场维修
产品设计审查	保修和维护	其他	催货
			过程纠正活动
试验和评价	顾客投诉处理		其他

11.1.2　质量成本管理的主要任务

（1）建立识别不合格的工具。建立识别不合格的工具包括设置质量成本的财务账户、原始凭证、记录和建立核算制度、报告形式等。

（2）制订质量成本差异分析和趋势分析程序，寻找造成不合格的原因和影响因素。

（3）支持管理决策，即有效地进行管理方案的综合评价，追求高效益、低成本、可操作的统一。

11.1.3　质量成本管理发展的阶段

当今社会，质量已成为全世界的共同语言，是现代工业社会和各国经济建设中一个受到普遍关注的突出问题。不管是在发达国家还是发展中国家，都在努力寻找提高产品质量和服务质量的有效途径。人们不仅把质量看成是在国际市场中竞争的主要手段，而且看成是合理利用社会资源、提高生产率、减少废次品损失、增加社会效益的良策。

质量管理是确定质量方针、目标和职责，并在质量体系中通过诸如质量策划、质量控制、质量保证和质量改进使其实施的全部管理职能的所有活动。一般来说，企业的采购、生产、技术、质量、销售、售后服务和财务等管理部门，而质量管理在其中处于重要地位。质量管理是随着生产的发展和科技的进步而逐渐形成和发展起来的，它发展到今天大致经历了以下三个阶段。

（1）第一阶段是事后检验阶段，一般以 20 世纪初～20 世纪 40 年代以前为界。20 世纪初弗雷德里克・温斯洛・泰勒（Frederick Winslow Taylor）提出了一系列科学管理方法，论证最佳管理是建立在明确规定的法律制度和原则基础上的科学，科学管理的根本原理适用于人的一切行为。一切管理问题，都可以而且应当通过科学的方法加以解决。在这一思想指导下，企业产品质量管理方法以建立科学的质量标准和严格的质量检验制度为特征，并将质量检验结果与生产工人的报酬联系起来。企业中有专门的质量检验机构专门负责对产品进行检验，挑出不合格产品，这种做法有利于保证出厂产品的质量，而且对提高劳动生产率、固定资产的利用以及产品质量的提高都有显著的效果。但只有检验部门负责，没有其他管理部门和全体职工参加，不能事先预防废次品的产生和避免由此所造成的损失，这是检验质量管理的一个主要缺点。

（2）第二阶段是统计质量管理阶段。20 世纪 40 年代，生产力进一步发展，大规模生产形成，如何控制大批量产品的质量成为一个突出问题。同时一些统计学家开始着手研究用统计方法代替单纯用检验方法来控制产品质量。美国贝尔研究所工程师休哈特（W. A. Shewhart）提出用数理统计方法进行质量管理，并发表著名的“控制图法”，为统计质量管理奠定了理论和方法基础。

尽管统计质量管理是科学、经济的，但是也存在许多不足之处。其主要问题是：以满足产品标准为目的，不是以满足用户的需要为目的；它只偏重于工序管理，而没有对产品质量形成的整个过程进行控制；统计技术难度较大，难以调动广大员工参与质量管理的积极性；质量管理仅限于数学方法，常被领导人员忽视。由于上述问题，统计质量管理也无法适应现代工业生产发展的需要，需进一步发展。由此，20 世纪 60 年代以后，质量管理便进入了全面质量管理阶段。

（3）第三阶段是全面质量管理阶段。这一阶段从 20 世纪 60 年代开始一直延续至今。企业迫切需要现代经营管理科学作指导，现代质量管理科学也就得到迅速的发展。正是在这种历史背景和社会经济条件下，美国质量管理学家费根堡姆和朱兰等人先后提出全面质量管理的理论。比较系统地阐明全面质量管理的理论方法，很快为世界各国所接受，发展成为风靡当今世界的现代质量管理方式，使质量管理发展到一个新的阶段。改革开放以来，随着我国以经济建设为中心战略思想的确立，我国积极学习借鉴西方国家科学管理理论和现代管理方法，在许多中型企业中迅速推广全面质量管理活动，在质量成本管理方面取得显著成效。促进了我国质量成本管理实践的发展。

质量成本理论的形成及其在全面质量管理中的成功应用，是工程技术与经济管理相互渗透的又一结晶。随着社会生产力的提高和科学技术的进步，产品结构和生产工艺过程日趋复杂，市场竞争越加激烈，对产品功能和可靠性的要求不断提高。在生产经营活动中，因预防和控制产品质量而投入的资金以及因产品质量低劣而导致的经济损失也日益严重，这就迫使企业经济管理人员和工程技术人员结合起来，从加大预防控制产品质量投入和降低质量控制失败与损失耗费相互制约的两个方面去研究质量管理问题。质量成本概念的提出，一方面从根本上改变了传统质量管理只限于质量检验统计分析的僵化局面，通过将质量评价转化为价值形态的经济指标，增强了质量管理和工程技术人员的成本意识，从而开拓了质量管理的新领域；另一方面，也明确了质量成本管理是研究制造过程中合理质量水平的一种经济分析方法。从经济效益上看，片面追求百分之百的合格率，需要投入大量质量保证费用，这未必是有利的。确定在一定技术经济条件下的“最优质量标准”，正是质量成本研究的课题，这就对企业成本管理提出了更高的要求，促使成本管理向产品开发，工艺技术的深度发展。质量是一种更重要的竞争要素。成功的公司知道他们必须满足顾客质量与价格方面的期望。除了道德上的问题外，以降低质量去取得目标成本将不会导致长期获利。在当今高竞争性的市场上，稳定的产品质量是一些公司像联邦快运公司、福特汽车公司、麦当劳、施乐公司等成功的组成部分。在制造复印设备方面，施乐公司发现，把重点放在质量上的意义远非只是满足顾客，也会带来低的制造成本、低的存货水平、较高的生产率和上升的利润。购入高质量的材料减少了检验投入材料的需要，减少了额外存货的需要，方便了材料直接运给车间。在制造与重复作业上，通过减少花在检验和返工上的努力，许多企业可以增加它们的生产率和获利能力。

由于质量上的改善，减少了获得给定水平的产出所要求的投入而提高了生产率。这些生产率的改进又通过降低给定水平的成本增加了利润。如果有些节约的成本以低价格的形式转移给顾客，增加的销售可能产生增加的利润，另外，如果企业因优质产品获得了商誉，其产品就可能比同类产品卖出更高价格，世界知名品牌的质量如可口可乐公司和百事可乐公司允许这些产品的卖主收取比当地品牌的软饮料更高的价格。

11.1.4 工程质量成本管理的组成

企业应将项目质量成本管理工作看作一个系统来开展研究。这一系统至少应该包括以下几个方面：

(1) 质量成本管理的组织与职责。企业的质量成本管理工作是一项较为复杂的系统工程，涉及企业中的许多部门和人员，因而需要所有与质量职能有关的部门共同努力和通力合作。显然，组织机构上的保证是企业质量成本管理取得成效的前提条件。

(2) 质量成本科目的设置。企业设置质量成本科目，是为进行质量成本核算做好准备，同时也便于企业财务部门有效地支持质量成本管理工作。

(3) 质量成本的核算。质量成本核算，是企业质量成本管理的基础，是反映企业质量管理工作绩效的有效工具。

(4) 质量成本分析。质量成本分析，是企业质量成本管理的重点，是提出质量改进措施、加强质量成本控制和形成质量成本报告的关键环节。

(5) 质量成本报告。质量成本报告所陈述的企业质量成本状况，是统一质量改进方案认识和推动下一步企业质量管理工作的依据，也是沟通企业各层面管理人员共同支持质量管理工作的重要工具。

(6) 质量成本预测和计划。质量成本预测和计划，是企业质量成本分析、控制和考核的依据，对推动企业质量管理工作有重要的指导作用。

(7) 质量成本控制和监督。项目质量成本控制是以降低成本为目标的，其工作的关键是有效地实现工程质量成本计划。监督是针对各部门或个人在开展质量成本管理方面完成计划的情况，对于评价工程质量成本管理的成效和持续推动工程质量管理工作有重要作用。

综合有关文献资料和进行工程实践调查的结果表明，工程质量成本管理系统至少应该包括上述 7 个方面的内容。工程如果能正常、顺利地开展这 7 个环节的活动，就能满足其质量成本管理方面的一般要求，为工程质量成本管理工作的顺利进行提供了最基本的保证，并为满足企业质量管理和经营发展的需要创造良好的基本条件。

11.2 质量成本核算系统

从目前来看，许多企业的质量成本都是利用统计的方法在账外核算。学术界对质量成本的核算也有多种看法。有人认为，应该在账外用统计方法进行核算；有人认为应该利用会计方法进行核算。对于后者的核算方法还可分为三种情况：①单独进行质量成本会计核算；②单独设置“质量成本”总账科目进行核算；③在原来财务会计所设总账科目下单设二级和三级科目进行核算。这三种做法都同时兼用统计方法进行核算，实际上是以会计为主、统计为辅进行质量成本核算。

11.2.1 单独进行质量成本会计核算

（一）建立质量成本会计核算的组织体系

在企业内部按照质量管理工作内容及提高经济效益的要求，建立质量成本会计核算与管理网点；制订质量成本计划及管理目标，决定控制、核算与检查核算范围，设计切实可行的内部原始记录，规定凭证的传递程序；由企业的全面质量管理办公室及财务科对核算网点及时传递成本信息。

（二）设置质量成本会计科目

为了单独进行质量成本核算，应设置“质量成本”总账科目，并下设 4 个二级科目，即预防成本、鉴定成本、内部故障成本和外部故障成本。在二级科目下还可再设质量成本的细目，由 15 个子目进行核算。在预防成本下设质量计划工作费、新产品评审费用、工序能力研究费用和培训费用，在鉴定成本下设进货检查费用、工序检查费用和成品检查费用，在内部故障成本下设废品损失、停工损失、事故分析处理费用和产品降级损失，在外部故障成本下设索赔费用、退货费用、保修费用和折价损失等，并且按照 4 个二级科目编制质量成本会计报表。

（三）进行质量成本会计核算

根据不同的原始凭证进行核算。在生产中出现返修品时，就要填写“返修品通知单”，按照耗用工时和材料进行废品损失核算。

因质量原因造成停工损失时，要由检验员会同定额员、调度员等作出停工损失记录，进行停工损失的核算。其他各项质量成本的有关费用，都按照不同性质，由财务部门会同有关业务部门，制订各种原始凭证，按照费用内容要求，填制原始凭证进行会计处理。

11.2.2 单设“质量成本”总账科目与生产成本同时核算

目前工业会计制度中规定成本费用类的科目只有两个是用来核算产品的生产成本的，分别是生产成本和制造费用。为了对质量成本所发生的费用单独考核，另设一个“质量成本”科目进行核算。凡是属于质量成本内容的费用应直接计入“质量成本”科目。这样，就将现在属于“生产成本”、“制造费用”科目核算的有关质量成本的内容拿出来单独汇集在“质量成本”科目中。此外，还有一部分质量费用项目还分散在管理费用和销售费用中，但是这些应该直接计入“质量成本”科目中。目前新会计制度中成本类科目生产成本中的废品损失、返修损失、制造费用中检测试验费、办公费、检验人员工资、损益类科目管理费用中的质量工作费、质量培训费、销售培训费，销售费中的索赔费用、退货损失、保修费用等，都应该汇集在“质量成本”科目中。“质量成本”科目借方反映的是质量费用的发生额，贷方反映的是分配转出的数额。当质量费用发生时，要先汇集在质量成本科目下，再根据质量成本科目汇集的费用编制质量成本报表，最后将质量成本的内容分别转往有关的其他科目。

质量费用发生后，财会部门根据各分厂、处室传送来的质量成本信息等原始凭证编制记账凭证，借记“质量成本”，贷记其他有关账户。

现举例如下：

(1) 在全面质量管理办公室，从银行存款中支付的收集确保质量所发生的差旅费和质量管理人员的学习资料费用，记为：

借：质量成本——预防费用

贷：银行存款

(2) 发生废品损失时，根据下属分厂转来的废品净损失和返修费用，记为：

借：质量成本——内部故障成本——废品损失

贷：生产成本——××分厂

(3) 由销售部门认可的从银行存款中支付的保修费用和赔偿费，记为：

借：质量成本——外部故障成本

贷：银行存款

(4) 分配质检人员工资，记为：

借：质量成本——鉴定成本——质检人员工资

贷：应付工资——职工工资

(5) 月终根据质量成本科目各明细账编制质量成本报表后，再将质量成本所核算的各项费用分别转往有关科目，记为：

借：生产成本

管理费用

制造费用

贷：质量成本

上面的会计分录就是质量成本的返还，这是因为质量成本包含在现在的生产成本中，所以在质量成本报表编制出来以后，应将质量成本的有关项目返还于产品成本中。

11.2.3 在原来财务会计所设总账科目下单设二级科目和三级科目进行核算

(1) 核算技术工人培训费、学习参观费。

借：管理费用——职工教育经费——预防费用

贷：银行存款

(2) 核算对产品评审、研究和分析费用。

借：管理费用——预防费用——评审研究分析费

贷：银行存款

(3) 核算工序检验人员工资。

借：应付工资——工序检验人员工资

贷：现金

（4）内部损失成本、废品损失、返修损失。

借：生产成本——基本生产成本——内部损失

　　贷：生产成本——基本生产成本——X 产品

（5）外部故障成本修理费、运杂费、索赔费。

借：销售费用

　　贷：银行存款（现金）

采用了什么方法核算质量成本，应该在有关质量成本的记账凭证上加盖“质量成本”戳记，以表示区别。当然，在采用上面的方法进行核算的时候，还要兼用统计的方法进行核算，因为某些质量费用的增加，如内部故障成本中的降级损失和外部故障成本中的折价损失都表现为收入的减少，但并不表现为费用的增加。

11.3 质量成本控制

11.3.1 质量成本控制意义

质量成本控制就是依据质量成本目标，对质量成本形成过程中的一切耗费进行严格的计算和审核，揭示偏差，及时纠正，实现预期的质量成本，并进而采取措施，不断降低质量成本。

质量成本控制是保证各项质量成本经营的重要手段，是质量成本管理的重要环节之一。其重要意义表现在以下几个方面：

（1）质量成本控制是质量成本经营的重要手段；

（2）质量成本控制是推进企业改善全面质量管理和经营管理的动力；

（3）质量成本控制是建立和健全厂内经济责任制的重要条件。

11.3.2 质量成本控制的内容及方法

（一）质量成本控制内容

影响工程项目质量的因素主要包括人（Man）、材料（Material）、机械（Machine）、方法（Mothod）和环境（Environment）五大方面（4M1E），对这五大因素的控制是保证工程项目质量的关键，质量成本控制内容也主要包括这五大方面。

（1）人的控制。人是直接参与施工的组织者、指挥者和操作者，也是质量的创造者。对人的控制一方面人作为控制的对象要避免失误；另一方面人作为控制的主体要发挥其主观积极作用。为此应从人的技术水平、思想责任、生理条件、质量意识、行为表现、组织纪律和职业道德等方面加以控制。施工现场对人的控制，主要有以下措施和途径：

1）以项目经理的管理目标和职责为中心，合理组建项目管理机构，贯彻因事设岗，配备合适的管理人员。

2）严格实行分包单位的资质审查，控制分包单位的整体素质，包括技术素质、管理素质、服务态度和社会信誉等。严禁分包工程或作业的转包，以防资质失控。

3）坚持作业人员持证上岗，特别是重要技术工种、特殊工种、高空作业等，必须做到有资质者上岗。如对技术复杂、难度大、精度高的工序或操作应由技术熟练、经验丰富的工人来完成；反应迟钝、应变能力差的人不能操作快速运行、动作复杂的机械设备；对某些要求万无一失的工序和操作，一定要分析人的心理行为、控制人的思想活动、稳定人的情绪；对具有危险源的现场作业应控制人的错误行为。

4）加强对现场管理和作业人员的质量意识教育及技术培训。开展作业质量保证的研讨交流活动。

5）严格现场管理制度和生产纪律，规范人的作业技术和管理活动的行为，对图省事、有意违章的行为必须及时制止。

6）加强激励和沟通活动，调动人的积极性。

（2）材料控制。材料控制包括原材料、成品、半成品、构配件等的控制。主要是严格检查验收，正确合理使用，避免将不合格的原材料用到工程上。

（3）机械控制。机械控制包括施工机械设备、工具等控制。选用技术先进、生产适用的机械设备，正确使用、管理和保养好机械设备，提高设备的完好率和利用率。

（4）方法控制。方法控制包括施工方案、施工工艺、施工组织设计、施工技术组织措施等的控制。方法是实现工程建设的重要手段，必须以确保质量为目的严加控制。

（5）环境控制。影响工程质量的环境因素很多，如自然环境、技术环境、作业环境和管理环境等。环境因素对工程质量的影响具有复杂而多变的特点，因此，要根据工程特点和具体条件对影响质量的环境因素采取有效的措施严加控制。

（二）质量成本控制方法

施工项目质量控制的方法主要是审核有关技术文件、报告和直接进行现场检查或必要的试验等。

（1）审核有关技术文件、报告或报表。对技术文件、报告、报表的审核是项目经理对工程质量进行全面控制的主要手段。其具体内容如下：

1）审核有关技术资质证明文件。

2）审核施工方案、施工组织设计和技术措施。

3）审核有关材料、半成品的质量检验报告。

4）审核反映工序质量动态的统计资料或控制图表。

5）审核设计变更、修改图纸和技术核定书。

6）审核有关质量问题的调查报告。

7）审核有关应用新工艺、新材料、新技术、新结构的技术鉴定书。

8）审核有关工序交接检查分项、分部工程质量检查报告。

9）审核并签署现场有关技术签证、文件等。

（2）现场质量检查。

1）开工前检查。开工前检查开工条件，其目的是检查开工后能否连续正常施工，能否保证工程质量。

2）工序交接检查。对重要的或对质量有重大影响的工序实行交接检查。

3）隐蔽工程检查。凡隐蔽工程均应检查验收合格后方可隐蔽。

4）停工后复工前的检查。

5）分项、分部工程完工后的检查验收，验收签证后方可进行下一项工程项目施工。

6）成品保护检查。检查有无保护措施，措施是否可靠。

在进行质量控制时，可采用的工具和技术有很多，在此，仅介绍如下几种方法，即质量检验法、控制图法、帕雷托图、统计抽样和趋势分析。

（1）质量检验法。质量检验法包括测量、检查和测试等活动，其目的是确定项目质量是否与质量标准的要求相一致。检验可以在任何层次中进行，其对象可以是一个单项活动的结果，也可以是整个项目的最终成果。

（2）控制图法。控制图法是通过描述各样本的质量特征所在的区域来进行质量控制的方法，其用途是判断项目的质量是否处于控制中，如图 11 - 1 所示。当项目质量特征在上控制界限和下控制界限范围内时（上控制界限和下控制界限范围是根据项目质量规定的标准制订的），说明它处于受控状态；如果落在上控制界限和下限控制界限之外，说明质量已经处于失控状态，应该采取措施使它回到受控状态。

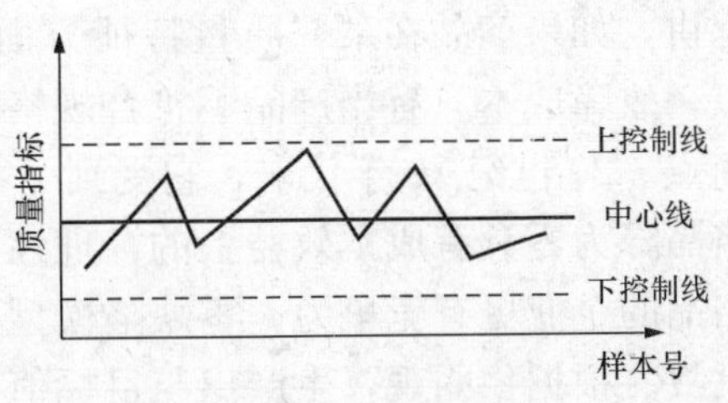

图 11 - 1　控制图

（3）帕累托图。帕累托图（Pareto Charts）是由意大利经济学家帕累托（Wilfredo Pareto）在分析社会财富的分布状况时提出的，他发现人类社会的进展历程中，少数人占有大量的财富，大多数人仅占有少量财富，而且那些少数人对财富起着决定性的支配因素，因此，它提出了"关键的少数和次要的多数"观点，而且这一观点也适用于社会、经济生活的很多的方面。后来朱兰博士把这一观点运用到质量管理中，将其作为寻求影响质量因素的一种方法。

图 11 - 2 是帕累托图的一个示例，图中的曲线即为 Pareto 曲线，通常把影响质量的因素分为三类：①A 类为关键的少数，是主要因素，其影响程度的累计百分数在 0～80％范围内；②B 类是一般因素，其影响程度的累计百分数在 80％～90％范围内；③C 类为次要因素，其影响程度的累计百分数仅在 90％～100％范围内。B 和 C 构成了次要的多数。因此，帕累托图法又称为 ABC 分析图法，在对这些因素进行 ABC 分类管理时，应对 A 类实行严格的质量控制，对 C 类实行较为宽松的质量控制。

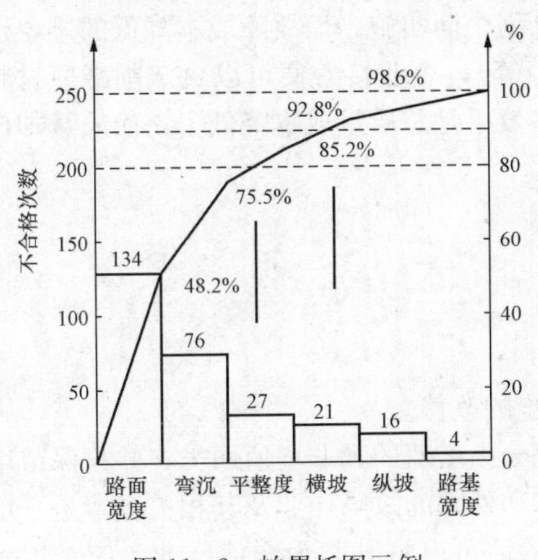

图 11 - 2　帕累托图示例

（4）统计抽样。统计抽样通过选择一定数量的样本进行检验，从而了解整体的情况，以便对项目的质量进行控制。例如，从一份包括 500 张设计图纸的清单中随机抽取 50 张。来推断这 500 张图纸的质量，从而进行质量控制。统计抽样包括简单随机抽样、系统抽样、分层抽样和整群抽样等。

（5）趋势分析。趋势分析是指根据过去的结果利用数学方法预测未来结果的一种方法。趋势分析常用于监控质量的实际情况，并预测质量的未来情况。它可以针对项目的实际执行情况，鉴定出有哪些工作存在着质量问题，还有多少质量问题没有纠正。

11.3.3　质量成本控制模型

（一）最优质量成本控制

传统质量成本观点假定，控制成本（即预防和鉴定成本）与故障成本之间存在此消彼长的关系。随着控制成本增加，故障成本将会减少。只要故障成本的减少额超过相对应的控制成本的增加额，企业就应继续努力去探查或防止产生不合格的产品。这样的努力将最终达到这样一个点，在这个点上，控制成本的任何增加都将超过相对应的故障成本的减少额。这一点就代表了总质量成本的最低水平，它是控制成本与故障成本之间的最优均衡。在一般意义上讲，如果产品在某一质量特征方面超出可容忍的限度，就是有缺陷的产品，根据这一观点，故障成本只有当产品不符合规格时才发生，同时存在着故障成本与控制成本间的最优均衡点。20 世纪 70 年代末，它受到了零缺陷模型的挑战。零缺陷模型的基本观点是，将不合格品降为零具有成本效益上的合理性。比起继续采用传统的模型的企业，生产越来越少不合格品的企业更有竞争力。零缺陷模型为稳固质量模型所进一步推进，后者向次品定义发出了挑战。根据稳固观，生产出与目标值有偏离的产品就会带来损失，且偏离越大损失也越大。换句话说，偏离理想状态是有成本的，规格界限毫无用处，且事实上可能具有欺骗性。零缺陷模型低估了质量成本，从而低估了投入更大精力改善质量而带来的节约潜力。因此，稳固质量模型严格了次品的定义，改进了质量成本观，而且强化了质量竞争。

对于处在激烈竞争环境中的企业，质量可以提供重要的竞争优势。如果稳固质量管理是正确的，企业可利用它，在减少次品（按稳固来定义）的数量的同时降低总质量成本。一些企业正在推行这样一种质量观，为了使其产品能达到稳固零缺陷状态（稳固零缺陷状态是指容忍数为零的这样一种状态），这些企业还在努力奋斗着。在最优质量成本水平下，生产出的产品应达到其目标值。对达到目标值的方法的探求，产生了与静态质量世界相反的动态质量世界。

（1）质量成本模型分析。假设一企业决定通过实施供应商选择计划而改善其原材料投入的质量，计划的目标是找出并采用愿意达到特定质量标准的供应商。该企业实施这一计划，会发生一些附加成本（例如审查供应商、与供应商沟通以及合同协商等）。开始的时候，其他预防和鉴定成本会持续在现有水平。然而，一旦计划全面实施，而故障成本降低的迹象也显露出来（例如返工减少、顾客投诉减少、修理减少等），企业接着便可以决定削减原材料进货的检验成本，降低产品验收的作业水平等。最终效果是总质量成本降低了，而质量却已经提高了。

企业降低质量成本的战略一般包括：

1）直接针对故障成本，尝试将其降为零；

2）投资于“正确”的预防作业以实现改善；

3）根据取得的成果降低鉴定成本；

4）继续评价并进行新的预防作业，以取得进一步的改善。

（2）作业管理和最优质量成本。作业管理将作业分为增值的和非增值两类，并只保留增值作业。这一原则可应用于质量控制相关作业。内部和外部的故障作业及其相关成本是不增值的，应予以消除。如果预防作业可以高效率运行的话可以将其归为增值作业，应予以保留。然而，最初的预防作业可能并没有高效率地执行，因此可利用作业减低和作业选择（也许甚至是作业分享）来达到要求的增值状态。鉴定作业的评估较为困难。最初的反应可能是将鉴定作业全部归为非增值作业。然而，实际的情况是，在某些层次上，还可能需要其中的一些作业以防止退步。例如，统计过程控制便有助于增值。同样地，完全取消供应商验证看起来也不现实。情况总在不断变化，如果没有任何监督的话，供应商也可能会退步的。

一旦确定了每个种类的作业，就可利用资源动因来改善各作业的成本分配。特别是对失败作业，也可找出根本（成本）动因，以帮助经理人员明白作业成本的起因。然后可利用该信息来选择将质量成本降低。实际上，作业管理支持了质量成本的稳固零缺陷观。控制成本和故障成本之间不存在最优的均衡；后者是非增值成本，就降为零。有些控制作业不增加价值，应予以消除，其他控制作业虽然增加价值但可能执行的效率很低，低效率造成的成本是不增值的。因此，该类成本也可降到更低水平。

（二）最优质量成本控制模型

质量成本的构成尽管其具体内容的比例会因企业不同而有所差异，但是一般而言总是存在着一定的规律性，即预防和鉴定成本开始时较低，并随着质量要求的提高而逐渐增大；当质量水平达一定标准后若继续提高，则预防和鉴定成本会急剧上升。而故障成本则刚好相反，开始时产品质量较低，其故障成本较大；但随着质量的提高，故障成本则会逐渐下降；当质量达到一定水平后，尽管大幅度增加预防和鉴定成本，但是故障成本的降低速度反而减缓。因此，最佳质量成本决策就是对企业产品质量总成本与其收益之间的比较分析过程的判断与选择。

美国的两位质量管理专家提出了最佳质量成本控制模型，如下。

(1) 费根堡姆最佳质量成本模型。费根堡姆最佳质量成本是指当产品质量降低时，内部和外部的故障成本就上升；反之就下降。至于预防成本，只要提高产品质量，一般就会逐渐上升。而鉴定成本则不论什么情况，一般都趋于稳定。根据上述成本的特点，将三项成本之和绘成质量总成本曲线，其最低点即为最佳质量成本。

上述原理可用数学模型表示如下

$$T(x) = f(x) + g(x) + k(x)$$

式中　x——产品质量水平；

$f(x)$——故障成本；

$g(x)$——鉴定成本；

$k(x)$——预防成本；

$T(x)$——质量总成本。

对 $T(x)$ 求导数，并令 $Q'(x)=0$，即

$$Q'(x) = f'(x) + g'(x) + k'(x) = 0$$

计算出公式中的 x 值，则 x 值即为达到最佳质量成本点的产品质量水平。将 x 值代入产品质量成本公式中，就可以求得“最佳质量成本”。

实际工作中，企业进行质量成本决策时，采用的基本方法是根据统计资料和经验数据估计的。其基本步骤如下：

1) 根据历史统计资料和科学的经验估计，寻找出在一定生产量下，各种合格品率的故障成本、预防和鉴定成本。

2) 根据各种合格品率的质量总成本，找出其中最低的一点，该点即为“最佳质量成本点”，所确定的成本就是“最佳质量成本”。

(2) 朱兰最佳质量成本模型。朱兰是 20 世纪 50 年代质量成本分析的先锋。朱兰把质量成本划分为四个部分，即预防成本、检验成本、内部失败成本和外部失败成本，这种质量成本的分类方法至今仍在广泛使用。根据朱兰的观点，当质量提高时，控制成本（如预防和检验成

本）也会增加。而同时，随着产品质量的提高，失败成本（内部失败成本和外部失败成本）会下降，质量管理的目标是找到一个合适的质量水平，达到总质量成本的最小化。

朱兰最佳质量成本模型是指产品内部和外部的故障成本曲线，一般随着质量的提高，呈现出由高到低的下降趋势。而预防和鉴定成本之和的曲线，则随着质量的提高，呈现出由低到高的上升趋势。上述两条曲线的交点，与质量总成本曲线的最低点，处于同一条垂直线的位置上，即为最佳质量成本。

上述原理建立数字模型如下

$$C_1 = L(1-q)/q$$

$$C_2 = vq/(1-q)$$

式中 L——单位废品损失；

q——合格率；

C_1——单位合格品应负担的废品损失（故障成本）；

C_2——预防与鉴定成本之和；

v——C_2 随合格品率与不合格品率的比重而变化的系数。

如果能确定 v 值，则可求出不同合格品率下相应支付每件产品的预防与鉴定成本之和，而 v 一般可根据有关资料预测得出，如果 $C_1 = C_2$，则

$$L(1-q)/q = vq/(1-q)$$

即可求出最佳质量水平 q。

11.3.4 项目质量控制的结果

（一）项目质量改进

项目质量改进是项目质量控制最主要的成果，即通过项目质量控制带来项目质量的提高，采取措施来提高项目的效率。

（二）验收决定

通过对项目质量进行检验，决定是否接受项目的质量。如果项目质量达到了规定的标准，就作出接受的决定；如果项目质量没有达到标准，则作出拒绝的决定。被拒绝的项目可能需要返工。

（三）返工

返工是指针对在项目质量控制中发现的质量不符合要求的工作采取措施，使它符合质量标准的活动。返工一般是由于质量计划不合理或质量保证不得力，也可能是由于某些意外情况而发生的。返工可能会拖延项目的进度，增加项目的成本，损害项目团队的形象。因此，项目团队应该采取有效的控制措施，避免返工。

（四）项目调整

项目调整是根据项目质量控制中存在的较为严重的质量问题以及项目干系人提出的质量变更要求，对项目的活动采取纠正措施进行调整。比如，一个项目的某项活动存在着严重的质量问题，对整个项目的影响较大，项目团队已经无法满足客户的质量要求，这时就需要与客户协商降低项目的质量标准。项目调整一般是按照整体变更的程序来进行的。

（五）质量检查表的完善

项目质量控制是以质量检查表为依据的，而完善后的质量检查表记录了项目质量控制的有

关信息，为下一步的质量控制提供了基础。

小　结

(1) 质量成本指为了达到产品或服务的质量而付出的所有努力的总成本，实际成本有 3 种类型，即预防成本、评价成本和失败成本。失败成本进一步分成内部失败成本和外部失败成本。

(2) 质量成本管理的主要任务建立识别不合格的工具，制订质量成本差异分析和趋势分析程序，可有效地进行管理方案的综合评价。

(3) 质量成本管理的有七个方面构成。质量成本管理的组织和职责，质量成本科目的设置，质量成本的核算，质量成本的分析，质量成本预测，质量成本控制和监督和质量成本的报告。

(4) 质量成本核算系统三种观点，即用统计方法在账外核算，用会计方法进行核算，以会计为主、统计为辅的方法。

(5) 影响工程项目质量的因素主要包括人、材料、机械、方法和环境五大方面（4M1E)，对这五大因素的控制是保证工程项目质量的关键，质量成本控制内容也主要包括这五大方面。

(6) 质量成本控制的主要方法：审核有关技术文件，现场质量检查，质量检验法，控制图法，帕累托图，统计抽样和趋势分析。

思　考　题

1. 什么是项目质量?
2. 简述质量成本及其内容。
3. 质量成本管理的主要任务包括哪些内容?
4. 质量成本管理的构成内容是什么?
5. 质量成本会计核算方法有哪几种?
6. 如何进行质量成本控制?

参考文献

[1] 魏文彪．建设工程项目成本管理［M］．北京：中国计划出版社，2007.
[2] 纪建悦，许罕多．现代项目成本管理［M］．北京：机械工业出版社，2008.
[3] 吴涛．中国建筑业企业工程项目管理体制改革 15 年［J］．基建优化，2002（03）.
[4] 孙三友，马荣全，于东东．建筑工程施工成本管理体系［M］．北京：中国建筑工业出版社，2001.
[5] 郭继秋，唐慧哲．工程项目成本管理［M］．北京：化学工业出版社，2005.
[6]［美］厄休特·库恩．项目成本与进度综合控制［M］．广联达软件股份有限公司，译．北京：电子工业出版社，2008.
[7] 美国项目管理学会（PMI）．项目管理知识体系指南［M］．卢有杰，王勇，译．北京：电子工业出版社，2005.
[8] 林师健．项目成本管理［M］．北京：对外经济贸易大学出版社，2007.
[9] 牟文，徐玖平．项目成本管理［M］．北京：经济管理出版社，2008.
[10] 赵涛，潘欣鹏．项目成本管理［M］．北京：中国纺织出版社，2004.
[11] 霍亚楼．项目成本管理［M］．北京：对外经济贸易大学出版社，2007.
[12] 文红星，文峰．项目成本管理［M］．北京：机械工业出版社，2007.
[13]［美］迈克尔·D. 戴尔伊索拉．建筑师成本管理［M］．李卓，毛磊，译．北京：中国建筑工业出版社，2009.
[14]［美］Alan Webb. 项目经理指南：项目挣值原理的应用［M］．戚安邦，熊琴琴，吴秋菊，译．天津：南开大学出版社，2005.
[15] 孙继德．建设项目的价值工程［M］．北京：中国建筑工业出版社，2004.
[16] 全国一级建造师执业资格考试用书编写委员会．建设工程项目管理［M］．北京：中国建筑工业出版社，2007.
[17]《建筑工程项目管理规范》编写委员会．建筑工程项目管理规范实施手册［M］．2 版．北京：中国建筑工业出版社，2006.